城市轨道交通客运组织

（第 2 版）

主　编　吴海军　柴小春

副主编　王　菲　薛　倩

参　编（以姓氏笔画为序）

马艳丽　刘　凯　杜丽娟　陈扶崑

郑西同　耿伟娜　薛　瑛

重庆大学出版社

内 容 简 介

本书根据高职高专城市轨道交通运输专业学生的定位,按照轨道交通运营单位对城市轨道交通运输专业学生从事站务工作所需具备的理论及操作技能的基本要求,以新颖的教学方法和丰富的实例,全面系统地从客运组织管理、客运设施设备两大方面介绍了城市轨道交通的客运组织。本书将专业教学和企业实际需求有机结合,以项目式的教学体例编写,强调业务技能的系统性和实用性。

本书可作为高职高专城市轨道交通运输专业的必修课教材,也可作为车站站务人员岗位学习的培训教材及其他相关专业教材或教学参考书,还可供从事城市轨道交通运营管理的专业技术人员参考。

图书在版编目(CIP)数据

城市轨道交通客运组织 / 吴海军,柴小春主编. --
2 版. -- 重庆:重庆大学出版社,2023.3
高等职业教育城市轨道交通专业系列教材
ISBN 978-7-5624-7168-4

Ⅰ.①城… Ⅱ.①吴… ②柴… Ⅲ.①城市铁路—轨
道交通—客运组织—高等职业教育—教材 Ⅳ.①U239.5

中国版本图书馆 CIP 数据核字(2020)第 053372 号

城市轨道交通客运组织

(第 2 版)

主 编 吴海军 柴小春
副主编 王 菲 薛 倩

责任编辑:荀荟羽   版式设计:荀荟羽
责任校对:刘志刚   责任印制:张 策

*

重庆大学出版社出版发行
出版人:饶帮华
社址:重庆市沙坪坝区大学城西路 21 号
邮编:401331
电话:(023) 88617190   88617185(中小学)
传真:(023) 88617186   88617166
网址:http://www.cqup.com.cn
邮箱:fxk@cqup.com.cn (营销中心)
全国新华书店经销
重庆天旭印务有限责任公司印刷

*

开本:787mm×1092mm   1/16   印张:16.5   字数:415千
2013 年 8 月第 1 版   2023 年 3 月第 2 版   2023 年 3 月第 7 次印刷
印数:11 301—13 300
ISBN 978-7-5624-7168-4   定价:49.00 元

序

轨道交通以其快捷、舒适等其他交通工具无法比拟的优势，成为城市交通发展新的热点和重点。

随着城市轨道交通行业的迅猛发展，相应运营专业人才的需求也日益紧迫，尤其是具有理论和实践性的复合型人才尤为紧缺。为适应新形势，近年来，国内的大专院校，尤其是交通职业技术类院校的城市轨道交通专业迅速扩大，早出人才、快出人才、出实用型人才成为学校和业界的共同愿望。通过一系列的调研和准备工作，在重庆大学出版社的倡导下，西安市地下铁道有限责任公司联合多省市交通类高职高专院校（如西安铁路职业技术学院、西安交通职业技术学院、广东交通技师职业技术学院等）建立了校企合作联盟，组织具有丰富实践经验的轨道企业技术人员和职业院校的一线教师，与地铁运营实际紧密结合，共同编写了高等职业教育城市轨道交通专业系列教材。

这套采用校企结合模式编写，结合全国轨道交通发展状况，推出的面向全国、面向未来的教材，既汇集了高校专业教师们的理论知识，也汇聚了城市轨道交通专业技术部门创业者们的宝贵经验。

为做好教材的编写工作，重庆大学出版社专门成立了由著名专家组成的教材编写委员会。这些专家对城市轨道交通专业教学作了深入细致的调查研究，对教材编写提出了许多建设性意见，慎重地对每一本教材一审再审，确保教材本身的高质量水平，对教材的教学思想和方法的先进性、科学性严格把关。

"校企合作""理论与实践相结合"是本套系列教材的特点，不但可以满足当前城市轨道交通运营技术管理的需要，也为今后的城市轨道交通运营发展管理提出了新思考。

随着运营管理的要求越来越高，以及新技术的不断应用，本系列教材必然还要不断补充、完善，希望该套教材的出版能满足广大职业院校培养城市轨道交通专业人才的需求，能成为城市轨道交通运营技术管理人员的"良师益友"。

建设部地铁轻轨研究中心　　顾问总工
建设部轨道交通建设标准　　主　编
建设部轨道交通专家委员会　专家委员

2013 年 7 月 26 日

第2版前言

　　城市轨道交通是解决城市交通拥堵最有效的交通方式，具有节能、环保、快捷、高效的特点，因而在各大城市得到了飞速发展，目前中国已成为世界上城市轨道交通发展速度最快的国家，建设线路和规划线路规模都十分可观，截至2022年，中国境内累计有55个城市投运城轨交通线路，达到一万公里。在一万公里城轨交通运营线路中共有9种制式，其中，地铁占比近78%，约8 000 km。

　　城市轨道交通作用的发挥，依靠系统的安全和高效的运营，然而城市轨道交通系统设备先进、结构复杂，高新技术应用越来越普及，要保障这样庞大的系统安全、高效，必须依靠与之相协调的高素质人员。然而目前却缺乏较为系统、细致的，与专业岗位所需理论知识及操作技能紧密的专业培训系列教材，为此重庆大学出版社联合西安铁路职业技术学院、西安市地下铁道有限责任公司，根据教学工作，结合地铁运营一线经验，经过多次修改和完善，最终形成本书。

　　本书以项目形式编写，以城市轨道交通运营单位的站务人员所需的理论和操作技能为主，对城市轨道交通的客运组织进行系统全面的介绍，内容涵盖了轨道交通客运岗位设置及工作职责、车站客流组织、客服服务、车站安全管理、车站运作管理、车站基础设备设施、车站自动售检票系统、车站设备日常操作及故障应急处理等项目。全书内容扼要、资料数据和实例丰富，可作为城市轨道交通运输专业的必修课教材，也可作为车站站务人员岗位学习的培训教材及其他相关专业教材或是教学的参考书，还可供从事城市轨道交通运营管理的专业技术人员参考。

本书编写工作分工如下:刘凯编写项目1、项目6;马艳丽、王菲编写项目2;柴小春、陈扶崑编写项目3、项目9;薛瑛编写项目4;郑西同编写项目5;杜丽娟、王菲编写项目7;耿伟娜编写项目8;本书由吴海军、王菲和柴小春负责设计全书的框架及编写思路,王菲负责完成全书的统稿工作,薛倩完成全书的校对工作。

编　者

2023 年 1 月

目录

第 2 部分　客运设施设备

第 **1** 部分
客运组织管理

项目 **1**
城市轨道交通客运组织现状及发展

【项目描述】

当今,在城市发展过程中,城市轨道交通在公共
交通系统中的地位越来越重要,所起作用也越来越
大。而城市轨道交通客运组织的基础知识,包括客
运组织的概念、宗旨、特点、基本要求等,以及国内外
客运组织、车站管理的区别。这正是本项目所要介
绍的内容。

【学习目标】

1.了解城市轨道交通客运组织的概念。

2.掌握城市轨道交通客运组织工作的宗旨、特点、基本要求。

3.了解城市轨道交通客运组织架构及车站管理模式。

4.掌握城市轨道交通客运组织的原则、影响因素。

5.能对城市轨道交通客运组织的发展方向有一定了解。

任务 1　客运组织基础知识认识

【活动场景】

利用多媒体学习或实地参观城市轨道交通车站,了解车站客运组织情况。

【任务要求】

掌握城市轨道交通客运组织方面的基础概念以及客运组织工作的宗旨、特点和基本要求。

【知识准备】

城市轨道交通主要通过合理的客运组织来完成其大容量的客运任务。客运组织是通过合理布置客运有关设备、设施以及对客流采取有效分流或引导措施来组织客流运送的过程。

1.城市轨道交通客运组织的宗旨

城市轨道交通与其他城市交通相比,归纳起来其特点可表现为:速度快、运量大、安全好、正点率高、服务优、污染少。这就决定了客运管理是轨道交通运营的一项重要内容,为乘客提高安全、准时、迅速、便捷、舒适的服务是城市轨道交通客运组织的宗旨。

（1）安全

安全是城市轨道交通运营中不可忽视的重要问题,"安全第一"是乘客的基本需求和首要标准,也是轨道交通运营管理的主题。运营安全不但反映了轨道交通运营管理水平和运输服务质量,而且是城市轨道交通系统实现顺畅、高效运营的前提。运营安全有序是每个轨道交通运营公司所追求的目标,也是满足乘客需求、获得良好社会和经济效益的根本保证。

（2）准时

城市轨道交通运营单位根据行车组织、设备维护以及客流情况编制列车运行时刻表,运营各部门严格遵照时刻表执行,通过准时发车(图 1.1 为列车发车时刻显示器)、及时报站、准时到站(图 1.2 为列车到站时间在站台 PIS 上显示),来实现轨道交通准时的宗旨,满足乘客准时到达目的地的需求。

图 1.1　列车发车时刻显示器

图 1.2　PIS 显示的列车到达时间

（3）迅速

在城市生活节奏越来越快的时代,是否能够迅速出行、到达,成为乘客选择交通工具的重要考量指标,城市轨道交通的迅速性主要通过出行时耗、列车旅行速度指标来反映。出行时耗是指乘客从起点到终点的总耗时,即乘客的旅行时间,它包括车内时间和车外时间。车内时间主要由列车旅行速度决定,车外时间包括到站台时间、候车时间、换车时间等几个方面,主要与线网布设、换乘方便性等因素有关。目前城市轨道交通运营单位主要通过提高列车运行速度、缩短列车间隔、合理规划线网等手段来节省乘客出行耗时。

（4）便利

城市轨道交通的便利性主要体现在:列车间隔较短可缩短乘客候车时间,购票、检票、进站、出站环节便于操作,进出站时通过乘坐自动扶梯可节约时间,干净整洁的卫生间可为乘客提供便利,完善的设备如无障碍电梯可保证残疾人乘客顺利乘车(图 1.3 为地铁车站无障碍直梯,图 1.4 为地铁车站无障碍电梯),合理的线网布局、站点设置可满足乘客的出行要求。

图 1.3　地铁车站无障碍直梯　　　　图 1.4　地铁车站无障碍电梯

小贴士

图 1.4 所示的车站无障碍电梯在使用前需联系车站工作人员,电梯的操作必须由车站工作人员进行。

（5）优质服务

城市轨道交通在服务方面为乘客提供干净、整洁的车站环境,适宜的车内温度、湿度,平稳的列车运行,以及低噪声等方面的优质服务。

2.城市轨道交通客运组织的特点

①客运组织服务的对象是市内交通乘客,不办理行李包裹托运服务;

②全日客流分布在时间上有较为明显的高峰(一般为早晚高峰)和低谷之分;

③全年客流分布在时间上按季、月、周、节假日有较大起伏;

④服务对象较为广泛,包括各地、各阶层和各种职业的固定居民和流动人口。

3.客运组织工作的基本要求

（1）站容站貌整洁

车站内外应整洁、干净,门、窗、出入口飞顶应齐全、明净,各种设备和设施摆放整齐、有序、无积尘,站厅、通道及出入口的墙壁光洁,地面无痰渍和脏物,厕所清洁、卫生,照明充足、温度适宜(图 1.5 为北京地铁干净整洁的站厅,图 1.6 为广州地铁干净整洁的站台)。

图 1.5　北京地铁干净整洁的站厅

图 1.6　广州地铁干净整洁的站台

（2）导向标志清晰、完备

车站出入口应有站名标记，车站内应有到达出入口、检票口、站台、票务中心、客服中心、卫生间、列车运行方向和商铺等处的指引标牌（图 1.7 为广州地铁站厅导向标志，图 1.8 为西安地铁站台导向标志），在乘客乘车的全过程、不中断地提供导向信息。此外，还应有出入口外主要干道名称图、指引乘客换乘其他轨道交通线路或地面公交线路的换乘导向示意图。

图 1.7　广州地铁站厅导向标志

图 1.8　西安地铁站台导向标志

（3）服务质量第一

客运作业人员应遵守职业道德，文明礼貌、主动热情地为乘客服务。耐心、正确地回答乘客提出的询问，帮助乘客解决疑难问题。服务工作中做到耐心、虚心、细心、热心、贴心、真心。经常征求乘客的意见，及时改进工作，提高客运服务质量。执行职务时，客运人员要仪表整洁、按规定着装，并佩戴标志。

（4）严格按规章办事

客运作业人员应严格执行作业规章制度，按照标准化作业程序及要求执行，服从命令、听从指挥。处理客伤及乘客其他事务时要及时，并坚持公平、公正的原则，妥善处理。

（5）掌握客流变化

车站及客运部门要经常进行客流调查与分析，积累客流资料，掌握不同时期的客流变化规律，及时有效地调整客流组织方案，确保乘客运输安全、平稳、有序。

（6）搞好联劳协作

客运作业人员应随时与行车值班员、列车司机、公安人员、保安、保洁等有关工种作业人员加强联系,密切配合,协同工作,确保列车与乘客安全。

（7）加强地铁车站与周边单位的应急联动

例如,建立地铁车站与地铁公安所属派出所、车站属地街道、属地派出所的"四长"联动机制;在枢纽接驳站,地铁车站可与火车站等建立联系机制等;通过应急联动机制的建立,加强日常信息互通和联动演练,当发生大客流等突发情况时,能相互协作,积极应对突发事件,更好地为乘客安全、顺利出行提供有力保障。

【任务实施】

城市轨道交通属于城市公共交通运输工具的一种,城市轨道交通客运组织工作是一种服务性工作,通过了解城市轨道交通客运组织的基本宗旨,即安全、准时、迅速、便利、优质服务,将其贯穿到客运组织基础工作过程中。

【效果评价】

评价表

项目名称	城市轨道交通客运组织现状及发展		学生姓名	
任务名称	任务1　客运组织基础知识认识		分　数	
项　目			分　值	考核得分
1.客运组织基本概念的认知情况			25	
2.是否有小组计划			10	
3.客运组织工作宗旨及基本要求的认知情况			40	
4.编制学习汇报报告情况			20	
5.基本素养考核情况			5	
总体得分				
教师简要评语: 教师签名:				

任务2　城市轨道交通客运组织现状分析

【活动场景】

利用多媒体和实地调查手段了解城市轨道交通车站。

【任务要求】

掌握城市轨道交通客运组织的主要内容、原则,熟悉乘车基本程序,了解国内外客运组织工作差别。

【知识准备】

1.客运组织的主要内容

车站售检票位置的设置、车站导向的设置、车站自动扶梯的设置、隔离栏杆等设施的设置,以及车站广播的导向、售检票数量的配置、工作人员的配备、应急措施等。

2.乘客乘车的最基本程序

购票、过检票机、乘车、出检票机、出站。具体情况如图 1.9 所示(乘客使用一卡通时可省掉买票过程)。

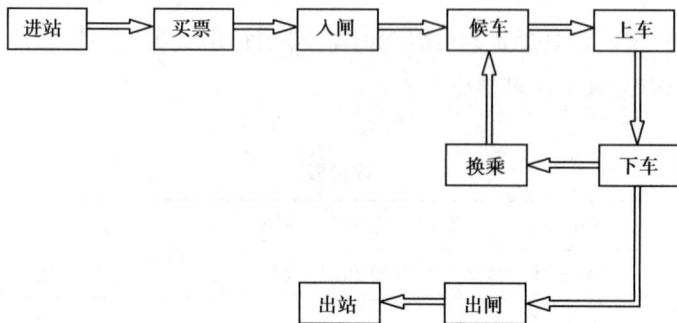

图 1.9　乘客进出站线路图

3.车站客运组织原则

客运组织应以保证客流运送安全,保持客流运送过程的畅通,尽量减少乘客出行时间,避免拥挤,便于大客流发生时能及时疏散为原则。客运组织时应特别考虑下面几个方面的原则。

①合理安排售检票位置、出入口、楼梯,行人流动路线简单明确、尽量较少客流交叉对流;

②乘客换乘其他交通工具之间的顺利连接;

③完善引导系统,快速分流,减少客流集聚和过分拥挤现象;

④满足换乘的方便性、安全性、舒适性等一些基本要求。

另外,枢纽站客运组织原则为:

①线路指示明确、简洁,尽量缩短换乘时间;

②疏导客流,提高换乘效率;换乘通道长度过长或高差过大时,应设置自动步行梯或自动扶梯,加快换乘速度;

③换乘客流与进出站客流分开,避免相互交叉干扰,做到客流有序;

④换乘设施的设置应满足最大客流的需要,并确保售、检票设施前留有足够等候区域,避免排队时拥挤或干扰其他客流;

⑤根据社会通道、换乘通道、出入口、楼梯的位置,周密考虑换乘方式和乘客行走动向,并以此制定相关应急疏散预案。

【任务实施】

结合轨道交通运营单位实际特点,组织开展客运组织工作。

【效果评价】

评价表

项目名称	城市轨道交通客运组织现状及发展	学生姓名	
任务名称	任务2　城市轨道交通客运组织现状分析	分　数	
项　目		分　值	考核得分
1.客运组织内容、基本原则的认知情况		25	
2.是否有小组计划		10	
3.乘车基本程序的认知情况		40	
4.编制学习汇报报告情况		20	
5.基本素养考核情况		5	
总体得分			
教师简要评语： 教师签名：			

任务3　客运组织系统运营管理模式

【活动场景】
利用多媒体了解城市轨道交通系统运营管理架构及车站管理模式。

【任务要求】
掌握城市轨道交通运营管理架构和运营控制中心管理架构，了解国内外车站管理模式。

【知识准备】

1.城市轨道交通系统运营管理架构

城市轨道交通运营组织是运营企业为了有效完成乘客运输任务，通过计划、组织、指挥与控制过程，运用人力、设备和运能等资源所进行的一系列活动。运营组织的主要内容是：客流分析、行车组织、客运管理、车站工作组织、票务管理、设备保养维修、运营安全管理、服务质量管理和成本控制等。运营组织目标是提高运输生产效率，取得最佳服务水平与企业经济效益。国内运营管理架构一般采取如图1.10所示的模式。

2.城市轨道交通运营控制中心管理架构

控制指挥中心（OCC）是城市轨道交通系统的核心（图1.11为沈阳地铁指挥中心大厅），负责全线路的调度指挥工作，客运组织以及设施保障部门的运营组织生产工作，必须以调度指挥机构的组织计划与组织命令为依据而进行。

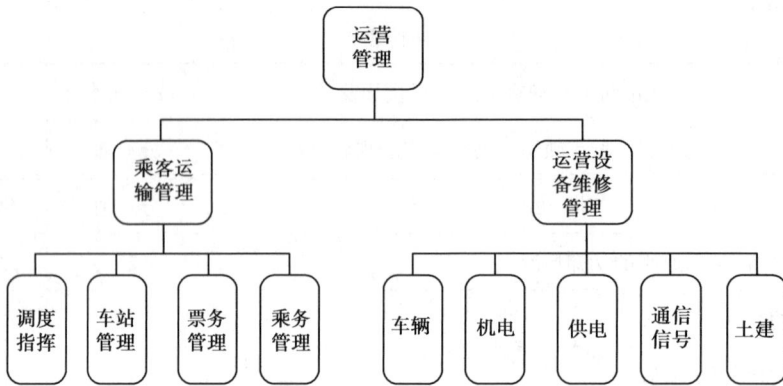

图 1.10　国内运营管理架构图

图 1.11　沈阳地铁指挥中心大厅

（1）运营控制中心的构成方式

按中央调度实施地点的不同,可分为分散式、集中式和区域式运营控制中心

①分散式控制中心:在每条或两条线路上设置运营控制中心,负责本线的中央调度监控指挥,同时把运营信息上报有关部门;

②集中式控制中心:集中式控制中心是指轨道交通所有线路的运营监控、指挥集中到一个统一的控制中心,负责全部线路的协调指挥工作;

③区域式控制指挥中心:在轨道交通网络中,区域式控制指挥中心负责其中几条线路的运营监控、指挥,一般每三条线左右设立运营控制指挥中心,负责这几条线的运营调度监控指挥工作,并接受线网指挥中心的统一指挥。

（2）运营控制指挥中心组织架构（图 1.12）

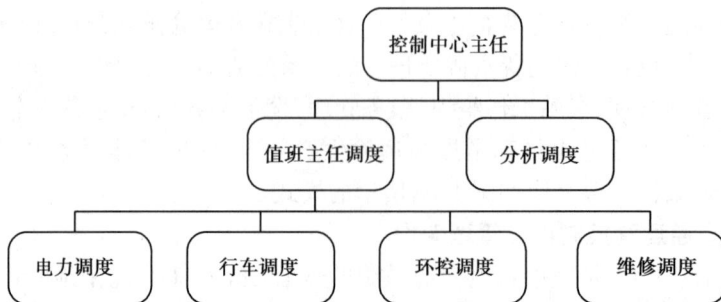

图 1.12　运营控制指挥中心组织架构图

（3）运营控制中心各岗位主要工作

①控制中心主任：控制中心总体负责人，负责控制中心全面工作；

②控制中心值班主任：控制中心调度指挥当班负责人，负责协调当班行车、电力、环控等调度员的工作；

③分析调度：负责控制中心信息收集、分析与发布等工作；

④行车调度员：负责行车指挥工作的专职人员；

⑤电力调度员：负责供电系统管理和调度的专职人员；

⑥环控调度员：负责环境控制系统管理和调度的专职人员；

⑦维修调度员：负责除车辆外所有设备的维修、检查、施工的组织实施专职人员。

3.国内外车站管理模式简介

（1）广州地铁车站管理模式简介

广州地铁车站实行中心站管理，由 3~4 个自然站组成一个中心站，管理架构如图 1.13 所示，根据车站设计及客流情况设置各岗位人数，负责日常客运组织及列车运行的监控。

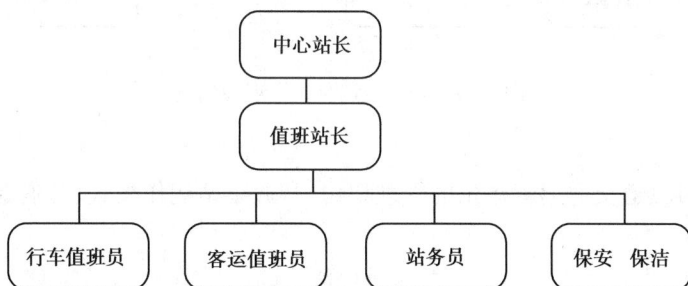

图 1.13　广州地铁车站管理架构

（2）柏林地铁车站管理模式简介

德国的城市地铁都由设在各个城市的总监控中心进行技术监控，车站管理架构如图 1.14 所示。所有车辆的行驶情况都通过监控中心巨大的环形墙壁上的各种按钮颜色变化反映出来，监控人员通过计算机指挥列车驾驶人员。使得整个城市的地铁运行在线路密集交错、列车间隔时间短的情况下，依然井井有条。

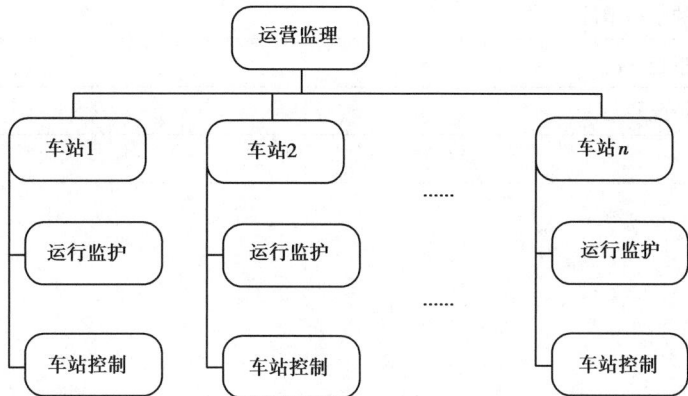

图 1.14　德国地铁车站管理架构图

（3）香港地铁车站管理模式（图1.15）

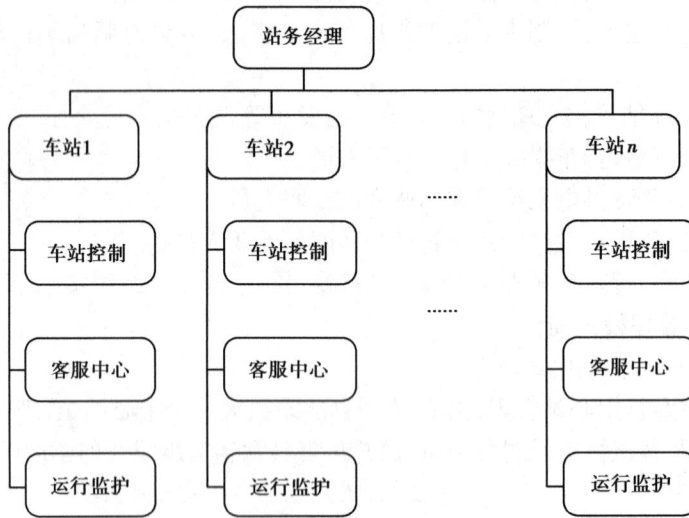

图 1.15　香港地铁车站管理架构图

【任务实施】

通过了解城市轨道交通运营单位的管理架构,掌握车站运作模式,开展客运组织工作。

【效果评价】

评价表

项目名称	城市轨道交通客运组织现状及发展		学生姓名	
任务名称	任务3　客运组织系统运营管理模式		分　数	
项　目			分　值	考核得分
1.城市轨道交通运营管理模式的认知情况			25	
2.是否有小组计划			10	
3.城市轨道交通指挥控制中心管理模式的认知情况			25	
4.车站管理模式的掌握情况			25	
5.编制学习汇报报告情况			10	
6.基本素养考核情况			5	
总体得分				
教师简要评语:				
			教师签名:	

项目小结

通过对本项目的学习,对客运组织的概念、宗旨、特点、基本要求进行全面掌握,并对国内外客运组织、车站管理的区别进行了解,对城市轨道交通客运组织的基础知识有了基础概念和认识,对进行后期具体内容的学习打好基础。

思考与练习

1.城市轨道交通与其他城市交通相比较,其特点有哪些? 城市轨道交通客运组织的宗旨是什么?

2.在地铁出入口处设置安全检查设备的优缺点有哪些?

3.国内外城市轨道交通客运组织方面的区别主要有哪几个方面?

项目 **2**
城市轨道交通客运岗位设置及工作职责

【项目描述】

通过对城市轨道交通客运岗位体系设置的主要模式进行介绍,同时对客运工作流程进行系统阐述,有利于对车站客运管理运作模式和分工进行了解,也为客运组织管理的知识体系进行基础平台搭建。

【学习目标】

1.较为系统地掌握车站客运岗位体系设置主要模式,以及不同模式的特点。

2.熟悉车站客运各主要岗位角色、职责以及工作流程。

3.能掌握车站客运各岗位的核心业务技能和主要工作任务。

4.能模拟实施车站各岗位工作流程中的关键点。

任务1　城市轨道交通车站客运岗位设置

【活动场景】

通过多媒体或车站现场参观,了解客运各岗位设置情况。

【任务要求】

掌握车站客运岗位体系设置情况,能够分析自然站管理和中心站管理两种模式的区别。

【知识准备】

车站客运工作主要包括车站行车、票务、服务、客运组织以及车站人员日常管理等。为保障车站的正常运作和各项工作的顺利开展,车站客运岗位体系设置根据车站运作管理模式的不同一般分为两种,一种为自然站管理模式,另一种为中心站管理模式。

①自然站管理模式下,以一个车站为一个单位进行日常工作组织和管理。岗位体系实行层级负责制,由上至下顺序依次为:站长、值班站长、值班员(行车值班员、客运值班员)、站务员(图2.1)。

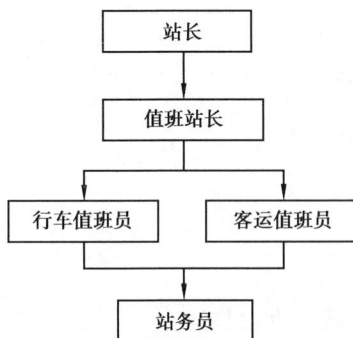

图2.1

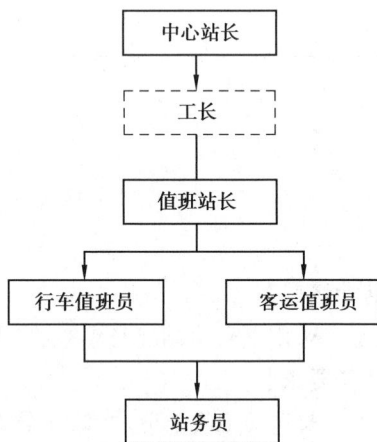

图2.2

②中心站管理模式下,以几个车站为一个单位进行日常工作组合管理。岗位体系实行层级负责制,由上至下顺序依次为:中心站长、值班站长、值班员(行车值班员、客运值班员)、站务员。国内部分城轨运营企业的中心站管理模式下,会在自然站设置一名工长,以便于更好地加强车站生产组织与协调(图2.2)。

车站的客运组织工作实行统一领导、分级管理的原则,建立健全各项工作制度,以便搞好车站秩序,改善服务态度,提高工作效率。

【任务实施】

掌握不同车站管理模式下,车站基层岗位设置情况。不同城市轨道交通运营单位会有不同的设置,但是最基础的岗位主要分为值班站长、值班员和站务员三大类,值班员和站务员岗位会因为具体分工和实际在车站的工作地点而分为行车值班员、客运值班员、站台岗站务员、厅巡岗站务员以及票亭岗站务员,各个城市轨道交通运营单位会根据自身人员配置情况,将相关岗位工作合并或是委托外单位承担。

【效果评价】

评价表

项目名称	城市轨道交通客运岗位设置及工作职责		学生姓名	
任务名称	任务1　城市轨道交通车站客运岗位设置		分　　数	
项　目		分　值	考核得分	
1.车站管理模式的相关知识		20		
2.是否有小组计划		5		
3.车站客运岗位设置的掌握情况		50		
4.编制学习汇报报告情况		20		
5.基本素养考核情况		5		
总体得分				
教师简要评语： 　　　　　　　　　　　　　　　　　　　　教师签名：				

任务2　站长岗位职责认知

【活动场景】

通过多媒体或到车站现场参观,了解站长岗位职责。

【任务要求】

熟悉站长岗的主要职责内容,了解站长岗需具备的关键能力素质。

【知识准备】

根据不同的车站管理模式,站长的名称及角色定位不尽相同。站区管理模式下,设置站长,称之为中心站站长或是站区长,有的城市地铁运营单位也叫区站长;以自然站管理模式的,称之为站长,两者工作的差别在于中心站站长负责多个车站的管理,而自然站站长则仅负责一个车站的管理,两者的岗位职责大致相似,当然具体的方面也会因各城市轨道交通运营赋予的权限不同而略有不同。下面重点对自然站管理模式下的站长岗位职责进行讲述。

1.站长岗角色描述

站长代表城市轨道交通运营单位在车站行使属地管理权,全面负责车站的现场管理,负责本站的消防、安全、治安、行车、施工、票务、服务和人员管理等工作;根据上级的要求计划、组织、指挥、控制、协调车站日常工作,开展车站其他各岗位工作讲评。

2.站长岗位职责

(1)全面管理车站的行车

①根据行车组织工作流程规定,对车站行车岗位作业关键点进行检查、监督;

②定期计划、检查、总结车站行车、客运、服务、票务工作。

（2）根据上级下达的计划，完成客运任务

①制定本车站的客运管理细则、作业程序和实施措施；

②根据客流量变化，及时协调和组织车站的售票及客流引导、组织和疏散工作。

（3）带领车站不断提升服务水平

监督车站乘客服务工作，处理乘客投诉、来信、来访、纠纷。

（4）对车站的安全工作负责

①根据企业安全制度，建立车站安全网络，执行企业的治安、消防工作要求；

②加强对员工的安全教育；

③落实安全检查和分析制度，定期进行安全生产检查，定期对发现的各类问题和隐患进行分析整改。

（5）对车站设备管理工作负责

①及时了解和掌握车站有关设施设备的使用、保养情况，发现损坏、故障，立即上报和协调维修，并跟踪落实处理情况；

②对车站装修、土建工程、服务设施情况、广告牌设置等，提出合理的改善建议。

（6）及时处理车站突发事件

客伤、恶劣天气、大面积设施设备故障等情况进行应急处理。

（7）负责车站员工的日常管理

①全面做好车站员工的排班、考勤、休假等管理工作；

②定期开展员工绩效考核、绩效反馈及辅导等工作；

③根据生产需要和员工技能水平，制定和组织相应的技能培训项目和措施，定期检查培训效果，进行培训总结；

（8）结合运营实际，做好车站对外的协调联络工作

①协调车站与公安、保安、保洁、商铺、银行等组织的沟通合作；

②负责车站综合治理工作，组织召开综合治理会议。

3.站长岗胜任力特征

（1）计划能力

①能独立、有效地定义、策划、运营和管理生产相关的具体项目；

②监控计划的关键路径和风险，并能制定解决问题的措施；

③带领车站员工规划、运作具体的项目活动。

（2）安全意识

①有发现和消除安全隐患的能力，并帮助辅导团队成员处理安全问题；

②能有效发现生产中的安全隐患，并制定防范措施；

③展示安全操作的方法，监督检查安全规章的执行；

④辅导和培训他人处理安全与环境问题，帮助车站员工采取适当的安全防范措施；

⑤定期沟通安全和环境方面的问题，并将解决安全问题作为需要优先考虑的事情。

（3）团队管理

①在组织团队正常运作实现既定目标的同时，能关注员工的绩效及个人发展；

②能够描述当前团队的特点,并对团队成员提供各方面的指导;

③保证每一位团队成员在岗位上齐心协力向同一方向前进;

④公开、直接地与人交谈关于他人绩效表现的话题,给予必要的关注与指导;

⑤善于总结分析,在任务完成之后与员工一同分析经验和教训;

⑥能鼓励下属独立解决问题,提高工作能力。

(4)关注乘客

①关注乘客满意度,能够发现服务差距,定期反馈和沟通;

②能够描述出在保持乘客满意度方面的成功范例;

③组织并实施乘客满意度相关问题与要求的讨论;

④能够识别乘客期望与实际服务水平之间的差距。

(5)谈判能力

①谈判能力以理性的态度,有策略地进行谈判,并能评估可能需要做出的让步妥协条件;

②评估可能需要做出的牺牲或妥协条件;

③以非防御性的态度使争论保持对事不对人的氛围。

(6)压力应对

①在各种较大的压力环境下能保持冷静,专注于工作;

②能灵活运用各种手段,缓解外界压力;

③面对他人的愤怒或失控,或面对投诉和抱怨时保持冷静;

④在时限迫近的时候仍保持效率。

小贴士

站长的作息通常采用常规日班制,但当车站发生突发性的大客流或是紧急情况,站长需要及时到站进行盯控或是指挥,对于轨道交通运营单位而言,通常在重要的节假日期间或有个别活动的周末休息时间,站长仍然需要上班。

【实例链接】

＊＊地铁 A 站站长一日工作流程

时　间	工作内容	工作地点
8:30—11:00	参加部门组织的站长一周例会 会议内容: ①公布了上周对各站安全及服务工作的检查情况,并提出包括 A 站在内的几个车站在摆放乘客导向标志牌方面存在不足 ②针对部分车站短款情况,提出在售票、清点、对账等几方面存在的问题,要求各站进一步规范作业流程,并加强员工业务提升 ③对 A 站实施的站内员工绩效考核细则进行表扬,倡议其他车站进行借鉴	车辆段会议室

续表

时　间	工作内容	工作地点
11:00—11:45	组织 A 站当班值站、客值开会 会议内容： ①传达部门对站厅内导向标志牌摆放问题，安排客值按新的要求重新设计、摆放、布置 ②针对短款问题，与值站、客值讨论分析票务作业流程，结论是尽快用 DV 将站长提出的针对清点票款、票箱压票、打包、解行各项票务作业的标准化作业制成模板，同时加强各岗票务作业演练培训	车站会议室
11:45—12:10	巡视站厅、站台，同时针对最近几周频繁保修的两部电扶梯运行情况进行查看和询问	站台、站厅
12:10—12:40	午餐休息时间	休息室
12:40—13:00	检查各岗位的工作情况，监督车站客流动态	站厅、站台、票务管理室
13:00—14:00	针对公司提出的节能降耗要求，分析和查找本站可实行定时关闭的部分照明电源	站厅、站台、各出入口、站长室
14:00—15:00	①组织车站商铺开会 ②会议围绕本站将在下月启动"清爽夏日"主题营销宣传活动，协调各商铺在各自店面进行相应的活动条幅悬挂、参与营销宣传的优惠商品的确定、相应的商品、礼品赞助等	车站会议室
15:00—17:00	①接到部门临时通知：根据最新气象预报，气象局发布橙色预警，未来几小时可能发生强降雨，要求各站随时准备启动应急防洪预案 ②站长立即召集紧急会议，传达橙色预警信息，组织各岗快速复习防洪预案，做好防洪应急准备 ③带领值站到备品库查看并清点防洪用品、工具等 ④检查出入口玻璃顶漏水隐患	会议室、站厅、备品库、出入口
17:00—17:20	一名老年乘客搭乘电扶梯摔倒，要求索赔。客值、值班与乘客无法达成一致，站长出面协调，安抚乘客，并在车站客伤赔付权限范围内给予了较为妥善的解决	站长室
17:20—19:20	①强降雨开始，车站正式启动防洪应急预案 ②车站准备充分，各岗位人员应急反应能力不错 ③仅 C 出口玻璃顶有少量雨水渗漏，安排放置沙袋 ④车站组织有序	站厅、站台、各出入口
19:20	强降雨结束，下班（比平日延迟约 2 小时）	

【任务实施】

结合站长的岗位职责，参照上述实例，模拟车站站长的一天工作流程。

【效果评价】

评价表

项目名称	城市轨道交通客运岗位设置及工作职责		学生姓名	
任务名称	任务2 站长岗位职责认知		分 数	
项 目			分 值	考核得分
1.站长的岗位认知			20	
2.是否有小组计划			5	
3.站长岗位职责的掌握情况			50	
4.编制学习汇报报告情况			20	
5.基本素养考核情况			5	
总体得分				
教师简要评语： 教师签名：				

任务3 值班站长岗位职责认知

【活动场景】

通过多媒体或车站现场参观,了解值班站长岗位职责。

【任务要求】

熟悉值班站长岗的主要职责内容,了解值班站长岗位胜任力特征的主要因素。

【知识准备】

1.值班站长岗角色描述

在站长领导下,负责对当班期间本班组内站务人员的管理,监控当班期间的车站行车、票务、服务等工作,以保障生产的正常运作。

小贴士

值班站长与站长的岗位职责区别在于站长是车站的全面管理责任人,而值班站长仅负责其当班期间的车站管理工作。

2.值班站长岗位职责

(1)负责本班组的行车作业管理

掌握列车运行情况,安排本班次车站行车组织工作,检查和监督行车组织的作业关键点。

（2）做好本班组的车站票务管理

①加强票务管理，负责本班次车站的车票、现金安全及票款的解行；

②检查、监督本班次票务流程的执行情况和票务系统的运作情况；

③处理票务紧急情况及乘客票务纠纷，并及时上报相关部门或单位；

④做好票务管理相关通知、规定的传达、监督执行和检查。

（3）严格执行车站巡视制度

①根据实际情况制定车站的巡视时间，并按要求定时巡视；

②在巡视过程中，全权负责监督车站内部员工标准化作业的执行情况，并密切注意出入口情况及公共区各种设备的运作情况，乘客的动态，线路、施工场所是否有异常，设备区内管理用房是否按规定，按标准管理、使用等，并将具体情况记录在登记本上；

③在巡视中发现问题，如能够立即处理的应立即做出处理。

（4）灵活有效地做好服务管理

①负责监控当班整体服务工作，巡视并检查当班员工在语言、形体、着装等方面是否符合服务标准，指正员工服务工作不足，确保本班服务质量；

②要快速赶到现场处理乘客问题，如接到通知后预计不能及时赶到，必须马上安排有能力处理的员工代理；

③根据车站客流变化、设施运转情况，及时解决好客流引导、乘客排队、购票等服务问题；

④以礼为先，客观、公平、公正处理乘客投诉或纠纷等事务。

（5）严格做好生产安全控制

①认真落实车站安全管理职责，具体落实为每日工作标准；

②及时对生产组织、设施设备安全隐患进行报告和有效处理。

（6）车站施工管理

负责当班期间监控和管理站内的施工安全和防护。

（7）认真履行与其他班次交接班手续

①核对交接事项，对于突发事件或特殊情况，严格做好记录和传达；

②对上一班次记录问题要及时跟进和处理。

（8）认真执行突发问题应急处理程序

突发、紧急情况下组织全站员工按要求逐项处理事故，担任"事故处理主任"，负责恢复车站正常运作；对发生问题要反馈及时，处理得当。

3. 值班站长岗胜任力特征

（1）安全意识

①有发现和消除安全隐患的能力，并帮助和辅导团队成员处理安全问题；

②能有效发现生产中的安全隐患，并制订防范措施；

③展示安全操作的方法，监督检查安全规章的执行；

④辅导和培训他人处理安全与环境问题，帮助本班组员工采取适当的安全防范措施；

⑤定期沟通安全和环境方面的问题，并将解决安全问题作为需要优先考虑的事情。

（2）团队管理

①在组织本团队正常运作实现既定目标的同时，能关注本班组员工的绩效及个人发展；

②能够描述当前团队的构成情况,并评价每一团队成员才能、工作风格及贡献;

③向下属分配工作时,清晰地解释工作的目标及其逻辑关系;

④比较清晰地界定团队成员的优点和局限,能给予必要的关注与指导。

(3)关注乘客

①当班期间关注乘客满意度,能够发现服务差距,定期反馈和沟通;

②能够描述出在保持乘客满意度方面的成功范例;

③组织并实施乘客满意度相关问题与要求的讨论;

④能够识别乘客期望与实际服务水平之间的差距。

(4)压力应对

①在各种较大的压力环境下能保持冷静,专注于工作;

②能灵活运用各种手段,缓解外界压力;

③面对他人的愤怒或失控,或面对投诉和抱怨时保持冷静;

④在时限迫近的时候仍保持效率。

(5)流程管理

①对车站运作的各模块业务流程、各个环节及存在的问题有所认识;

②能够分析和描述工作流程的关键点所在;

③对员工在业务流程中的瓶颈,提出改善方案。

小贴士

　　值班站长的工作作息,一般采用四班两运转(即白、夜、休、休),也有个别城市轨道交通车站采用三班两运转(中、早、休)。城市轨道交通车站 24 h 需要有人工作,白天车站主要以对外乘客服务为主,夜间除了进行部分时段的乘客服务工作外,还需要配合施工作业人员进行施工,进行运营结束后的票款清点以及次日运营前的准备工作等。

【实例链接】

以西安地铁四班两运转方式为例,介绍车站值班站长白班及夜班的一班工作流程。

西安地铁 A 站白班值班站长岗一班工作流程

时　间	工作内容	工作地点
7:40—7:50	提前到站,放置私人物品,更换工装	更衣室
7:50—8:00	签到,与交班值班站长交流,重点了解新文件、通知、命令;当班期间存在问题、隐患及处理情况;生产已完成和未完成情况	车控室
8:00—8:20	①列队点名,整理着装,检查本班组员工仪容仪表 ②组织召开班前会,进行班前抽问,重要文件、命令传达,当班工作布置	车控室前(公共区)或是会议室

时　间	工作内容	工作地点
8:20—8:35	与夜班值班站长进行交接 ①钥匙、备品交接 ②当班重点情况交接,查看《当班登记交接本》 ③查看消防巡视及消防器材维修更换台账,了解车站消防设备、设施故障及处理情况 ④查看施工登记台账,了解车站施工情况 ⑤查看物品借用登记台账,了解车站借出物品归还情况 ⑥查看调度命令本、行车日志等了解行车情况 ⑦交接站级设备运行情况(环控设备、电扶梯、AFC等)	站长室、车控室
8:35—9:00	巡视站厅、站台、出入口及车站设施、设备,做好记录	站厅、站台、出入口
9:00—10:30	①检查班组作业标准、劳动纪律及工作状态等 ②处理乘客事务 ③处理文件 ④根据现场需要进行顶岗	站厅、站台、站长室或车控室
10:30—11:00	巡视站厅、站台、出入口及车站设施、设备,做好记录	站厅、站台、出入口
11:00—11:30	顶站台岗位吃饭	站台
11:30—12:00	顶行车值班员吃饭	车控室
12:00—12:30	吃饭	休息室
12:30—13:00	巡视站厅、站台、出入口及车站设施、设备,做好记录	站厅、站台、出入口
13:00—14:30	①检查班组作业标准、劳动纪律及工作状态等 ②处理乘客事务 ③处理文件等 ④根据现场需要进行顶岗	站厅、站台、站长室或车控室
14:30—15:00	巡视站厅、站台、出入口及车站设施、设备,做好记录	站厅、站台、出入口
15:00—17:00	①检查班组作业标准、劳动纪律及工作状态等 ②处理乘客事务 ③处理文件等	站厅、站台、站长室或车控室
17:00—17:30	巡视站厅、站台、出入口及车站设施、设备,做好记录	站厅、站台、出入口

续表

时 间	工作内容	工作地点
17:30—18:00	顶站台吃饭	站台
18:00—18:30	顶行车值班员吃饭	车控室
18:30—19:00	吃饭	休息室
19:00—19:20	巡视站厅、站台、出入口及车站设施、设备,做好记录	站厅、站台、出入口
19:20—19:30	与接班值班站长交流,重点说明新文件、通知、命令;当班期间存在问题、隐患及处理情况;生产已完成和未完成情况	站长室或车控室
19:30—19:50	梳理手中的有关备品	站长室
19:50—20:00	与夜班值班站长交接	站长室
20:00—20:10	监督客运值班员的交接工作	票务管理室
20:10—20:20	组织召开班后总结会,点评班组各岗位工作情况	会议室
20:20	签退,换装	车控室、更衣室

西安地铁 A 站夜班值班站长岗一班工作流程

时 间	工作内容	工作地点
19:10—19:20	提前到站,放置私人物品,更换工装	更衣室
19:20—19:30	签到,与交班值班站长交流,重点了解新文件、通知、命令;当班期间存在问题、隐患及处理情况;生产已完成和未完成情况	车控室
19:30—19:50	①列队点名,整理着装,检查本班组员工仪容仪表 ②组织召开班前会,进行班前抽问,重要文件、命令传达,当班工作布置	车控室前(公共区)或是会议室
19:50—20:00	与夜班值班站长进行交接 ①钥匙、备品交接 ②当班重点情况交接,查看《当班登记交接本》 ③查看消防巡视及消防器材维修更换台账,了解车站消防设备、设施故障及处理情况 ④查看施工登记台账,了解车站施工情况 ⑤查看物品借用登记台账,了解车站借出物品归还情况 ⑥查看调度命令本、行车日志等了解行车情况 ⑦交接站级设备运行情况(环控设备、电扶梯、AFC 等)等	站长室

续表

时 间	工作内容	工作地点
20:00—20:30	巡视站厅、站台、出入口及车站设施、设备,做好记录	站厅、站台、出入口
20:30—22:00	①检查班组作业标准、劳动纪律及工作状态等 ②处理乘客事务 ③处理文件 ④根据现场需要进行顶岗	站厅、站台、站长室或车控室
22:00—00:00	做好末班车客运服务以及运营结束后关站及巡视工作	站厅、站台、出入口
00:00—次日4:00	①做好当日车站运营信息的收集和上报工作 ②组织本班组员工进行学习和演练 ③监控夜班施工情况,设置施工防护	车控室
4:00—4:30	巡视车站,检查施工出清情况	站厅、站台、出入口
4:30—6:00	①与客运值班员进行补币、补票工作 ②组织做好开站工作,检查车站设备、设施运行情况	站厅、站台、出入口
6:00—6:30	①检查班组作业标准、劳动纪律及工作状态等 ②处理乘客事务 ③处理文件 ④根据现场需要进行顶岗	站厅、站台、站长室或车控室
7:20—7:40	巡视站厅、站台、出入口及车站设施、设备,做好记录	站厅、站台、出入口
7:50—8:00	①与接班值班站长交流,重点说明新文件、通知、命令 ②当班期间存在问题、隐患及处理情况;生产已完成和未完成情况	站长室或车控室
8:00—8:10	梳理手中的有关备品	站长室
8:10—8:20	与白班值班站长交接	站长室
8:20—8:40	监督客运值班员的交接工作	票务管理室
8:40—9:00	组织召开班后总结会,点评班组各岗位工作情况	会议室
9:00	签退,换装	车控室、更衣室

【任务实施】

结合值班站长的岗位职责,参照上述实例,模拟车站值班站长的一班工作流程。

【效果评价】

评价表

项目名称	城市轨道交通客运岗位设置及工作职责		学生姓名	
任务名称	任务3　值班站长岗位职责认知		分　数	
项　目			分　值	考核得分
1.值班站长的岗位认知			20	
2.是否有小组计划			5	
3.值站站长岗位职责的掌握情况			50	
4.编制学习汇报报告情况			20	
5.基本素养考核情况			5	
总体得分				
教师简要评语：				
			教师签名：	

任务4　行车值班员岗位职责认知

【活动场景】

通过多媒体或车站现场参观,了解行车值班员岗位职责。

【任务要求】

熟悉行车值班员岗的主要职责内容,了解行车值班员岗的关键能力要求。

行车值班员
作业流程

【知识准备】

1.行车值班员岗角色描述

在值班站长的领导下,主要负责监控列车运行、设备运转及客流情况,同时负责信号设备故障情况下的车站行车组织和协调。

2.行车值班员岗位职责

①主管车站行车工作;

②服从行调指挥,执行行调命令,正确填写行车日志、相关台账;在信号设备正常情况下,严格按列车运行图组织行车,信号设备故障时,按照行调指示,主要负责车站的行车组织、应急处置和协调;

③负责车站施工作业登记、施工安全监控等工作;

④严格执行作业程序,监控和操作 LCW、FAS、BAS、IBP 盘等设备;

⑤控制车站广播,并密切关注中央电视监控系统,实时监视各区域情况;

⑥负责监控站级 AFC 设备运行情况,发现报警提示,及时提醒客运值班员或值班站长;

⑦保管行车设备备品、保管车站日常钥匙及部分票务钥匙等；

⑧负责车站设备故障的报修及登记工作；

⑨负责车站信息的接收及转达等。

3.行车值班员胜任力特征

（1）安全意识

关注达成结果的过程与因素，寻求提高质量、效率的方法。

（2）流程管理

①熟知与自己工作相关的操作标准和程序；

②清晰明确地解释自己的工作流程，画出流程图；

③能够分析和描述车站行车组织工作流程的关键点。

（3）压力应对

①在各种较大的压力环境下能保持冷静，专注于工作；

②在困境中沉着应对，控制好情绪。

小贴士

　　行车值班员的工作作息，一般采用四班两运转（即白、夜、休、休）。

【实例链接】

＊＊地铁 A 站白班行车值班员一班工作流程

时　间	工作内容	工作地点
7:50—8:00	提前到站,放置私人物品,更换工装,签到	车控室
8:00—8:20	参加白班值班站长组织的班前列队点名及班前会,了解今日安全事项及重要文件、通知等精神	车控室前（公共区）、会议室
8:20—8:40	与夜班行车值班员进行交接 ①备品交接（备品柜中物品、钥匙柜中钥匙、相关票务钥匙等） ②查看《调度命令登记本》《行车日志》了解行车情况 ③查看《车站消防、综治巡查记录本》《车站设备、设施故障登记本》《消防（控制室）值班记录本》《消防器材维修、更换、保养台账》重点了解车站消防、行车设备、设施故障处理情况 ④查看交接本中"交接班事项",了解上一班的重点事项,以及完成或待完成的工作等 ⑤查看施工登记情况,了解车站施工及防护设置情况;查看《施工行车通告》了解当天及本周的施工安排 ⑥查看《钥匙借用登记本》《车站物品借用登记本》了解车站钥匙、物品借用情况 ⑦查看 IBP 盘上钥匙是否插在规定位置 ⑧了解设备报修及登记情况 ⑨查看车控室各监控设备运行情况以及站级设备运行情况等	车控室

续表

时　间	工作内容	工作地点
8:40—11:30	①监控站台乘客乘车情况 ②监控列车运行情况 ③监控好站台行车设备(屏蔽门、紧停按钮)运行情况 ④监控站级 AFC 设备(TVM、BOM)运作状态 ⑤监控站厅、出入口客流情况 ⑥根据现场情况适时播放广播 ⑦办理车站不影响行车的施工请、销点及钥匙借用登记等手续 ⑧发现车站设备故障及时报修,并登记 ⑨接收电话信息,并做好记录,重要信息、事项立即告知值班站长 ⑩根据值班站长安排,适时顶岗	车控室或其他
11:30—12:00	午饭	休息室
12:00—18:00	①监控站台乘客乘车情况 ②监控列车运行情况 ③监控好站台行车设备(屏蔽门、紧停按钮)运行情况 ④监控站级 AFC 设备(TVM、BOM)运作状态 ⑤监控站厅、出入口客流情况 ⑥根据现场情况适时播放广播 ⑦办理车站不影响行车的施工请、销点及钥匙借用登记等手续 ⑧发现车站设备故障及时报修,并登记 ⑨接收电话信息,并做好记录,重要信息、事项立即告知值班站长 ⑩根据值班站长安排,适时顶岗	车控室
18:00—18:30	吃饭	休息室
18:30—19:50	①监控站台乘客乘车情况 ②监控列车运行情况 ③监控好站台行车设备(屏蔽门、紧停按钮)运行情况 ④监控站级 AFC 设备(TVM、BOM)运作状态 ⑤监控站厅、出入口客流情况 ⑥根据现场情况适时播放广播 ⑦办理车站不影响行车的施工请、销点及钥匙借用登记等手续 ⑧发现车站设备故障及时报修,并登记 ⑨接收电话信息,并做好记录,重要信息、事项立即告知值班站长 ⑩根据值班站长安排,适时顶岗 ⑪梳理本班组重点事项	车控室或其他
19:50—20:10	与夜班行车值班员交接	车控室
20:10—20:20	参加值班站长组织的班后总结会	车控室
20:20	签退	车控室

夜班行车值班员一班工作流程

时　　间	工作内容	工作地点
19：20—19：30	提前到站,放置私人物品,更换工装,签到	车控室
19：30—19：50	参加白班值班站长组织的班前列队点名及班前会,了解今日安全事项及重要文件、通知等精神	车控室前(公共区)、会议室
19：50—20：10	与白班行车班值班员进行交接 ①备品交接(备品柜中物品、钥匙柜中钥匙、相关票务钥匙等) ②查看《调度命令登记本》《行车日志》了解行车情况 ③查看《车站消防、综治巡查记录本》《车站设备、设施故障登记本》《消防(控制室)值班记录本》《消防器材维修、更换、保养台账》重点了解车站消防、行车设备、设施故障处理情况 ④查看交接本中"交接班事项",了解上一班的重点事项,以及完成或待完成的工作等 ⑤查看施工登记情况,了解车站施工及防护设置情况;查看《施工行车通告》了解当天及本周的施工安排 ⑥查看《钥匙借用登记本》《车站物品借用登记本》了解车站钥匙、物品借用情况 ⑦查看 IBP 盘上钥匙是否插在规定位置 ⑧了解设备报修及登记情况 ⑨查看车控室各监控设备运行情况以及站级设备运行情况等	车控室
20：10—22：00	①监控站台乘客乘车情况 ②监控列车运行情况 ③监控好站台行车设备(屏蔽门、紧停按钮)运行情况 ④监控站级 AFC 设备(TVM、BOM)运作状态 ⑤监控站厅、出入口客流情况 ⑥根据现场情况适时播放广播 ⑦办理车站不影响行车的施工请、销点及钥匙借用登记等手续 ⑧发现车站设备故障及时报修,并登记 ⑨接收电话信息,并做好记录,重要信息、事项立即告知值班站长 ⑩根据值班站长安排,适时顶岗	车控室或其他
22：00—23：00	①监控站台乘客乘车情况 ②监控列车运行情况 ③适时将部分进站闸机和 TVM 设置为暂停服务模式 ④适时播放末班车广播 ⑤监控出入口、站厅客流情况 ⑥适时播放车站关站广播 ⑦乘客全部出站后,通过 CCTV 检查站厅、站台、出入口等处是否有人逗留 ⑧将所有 TVM 和闸机设为暂停服务模式 ⑨按要求关闭广告灯箱、出入口飞顶灯,关闭车站部分照明等	车控室

续表

时　　间	工作内容	工作地点
23:00— 次日 4:00	①办理施工请、销点手续 ②收集整理有关运营信息,协助值班站长报送日报	车控室
4:00—6:00	①确认夜间轨行区施工全部销点,人员、工具出清,线路空闲 ②按要求开启隧道风机并检查运行情况 ③隧道风机结束后进行运营前检查 a.本站影响行车的施工已结束,线路出清,接触网、供电系统及环控系统运作正常 b.行车设备、配品齐全完好 c.道岔功能正常,进路可以排列 d.站台区域线路无侵限、无异状,端墙门、屏蔽门开关正常 ④检查各种设备开启情况,出入口照明、车站照明、PIS、广告灯箱、扶梯、站级 AFC 设备等 ⑤监控压道车、空载客车的运行情况	车控室
6:00—8:20	①监控站台乘客乘车情况 ②监控列车运行情况 ③监控好站台行车设备(屏蔽门、紧停按钮)运行情况 ④监控站级 AFC 设备(TVM、BOM)运作状态 ⑤监控站厅、出入口客流情况 ⑥根据现场情况适时播放广播 ⑦办理车站不影响行车的施工请、销点及钥匙借用登记等手续 ⑧发现车站设备故障及时报修,并登记 ⑨接收电话信息,并做好记录,重要信息、事项立即告知值班站长 ⑩梳理本班工作情况	车控室
8:20—8:40	与夜班行车值班员交接	车控室
8:40—9:00	参加值班站长组织的班后总结会	车控室
9:00	签退,换装	车控室

【任务实施】

结合行车值班员的岗位职责,参照上述实例,模拟车站行车值班员的一班工作流程。

【效果评价】

评价表

项目名称	城市轨道交通客运岗位设置及工作职责		学生姓名	
任务名称	任务 4　行车值班员岗位职责认知		分　　数	
项　　目			分　值	考核得分
1.行车值班员的岗位认知			20	
2.是否有小组计划			5	
3.行车值班员岗位职责的掌握情况			50	
4.编制学习汇报报告情况			20	
5.基本素养考核情况			5	
总体得分				
教师简要评语： 　　　　　　　　　　　　　　　　　　教师签名：				

任务 5　客运值班员岗位职责认知

【活动场景】

通过多媒体或车站现场参观,了解客运值班员岗位职责。

【任务要求】

熟悉客运值班员岗的主要职责内容,了解客运值班员岗的关键能力要求。

【知识准备】

1.客运值班员岗位角色描述

在值班站长的领导下,主要负责车站票务、服务,同时负责设备故障情况下的客流组织、应急处置和协调。

2.客运值班员岗位职责

①负责车票的收发和保管工作;

②负责各种票务收益单据的填写及保管工作;

③负责车站收益解行的实施和安全;

④负责 TVM 钱箱更换、补币、清点以及票箱的补票工作;

⑤在非运营时间汇总统计当日营收情况;

⑥协助值班站长协调和处理乘客事务,提供优质服务;

⑦紧急情况下,协助值班站长处理紧急事务。

3.客运值班员胜任力特征

（1）流程管理

①熟知与自己工作相关的操作标准和程序；

②清晰明确地解释自己的工作流程，画出流程图；

③能够分析和描述车站票务、服务工作流程的关键点。

（2）关注乘客

①对乘客的困难和期望有一定敏感度，能发现和解决一般乘客关注的问题；

②能够关注服务承诺的履行，并保持目标与行动的一致；

③及时对乘客问题进行总结和分析，并采取措施避免出现类似的问题；

④能够为工作失误或客观困难而真诚道歉或表示遗憾。

（3）安全意识

①掌握并遵守各项安全规章制度；

②掌握基本的安全知识及应急措施；

③以适当的紧迫感应对安全问题。

（4）关注细节

①仔细检查关键信息及工作成果的准确性；

②将信息或沟通的重要细节记录下来以免被丢失或遗忘；

③按照流程和规范处理工作，并能考虑工作当中的细微环节。

（5）压力应对

①在各种较大的压力环境下能保持冷静，专注于工作；

②避免冲动的行为；

③面对投诉和抱怨时能理性对待。

小贴士

根据车站业务分工，部分城市地铁运营单位将车站的票务汇总处理工作设置专人即客运值班员岗位人员来完成，也有部分城市地铁运营单位将此部分工作纳入值班站长的工作范畴内，而不单独设岗；一般客运值班员的岗位作息时间与值班站长岗位相同，即四班两运转（白、夜、休、休），白班时间为 8:00—20:00，夜班为 19:30—次日 8:30。

【实例链接】

＊＊地铁 A 站白班客运值班员一班工作流程

时　间	工作内容	工作地点
7:50—8:00	提前到站，放置私人物品，更换工装，签到	车控室
8:00—8:20	参加白班值班站长组织的班前列队点名及班前会，了解今日安全事项及重要文件、通知等精神	车控室前（公共区）、会议室

续表

时　间	工作内容	工作地点
8:20—8:40	与晚班客值进行交接 ①进行备用金、车票及票据的清点交接 ②对票务设备进行检查(保险柜、点钞机、钥匙柜、钱箱票箱),并在《交接班本》上做好记录 ③查看车站发票使用登记簿 ④清点交接票务钥匙 ⑤了解上一班有关票务重点工作,最新票务通知,以及需要本班组完成的票务工作等	票务管理室
8:40—11:00	①上交上一班次的票务报表 ②整理报表、台账及票务管理室内务 ③票款解行工作,与上门收款人员进行交接,将上一班打包好的库包解行 ④与 AFC 维修人员一起处理车站故障 AFC 设备 ⑤检查票亭岗工作,监督售票员岗上是否按章作业,报表填写是否正确,票亭备品是否齐全良好 ⑥在站厅处理乘客事务 ⑦根据现场情况适时更换票箱、补充设备零币以及票亭岗缺少的有关乘客事务处理单据、发票等 ⑧根据值班站长安排,进行顶岗作业	票务管理室、票亭、站厅
11:30—12:30	顶两个票亭岗吃饭	票亭
12:30—13:00	吃饭	休息室
13:00—14:00	①巡视,处理乘客事务,检查站级 AFC 设备运行情况,根据现场情况适时更换票箱、补充设备零币 ②与 AFC 维修人员一起处理车站故障 AFC 设备 ③检查票亭岗工作,监督售票员岗上是否按章作业,报表填写是否正确,票亭备品是否齐全良好	站厅、票亭
14:00—14:30	①为中班票亭岗人员配票 ②监督票亭岗早班与中班的交接 ③与早班票亭岗人员结算,填写相应报表	票务管理室、票亭

续表

时　间	工作内容	工作地点
14:30—17:30	①巡视,处理乘客事务,检查站级 AFC 设备运行情况,根据现场情况适时更换票箱、补充设备零币 ②与 AFC 维修人员一起处理车站故障 AFC 设备 ③检查票亭岗工作,监督售票员岗上是否按章作业,报表填写是否正确,票亭备品是否齐全良好 ④根据值班站长安排进行顶岗	票亭、站厅
17:30—18:30	顶两个票亭吃饭	票亭
18:30—19:00	吃饭	休息室
19:00—19:50	①巡视,处理乘客事务,检查站级 AFC 设备运行情况,根据现场情况适时更换票箱、补充设备零币 ②整理本班相关报表及台账,梳理本班有关重要事项	站厅、票务管理室
19:50—20:10	与夜班客运值班员交接	票务管理室
20:10—20:20	参加值班站长组织的班后总结会	车控室
20:20	签退	车控室

＊＊地铁 A 站夜班客运值班员一班工作流程

时　间	工作内容	工作地点
19:20—19:30	提前到站,放置私人物品,更换工装,签到	车控室
19:30—19:50	参加白班值班站长组织的班前列队点名及班前会,了解今日安全事项及重要文件、通知等精神	车控室前(公共区)、会议室
19:50—20:10	与白班客运值班员进行交接 ①进行备用金、车票及票据的清点交接 ②对票务设备进行检查(保险柜、点钞机、钥匙柜、钱箱票箱),并在《交接班本》上做好记录 ③查看车站发票使用登记簿 ④清点交接票务钥匙 ⑤了解上一班有关票务重点工作,最新票务通知,以及需要本班组完成的票务工作等	票务管理室
20:10—22:00	①巡视,处理乘客事务,检查站级 AFC 设备运行情况,根据现场情况适时更换票箱、补充设备零币 ②与 AFC 维修人员一起处理车站故障 AFC 设备 ③检查票亭岗工作,监督售票员岗上是否按章作业,报表填写是否正确,票亭备品是否齐全良好 ④根据值班站长安排进行顶岗	票亭、站厅

续表

时　　间	工作内容	工作地点
22:00—23:00	①与其中一个中班票亭岗人员结算,填写相应报表 ②与一名站务员将部分 TVM 设置为暂停服务模式,开始收钱箱	票亭
23:00—次日 2:00	①运营结束,将余下的 TVM 设置暂停服务,并进行收钱箱 ②为票亭岗结算,填写相应报表和台账 ③与站务员进行票款清点工作,填写相应台账及报表 ④对照报表进行 SC 数据录入工作 ⑤将票款打包,并填写缴款单据等 ⑥提供日报相关票务信息	票务管理室
2:00—3:00	为次日运营做准备 ①清点票卡,进行压票工作 ②清点零币,进行零币周转箱的填充工作 ③准备好给票亭岗配置的票卡、备用金及票报表等	票务管理室
3:00—4:30	①整理票务管理室内务,将物品摆放整齐 ②整理相关报表和台账 ③简单盘点备用金、票卡及台账、报表、票务备品库存情况,不足时及时做好记录,次日进行申报 ④梳理当班期间重要票务文件及需要交接班时交接的重点事项等	票务管理室
4:30—5:30	①唤醒站级 AFC 设备,开始装机工作 ②查看站级 AFC 设备情况,发现票箱满的闸机,进行更换 ③检查站级 AFC 设备状态,确保其在正常服务模式下	票务管理室
5:30—6:00	为票亭岗配票	票务管理室
6:00—8:20	①协助值班站长做运营前的其他准备工作 ②巡视,处理乘客事务,检查站级 AFC 设备运行情况,根据现场情况适时更换票箱、补充设备零币 ③与 AFC 维修人员一起处理车站故障 AFC 设备 ④检查票亭岗工作,监督售票员岗上是否按章作业,报表填写是否正确,票亭备品是否齐全良好 ⑤根据值班站长安排进行顶岗	站厅
8:20—8:40	与夜班客运值班员交接	票务管理室
8:40—9:00	参加值班站长组织的班后总结会	会议时候
9:00	签退,换装	车控室、更衣室

【任务实施】

结合客运值班员的岗位职责,参照上述实例,模拟车站客运值班员的一班工作流程。

【效果评价】

评价表

项目名称	城市轨道交通客运岗位设置及工作职责		学生姓名	
任务名称	任务5 客运值班员岗位职责认知		分 数	
项 目		分 值		考核得分
1.客运值班员的岗位认知		20		
2.是否有小组计划		5		
3.客运值班员岗位职责的掌握情况		50		
4.编制学习汇报报告情况		20		
5.基本素养考核情况		5		
总体得分				
教师简要评语：				
			教师签名：	

任务6 站务员岗位职责认知

【活动场景】

通过多媒体或车站现场参观,了解站务员岗位职责。

【任务要求】

熟悉站务员岗的主要职责内容,了解站务员岗的关键能力要求。

【知识准备】

1.站务员岗角色描述

在值班站长的领导下,协助值班员做好站台接发车、站厅巡视和票亭服务等工作,具体又分为站台岗、票亭岗、厅巡岗,在当班期间可以由站长或是值班站长根据需要进行灵活调整。

2.站务员岗位职责

(1)共性

①严格执行安全作业规程,落实安全各项规章;

②严格执行客运服务作业标准,做好客运服务工作;

③负责及时向值班站长、值班员报告异常情况和问题;

④紧急情况下,开展有关应急工作;

⑤发现问题及时上报,并记录。

(2)站台岗站务员岗位职责

①监视列车运行状态、候车乘客动态,确保列车正常运行,乘客人身安全;

②按照站台作业标准进行接发车及乘客服务工作;

③若发现屏蔽门故障等异常情况及时采取措施,并与车控室联系;

④回答乘客询问,在力所能及的范围内,尽量帮助乘客解决问题,特别注意帮助老、弱、病、残、孕等需要提供帮助的乘客。

小贴士

车站站务人员是地铁的服务窗口,站务人员的作业直接体现着一个单位的形象,因此各运营单位都会对站务人员的作业进行规范。各个城市地铁运营单位对站台岗的作业要求不尽相同,以西安地铁为例,介绍其站台岗作业标准:

①站台无车时来回巡视站台,重点检查屏蔽门及端墙门状态、电扶梯运营情况、轨行区情况(有无漏水、异物等),同时引导乘客到乘客较少的地方候车;

②列车即将进站时,站台岗在紧急停车按钮附近面对屏蔽门立岗接车;

③见到车头灯时向车头灯方向转体90°立岗;

④列车越过接车地点(立岗位置)时转体90°面向屏蔽门站立;

⑤列车关门时背对屏蔽门平举右手(与身体成90°),手掌伸开,显示拦截状,及时制止抢上车人员;

⑥列车尾部出清本站头端墙后站台岗方可移动进行巡视工作。

---

(3)票亭岗站务员岗位职责

①对待乘客要有热心、耐心、细心,做好乘客服务工作;

②按"一收、二唱、三操作、四找零"的程序进行作业;

③负责车站票务中心当班的售票工作;

④保管当班报表、单据、现金、车票、票务钥匙、车站票务中心相关备品,并负责其安全;

⑤完成相应票务报表的填写;

⑥协助处理票务紧急情况。

(4)厅巡岗站务员岗位职责

①负责站厅巡视工作,检查电扶梯运行情况,TVM、GATE运作情况等,及时主动向有需要的乘客提供服务;

②引导乘客正确操作票务设备;

③巡视车站TVM、GATE的运作情况;

④检查乘客车票的有效性,及时回收乘客遗留车票;

⑤协助处理票务紧急情况;

⑥及时向值班站长、值班员报告异常情况和问题。

3.站务员胜任力特征

(1)关注乘客

①能及时解决或妥善处理一般乘客的困难和关注的问题;

②能够较好地履行服务承诺;

③及时对乘客问题处理方法进行学习和总结;

④能够为工作失误或客观困难而真诚道歉或表示遗憾。

(2)关注细节

①能够发现和掌握工作中的关键环节和信息;

②将信息或沟通的重要细节记录下来以免被丢失或遗忘;

③按照流程和规范处理工作,并能考虑工作当中的细微环节。

(3)安全意识

①掌握并遵守各项安全规章制度;

②掌握基本的安全知识及应急措施。

(4)压力应对

①在各种较大的压力环境下能保持冷静,专注于工作;

②避免冲动的行为;

③面对投诉和抱怨时能理性对待。

小贴士

一般城市地铁车站站务员岗位通常采用三班两运转方式,即早、中、休,也有个别地铁采用四班两运转方式。

【实例链接】

下面以三班两运转的班制为例介绍站台岗、票亭岗一班作业流程。

早班站台岗站务员一班作业流程

时　间	主要内容	工作地点
6:20	换工装,签到	更衣室、车控室
6:30—9:00	担任站台岗职责,监控列车运行情况。遇到特殊事情,立即通知值班员、值班站长处理	站台
9:00—9:15	休息	休息室
9:15—11:00	继续担任站台岗职责,监控列车运行情况。遇到特殊事情,立即通知值班员、值班站长处理	站台
11:00—11:30	吃饭	休息室
11:30—14:55	继续担任站台岗职责,监控列车运行情况。遇到特殊事情,立即通知值班员、值班站长处理	站台
14:55—15:00	与中班站台岗进行交接	站台
15:00	签退	车控室

早班票亭岗站务员一班作业流程

时　间	工作内容	工作地点
6:10—6:20	换工装,签到,到票务管理室配领相关车票、现金、报表、发票	更衣室、车控室、票务管理室
6:20—11:00	担任售票员售票工作	票亭
11:00—11:30	吃饭	休息室
11:30—15:15	担任售票员售票工作	票亭
15:15—15:20	与中班售票员交接	票亭
15:20—15:30	与客运值班员结账	票务管理室
15:30	签退	车控室

【任务实施】

结合站务员(站台岗、票亭岗)的岗位职责,参照上述实例,模拟车站站台岗站务员和票亭岗站务员的一班工作流程。

【效果评价】

评价表

项目名称	城市轨道交通客运岗位设置及工作职责	学生姓名	
任务名称	任务6　站务员岗位职责认知	分　数	
项　目		分　值	考核得分
1.站务员的岗位认知		20	
2.是否有小组计划		5	
3.站务员岗位职责的掌握情况		50	
4.编制学习汇报报告情况		20	
5.基本素养考核情况		5	
总体得分			
教师简要评语:			
		教师签名:	

项目小结

各城市轨道交通运营企业结合自身管理模式及运营理念,对其车站客运岗位设置略有不同,但是其各岗位的工作内容、性质大致相似,本章重点从城市轨道交通车站工作流程进行系统阐述,进一步对各岗位分工进行了解,系统介绍了车站客运各主要岗位角色、职责以及工作流程,描述了车站客运各岗位的核心业务技能和主要工作任务。

思考与练习

1.阐述车站客运岗位体系的主要结构。

2.试对自然站管理和中心站管理两种模式进行比较分析。

3.阐述站长岗的主要职责内容。

4.评价站长岗在车站客运工作中的角色价值。

5.阐述值班站长岗的主要职责内容。

6.分析值班站长岗位胜任力特征的主要因素与其工作职责的关系。

7.阐述行车值班员岗的主要职责内容。

8.评价行车值班员岗在车站客运工作中的安全职能角色。

9.阐述客运值班员岗的主要职责内容。

10.评价客运值班员工作职责中流程管理的重要性。

11.阐述站务员岗的主要职责内容。

12.分析"关注细节"这一胜任力特征对站务员履行好职责的重要性。

13.角色模拟:

T车站西侧的省体育场,本周五19:00迎来台湾知名歌星的演唱会。演唱会使得地面交通格外拥挤,很多观看演出的观众会选择搭乘地铁。演唱会主办单位要求观众提前90 min进场,演唱会持续到23:00结束,而T站末班地铁时刻为23:30。

请同学按照车站各主要岗位角色分别模拟站长、值班站长、行车值班员、客运值班员、站务员(站厅、票亭、站台各1名),进行分工合作。

要求:

①站长在预期大客流到来前,进行的相关协调(包括与地铁公安配合)、计划、方案制订和组织;

②值班站长配合站长制定大客流组织方案,具体组织、落实客流组织;

③行车值班员做好相应的行车、安全监控;

④客运值班员做好客流引导、设施、围挡布置等;

⑤站务员完成客流、售票、乘车引导。

項目 **3**

城市轨道交通客流组织

【项目描述】

本项目分析了城市轨道交通客流的特征和规律,介绍了常用的几类城市轨道交通客流调查方法,并归纳出城市轨道交通规划期及运营期的客流预测方法,为城市轨道交通客流组织奠定基础,本项目重点内容为城市轨道交通日常客流组织和特殊情况下客流组织。

【学习目标】

通过本模块的学习要求掌握以下基本知识:

1.掌握城市轨道交通客流规律特征。

2.了解城市轨道交通客流调查及预测方法。

3.熟练掌握城市轨道交通车站日常客流组织方法。

4.掌握特殊情况下的车站客流组织措施。

5.能根据城市轨道交通客流数据分析轨道交通客流特点。

6.能选择合适的预测方法对城市轨道交通客流进行预测。

7.能够有序组织好各种情况下的城市轨道交通客流。

任务 1 城市轨道交通客流特点分析

【活动场景】

利用多媒体学习或实地参观城市轨道交通车站，了解车站客流特点。

【任务要求】

掌握城市轨道交通客流分类，学会客流的时间、空间分布特点分析，为进一步学习城市轨道交通客流组织打好基础。

【知识准备】

客流是指在单位时间内，轨道交通线路上乘客流动人数和流动方向的总和。客流的概念既表明了乘客在空间上的位移及其数量，又强调了这种位移带有方向性和具有起讫位置。

客流特点与城市经济发展水平、城市各功能区域布局、交通道路网布局、城市道路交通服务水平、常规公共交通服务水平、人口、交通运输政策、客运服务的价格与质量、私人交通工具的拥有量等方面密切相关，在路网的方向上、断面上特点突出，具有明显的时空性。

1.城市轨道交通客流分类

（1）以出行目的分

①工作客流：是因工作和学习产生的客流，由上班流和学生流组成。特点是时间集中、客流量大、规律性强、高峰期短、稳定性高，是高峰时客流的主要来源，也是全日客流量的主要部分；

②日常客流：是由人们的日常活动，如探亲、访友、购物、就医、娱乐、体育、出游等构成的客流。这种客流在一天中持续的时间长，受气候变化和季节变化影响较大。

（2）以出行时间分

①平时客流：主要是周一至周五的客流，比较稳定，每个时间段的客流情况容易掌握；

②特殊日客流：主要是指周末客流和节假日客流，流量变化大，发生时间突然，每周或者每年的情况都会有所差异。

（3）以乘距长短分

①城市客流：起始点和目的地都在市内的客流，它们乘距短、流量大、时间性强，高峰低谷明显，起伏变化大，换乘交替频繁；

②市郊客流：流量相对较小，乘距长，早晚方向差异大，早晨主要从市郊流向市内，傍晚从市内流向市郊。

（4）按照客流真实性分

①实际客流：通过城市轨道交通自动检票设备及人工检票计算得出的实际客流量；

②预测客流：通过一定的客流及影响客流因素调查后预测得出的未来一段时间后的客流量，预测客流与真实客流存在一定误差。

（5）按照客流来源分

①基本客流：轨道交通线路既有客流加上按照正常增长率增加的客流；

②转移客流：由于轨道交通具有快速、准时、舒适等优点，使原来经由常规公交和自行车出行转移到经由轨道交通出行的这部分客流；

③诱增客流：轨道交通线路投入运营后，促进沿线土地开发、住宅区形成规模、商业活动

繁荣所诱发的新增客流。

2.客流时间特点分析

（1）某站一天各小时客流特点

一天各小时客流量用以确定城市轨道交通出入口、通道等设备容量，是计算全日行车计划和车辆配备计划的参考基础。小时客流量随着人们的生活节奏和出行特点而变化，一般清晨与夜间的乘客较少，上班、上学时段客流达到最高峰，高峰过后逐渐进入低谷，傍晚下班和放学时段客流再次达到高峰，进入晚间客流又逐渐减少。

轨道交通线路走向、轨道交通站点周边土地开发情况、城市轨道交通所处交通走廊特点、城市轨道交通运能、城市轨道交通服务水平是影响轨道交通客流时段分布的主要因素。总结不同运能轨道交通的不同类型车站，可归纳出以下五种客流小时分布类型：

①单向峰形。轨道交通线路所处的交通走廊具有明显的潮汐特征，或车站周边地区用地功能性质单一时，车站客流分布集中，有早晚错开的一个上车高峰和一个下车高峰（图3.1）。

②双向峰形。车站位于综合功能用地区位时，客流分布与其他交通方式的客流分布一致，有两个配对的早晚上下车高峰（图3.2）。

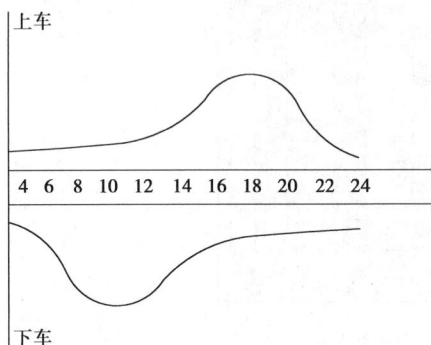

图 3.1　车站一天客流为单向峰形

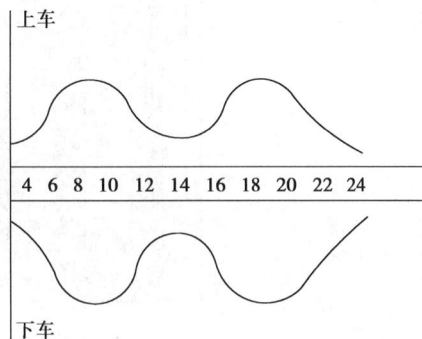

图 3.2　车站一天客流为双向峰形

③全峰形。轨道交通线路位于用地已高度开发的交通走廊，或车站位于公共建筑和公用设施高度集中的地区时，客流分布无明显的低谷，双向上下车客流全天都很大，此种客流分布较少（图3.3）。

④突峰形。车站位于体育场、影剧院等大型公用设施附近，演出节目或体育比赛结束时，有一个持续时间较短的突变的上车高峰。一段时间后，其他部分车站可能有一个突变的下车高峰（图3.4）。

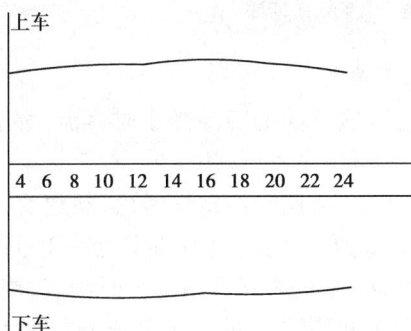

图 3.3　车站一天客流为全峰形

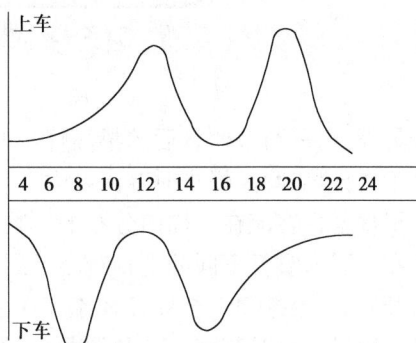

图 3.4　车站一天客流为突峰形

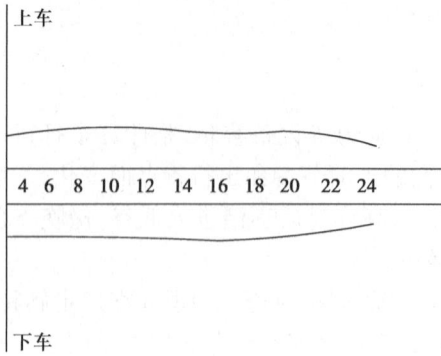

图 3.5 车站一天客流为无峰形

⑤无峰形。当轨道交通本身的运能比较小或车站位于用地还没有完全开发的地区时,客流无明显的上下车高峰,双向上下车客流全天都较小(图 3.5)。

(2)一周每日客流特点分析

一周每日客流情况不同,周一至周五以上下班为主,周六、周日客流以休闲、娱乐、购物为主。

由于人们的工作与休息是以周为周期循环进行的,这种活动规律性必然会反映到一周内各日客流的变化上来。在连接商业网点、旅游景点的轨道交通线路上,双休日的客流会有所增加(图 3.6);而在以通勤、上学客流为主的轨道交通线路上,双休日的客流会有所减少(图 3.7)。

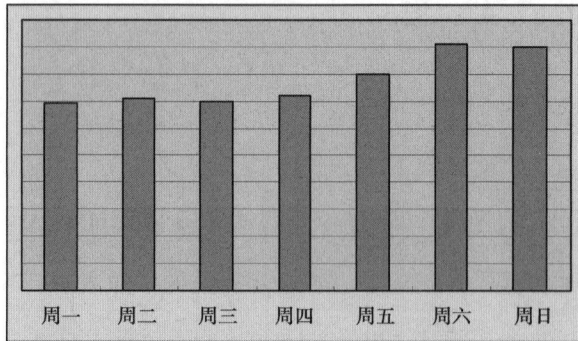

图 3.6 一周每日客流分布规律 1

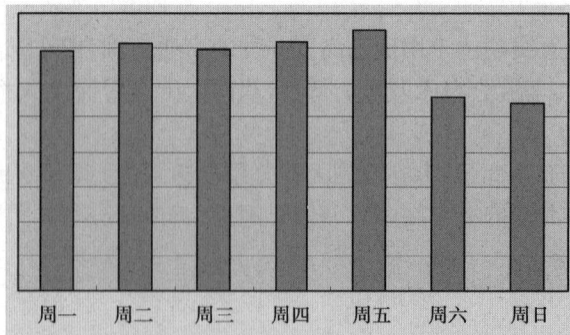

图 3.7 一周每日客流分布规律 2

另外,周一与节假日后的早高峰小时客流和周五与节假日前的晚高峰小时客流,都会比其他工作日早、晚高峰小时客流要大。

根据全日客流在一周内分布的不均衡和有规律的变化,从运营经济性考虑,轨道交通系统常在一周内实行不同的全日行车计划和列车运行图。以西安地铁为例:西安地铁 2 号线在运营开通后,根据周一至周日客流存在的不均衡性特点,周一至周五采用一个时刻表,周六、周日采用另一个时刻表,不同时刻表上线列车数量与列车间隔均不同,合理地分配了地铁的运能和资源,提高了乘客服务水平。

案例分析

西安地铁 2 号线于 2011 年 9 月 16 日开通试运营,2 号线贯穿西安市南北中轴线,沿线经过城市中心区、多个商业区及城市客运站,平日客流量较大。经统计,对 2012 年 4 月份平均每周周一至周日进站客流量进行分析,如图 3.8 所示。

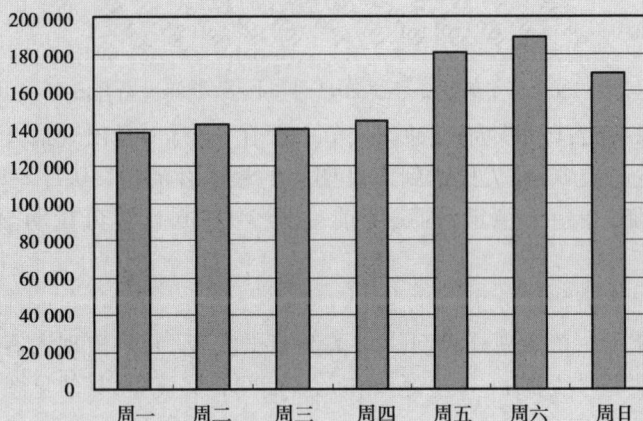

图 3.8 2 号线 2012 年 4 月份平均每周周一至周日进站客流量

通过西安地铁 2 号线 2012 年 4 月份平均每周周一至周日进站客流量分布图可以看出,周一至周四客流较平稳,客流基本稳定在 14 万左右,周五至周日客流量较大,其中周六客流最大,达到 19 万,周五客流次之。

(3)季节性或短期性客流特点

在一年内,客流还存在季节性的变比,如由于梅雨季节和学生复习迎考等原因,6 月份的客流通常是全年的低谷。另外,在旅游旺季,城市中流动人口的增加又会使轨道交通线路的客流增加。短期性客流激增通常发生在举办重大活动或遇到天气骤然变化的时候。

根据相关调查发现,季节性的轨道客流规律与节日特点密切相关,7 月至 9 月与学生假期有关,10 月至 12 月与"十一"长假期、元旦节日活动有关。

(4)节假日客流特点分析

节假日大客流的特点如下:①国庆节是旅游、购物黄金周,大批游客的到来以及市民在节假日期间出行购物、休闲等会使地铁的客流大幅上升,特别是商业区或旅游景点附近的车站,客流的冲击会很大;②春节前后大批外地劳务人员返乡,将对与客运站附近的地铁车站造成较大冲击,但春节期间的客流会相对稳定,不会有太大影响;③元旦、清明、端午、中秋、劳动节假期短,游客不会对地铁的客流变化产生较大影响,但市民出行、购物会给商业区附近的车站产生较大客流,同时其他车站的客流也会比平常有所上升。

节假日出行活动与日常出行活动差别较大,目前国家法定节假日按照时间长短可以分为 3 天节假日和 7 天节假日两类,以下分别对这两类节假日的客流特点进行分析。

①国庆节客流分析

西安地铁 2 号线 2011 年"十一"期间进站客流数据统计见图 3.9。(统计数据日期为 9 月 30 日至 10 月 12 日)

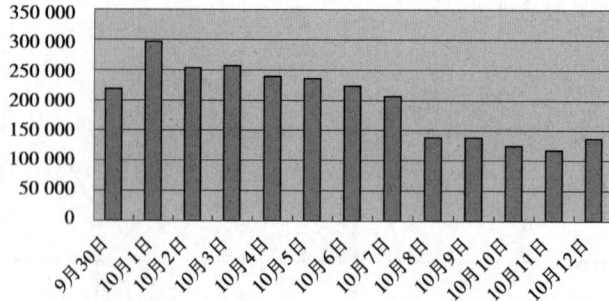

图 3.9　西安地铁 2 号线 2011 年"十一"期间进站客流图

通过图 3.9 可以看出:城市轨道交通国庆节一般在 10 月 1 日出现最大客流,随后客流逐步减小,至节日最后一天 10 月 7 日达到节日期间的最小客流量,10 月 8 日以后客流量比国庆节期间有明显下降,并趋于稳定,国庆节前一天 9 月 30 日客流量明显高于正常日的客流量。

②圣诞节和元旦客流特征分析

除传统的大客流十一黄金周外,近几年,圣诞节平安夜、元旦出现大客流的趋势较明显,以下统计出西安地铁 2 号线 2011 年圣诞节和元旦期间日客流量,具体见图 3.10。

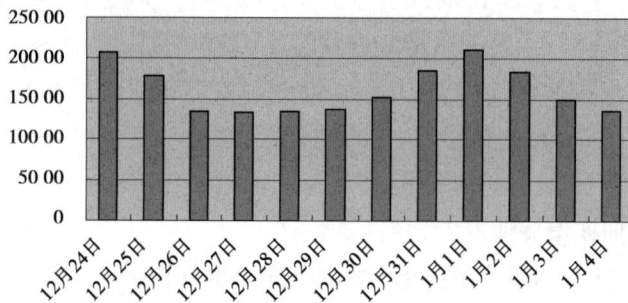

图 3.10　2011 年西安地铁圣诞节和元旦客流量

根据图 3.10 可以看出,圣诞节前一天(平安夜)、元旦放假前一天的客流量增加较多,增量明显,节日前一天全线客流量具有平时周五客流量或者稍高的水平;元旦期间,1—3 日客流量持续减少,3 日的客流量最少。

3.客流空间特点分析

客流的空间不均衡性主要分为同一条线路上下行不均衡、各个断面客流不均衡、分时客流不均衡、各条线路不均衡及各车站乘降人数的不均衡。

(1)各条线路客流分布特点

城市轨道交通线网的各条线路因其所在的城市客流走廊带不同、沿线用地性质不同,使得其客流规模和分布规律各异。可以通过运营期间的客流统计数据分析各条线路的客流分布特征。各条线路客流的不均衡性,包括现状客流分布的不均衡和客流增长的不均衡两个方面。

如上海轨道交通各条线路的客流分布差异较大,经过市中心商业繁华区、文化聚集区、客流集散点的线路(如 1 号、2 号线)一般汇集了上下班、读书、公务、商业和旅游等客流,工作日客流量达到 80 万~100 万人次,客流强度较大;市郊结合、以上下班客流为主的线路(如 3 号线），客流量居中；郊区线路（如 5、6、9 号线），客流量最低。

(2)上下行方向客流分布特点

在轨道交通线路上，由于客流的流向原因，同一线路上下行方向在同一时段内客流具有以下两种特征：双向型（上下行的运量数值接近相等，市区线路多为此种类型）、单向型（上下行的运量数值差异较大，特别是通向郊区或工业区的线路，多是属于单向型）。在放射状的轨道交通线路上，早、晚高峰小时的上下行方向客流不均衡尤为明显。可以采用轨道交通线路上下行方向不均衡系数来描述轨道交通线路上下行方向客流均衡程度，计算公式如下：

$$\alpha_1 = \frac{\max\{A_{\max}^{\pm}, A_{\max}^{\mp}\}}{(A_{\max}^{\pm} + A_{\max}^{\mp})/2} \tag{3.1}$$

式中：$A_{\max}^{\pm}$，$A_{\max}^{\mp}$——上行、下行最大断面客流量。

　　α_1——上下行客流不均衡系数。

一般线路的上下行不均衡系数 α_1 为 1.1~1.2，工业区线路的 α_1 系数为 1.4~1.5。当 α_1 较大时，在上下行方向最大断面客流量不均衡的情况下，直线走向（需要折返）的轨道交通线路要做到经济合理地配置运力比较困难，而在环形轨道交通线路上则常采用内外环线路安排不同运力的方法来解决，即在环线轨道交通上可分别上下行安排不同的运力与此相适应。

(3)各个断面的客流分布特点

在轨道交通线路上，由于线路行经区域的用地开发性质不同，所覆盖的客流集散点的规模和数量不同，因此出现线路各个车站乘降人数不同，线路单向各个断面的客流存在不均衡现象是不可避免的。

轨道交通线路单向各个断面客流不均衡系数可按下式计算：

$$\alpha_2 = \frac{A_{\max}}{\frac{1}{n}\sum_{i=1}^{n} A_i} \tag{3.2}$$

式中：$A_{\max}$——单向最大断面客流量。

　　A_i——第 i 个区间单向断面分时客流量。

　　n——轨道交通所设区间数量。

当 α_2 较大时，断面客流量不均衡性明显，轨道交通运营管理单位常采用在客流量较大的区段加开区段列车的措施。但在行车密度较大的情况下，加开列车会有一定难度，而且加开区段列车对运营组织和车站折返设备都会要求较高。一般情况下，α_2 达到 1.5 以上的线路，运营组织要采取措施，增大最大断面的运输能力，保持线路各个断面运力与运量的平衡。

合理的列车交路计划能改变这种状况，提高列车和车辆运用效率，又能给予乘客较大的方便。因此不同列车交路相结合的列车运行方式，能使行车组织做到经济合理。列车交路主要有长交路、短交路及混合交路等几种方式。

(4)各个车站乘降人数分布特征

轨道交通线路各个车站的乘降人数是不均衡的。一些城市在不少线路上，全线各站总的乘降量主要集中在少数几个车站，新的居民住宅区形成规模和新的轨道交通线路投入运营，也会使车站乘降量发生较大的变化及带来不均衡的加剧或新的不均衡。车站乘降人数的不均衡决定了各个车站的客运工作量、设备容量或能力的配置、客运作业人员的配备，以及日常运营管理的重点。总结不同类型城市轨道交通线路，各个车站乘降人数空间分布特征可归纳为以下5类：

①均等型　当城市轨道交通线路呈换线布置或沿线用地已高密度开发成熟时，各车站上下车客流接近相等，沿线客流基本一致，不存在客流明显突增路段；

②两端萎缩型　当城市轨道交通线路两端延伸至还没有完全开发的城市边缘地区或郊区时，线路两端路段的客流小于中间路段的客流；

③中间突增型　当城市轨道交通线路途经大型的对外交通枢纽、高密度开发地区或者车站利用常规公交线路辐射吸引范围广阔时，位于该区位车站的上下客流明显偏大，线路客流存在突增的路段；

④逐渐缩小型　当城市轨道交通线路首末车站位于大型对外交通枢纽附近或接近城市中心CBD地区时，随着线路向外延伸，线路客流逐渐减小；

⑤组合型　当城市轨道交通线路结合了以上多种特点时，城市轨道交通线路乘降人数反映出的特征无具体规律，主要受车站周边土地利用影响。如西安地铁2号线属于该种类型，2号线贯穿西安市南北中轴线，沿线经过对外枢纽北客站、行政中心站、经济技术开发区、市中心钟楼、小寨商业区及会展中心。图3.11是西安地铁2号线2012年4月份各站平均每日进出站人数分布图，从该图可以看出各站乘降量的不均衡性。

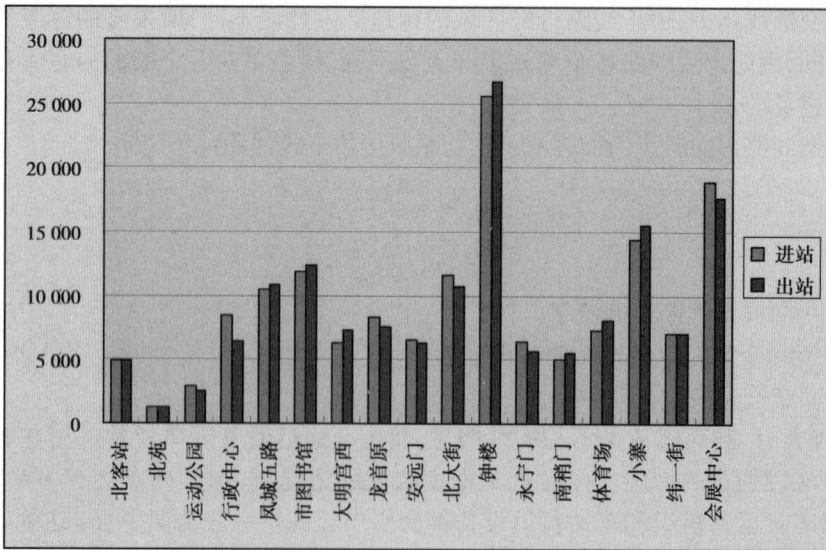

图3.11　西安地铁2号线2012年4月份各站平均每日进出站人数

从图3.11可以看出，西安地铁2号线各站客流相差较大，客流最大的车站为钟楼站、其次为会展中心站和小寨站，客流最小的车站为北苑站。钟楼站因为所处城市中心，周边商业、旅游景点较多，开发成熟度高，所以来此处的本地人和外地人都较多，乘降量是全线最大的车站。又因为会展中心站处于曲江会展中心场馆旁边，经常有展览、演唱会等活动，并且该站为西安南郊市民通过其他交通方式换乘地铁进入市区的换乘站，所以进出站客流较大，位居全线第二。

（5）车站内客流分布特点

分析轨道交通车站内乘客流向及行程轨迹，车站内客流在空间分布上也存在不均衡现象，它们包括经由不同出入口的客流不均衡、各个换乘方向的客流不均衡、通过不同收费区的客流不均衡、通过同一收费区不同检票机的客流不均衡、上下行方向的乘降客流不均衡等。

通过调查了解西安地铁 2 号线钟楼站早晚高峰客流情况得出以下结论：通过各台进站闸机的客流，按照距离自动售票机 TVM 及距离出入口的近远，呈现出明显的阶梯状递减分布，而通过各台出站闸机客流则相对均匀。分析原因，进站客流是陆续到达，乘客为争取时间通常会选择最近的进站闸机，而出站客流是集中到达，乘客为避免排队通常会选择比较空闲的出站闸机检票出站。

掌握客流在车站内，尤其是掌握客流在换乘站内的空间分布特征，对车站自动售检票设备合理配置与优化布局、制定车站客运组织方案与客流组织措施具有重要意义。

4.轨道交通网络化客流特征

当轨道交通逐渐成网以后，客流分析不能局限于单条线路分析以后简单地叠加。随着线路增多逐渐成网，各条线路相交于换乘站，客流互相作用，构成了网络效应，随着网络规模的增大，换乘更加便捷，居民出行乘坐轨道交通可达性提高，线网客流量会迅速增大，轨道交通分担率迅速上升，轨道交通的优势充分得以体现。

以上海城市轨道交通线网规模发展及相应客流变化的情况进行分析。

上海轨道交通日均客流由 10 万人次到 100 万人次历时 10 年，而在 2007 年至 2008 年，网络日均客流从 200 万人次迅速提升至 300 万人次。2010 年达到日均 500 万人次，特别是 2010 年 10 月，轨道交通日均客流量接近 600 万人次。2002 年至 2008 年上海轨道交通日均客流及换乘客流情况见图 3.12 所示。

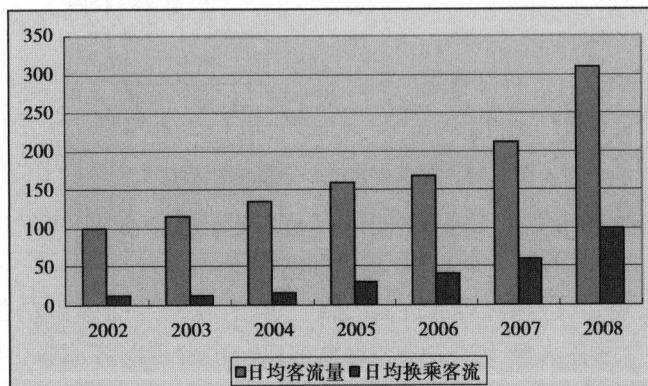

图 3.12 上海轨道交通日均客流及换乘客流情况

城市轨道交通随着网络规模的增大，换乘站的地位越重要，客流量就会越大。以上海人民广场站为例，2008 年上半年日均吞吐量达到 38.81 万次，2010 年达到日均 70 万人次，世博会期间最高日达到 110 万人次。

城市轨道交通随着网络规模的增大，线路之间换乘便捷性越高，图 3.13 所示为 2002 年至 2008 年上海地铁日换乘客流变化趋势。2002—2005 年，上海城市轨道交通网络只有人民广场站 1 个换乘站，日均换乘客流比例一直维持在总客流量的 10% 左右，2005 年年底，上海地铁交通网络"一票换乘"的实施，换乘客流大幅增加，比重达到 20%；2008 年各线换乘客流比例持续增加,全网络最大日换乘客流甚至超过 120 万人次,网络换乘比例也首次超过 30%。图 3.13 所示为上海地铁人民广场站日均吞吐量变化趋势。

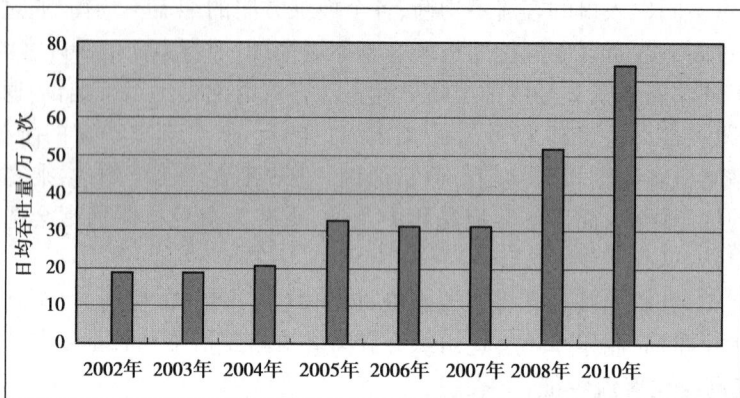

图 3.13　上海地铁人民广场站日均吞吐量变化趋势

北京市轨道交通日均客流量从 10 万人次增至 100 万人次了 10 年;从 100 万人次增至 200 万人次用了 4 年时间;从 200 万人次增至 300 万人次仅用了 1 年时间;从 300 万人次增至 400 万人次仅用了不足 1 年时间。图 3.14 为北京市轨道交通网络客运量增长示意图。

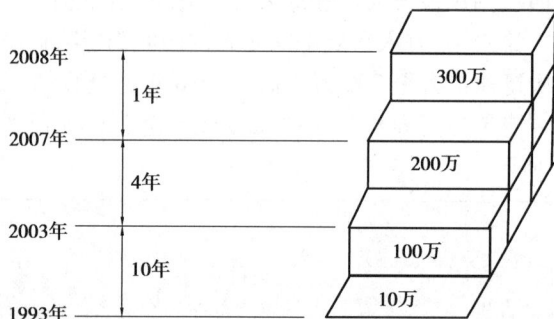

图 3.14　北京市轨道客运量增长示意图

通过调研国内外大城市轨道交通线网建设历程和运营客流数据,可发现其轨道交通随着线网建设,客流变化趋势具有一定的规律,具体归纳如下:

①在城市轨道交通建设初期,运营轨道线路较少,且在开通前 3 年左右有一个客流培育的阶段,必须经历一个乘客认知、适应、熟悉直至形成一个合理的客流吸引区域的过程,客流的增长比较平缓;

②随着轨道交通线路逐步成网,轨道交通线网日均客流呈现总体上升趋势,在初期、近期日均客流上升幅度均较大;

③位于郊区的轨道交通线路,其客流的形成和培育时间较长,位于中心城内线路,客流强度与线路走向和主要客运走廊的重合度有关,一般在开通初期客流增长较快。

④市区线路呈现客流总体保持增长:运营后初近期客流增长较快、中远期增长较慢、远期客流趋于平稳;

⑤郊区线轨道交通线路在开通运营之后相当长的时间内,客流呈现总体上升趋势,直至沿线区域开发相对成熟后趋于稳定。

5.换乘客流特点分析

轨道交通的换乘包括乘客在线网内同一线路上换乘、乘客在线网内不同线路间换乘、乘客在轨道交通与其他交通方式间换乘三种情形。因城市轨道交通与其他交通方式换乘一般在站外换乘,本书不做介绍。

线网内同一线路上换乘是指部分乘客在中间站换乘同线路、同方向或不同方向列车,这部分客流人数较少,部分乘客因乘车坐错方向换乘至同一线路相反方向,或是等候他人一起前去目的地,这类换乘客流对车站客流组织影响不大。

乘客在线网内不同线路间换乘是指乘客在城市轨道交通线网内通过换乘车站实现不同线路之间的换乘。不同线路之间的换乘常采用的换乘形式可分为同站台换乘、结点换乘、站厅换乘、通道换乘等基本形式。

（1）同站台换乘

同站台换乘一般适用于两条线路平行交织且采用岛式站台的车站形式,乘客换乘时,由岛式站台的一侧下车,横过站台到另一侧上车。这种换乘方式比较方便,但是存在部分客流换乘距离较大的缺陷。

（2）节点换乘

节点换乘是在两线交叉处,将两线隧道重叠部分的结构做成整体的节点,并采用楼梯将两座车站站台直接连通的换乘形式,一般有十字形、T 形、L 形等几种形式。该种换乘方式乘客通过楼梯进行换乘,较为方便,但存在客流交叉的问题,若换乘设施设置不当,会造成换乘客流交叉拥堵。该种换乘方式客流组织的关键是注意上下楼的客流组织,避免进出站客流和换乘客流的交织紊乱。

（3）站厅换乘

站厅换乘为两线或多线共同设置共用站厅,乘客下车后,无论是出站还是换乘,都必须经过公用站厅,再根据导向标志出站或进入另一个站台继续乘车。由于下车客流只朝着一个方向流动,客流组织简单,减少了站台上人流的交织。乘客行进速度快,在站台上滞留时间短,可避免站台拥挤,同时又可减少楼梯等升降设备的总数量,从而增加了站台的有效使用面积。此种换乘方式,换乘乘客必须先上（下）后下（上）,换乘总量大。另外,由于出站客流和换乘客流一起经过站厅,因此站厅内客流导向和指示标志以及各种信息显示屏等换乘诱导系统设施的设置显得尤为重要,它是保证乘客有序流动必备的硬件条件。另外,城市轨道交通运营单位应在换乘线路上设置一定的导流、隔离装置,换乘客流较大时,在一些重要位置增加人工引导。

（4）通道换乘

通道换乘是在两线交叉处,用通道和楼梯将两车站连接起来,属于一种间接换乘形式,乘客换乘步行距离长,换乘能力有限,有时需要出付费区换乘（需要重新购票）,但是此类换乘布置灵活,连接通道可以设置于两站站厅之间,也可直接设置在站台上。

小贴士

1）换乘乘客心理需求

①方便性　乘客对换乘时耗有一定的心理可接受度,换乘时间过长会产生焦虑心理。参照香港地铁调查研究,如能将换乘通道长度控制在 60 m 以内,换乘时间是适宜的,大部分乘客均可以接受。

②顺畅性　换乘流线顺畅,尽量减少不必要的绕行,减少换乘路线高程起伏;换乘设施摆放位置和方向应与流线一致,减少客流交织和冲突;同时换乘路径中的设施能力匹配,避免能力瓶颈带来的拥堵。

③舒适性　换乘站设施能力适应客流需求,设施拥挤会降低换乘舒适度。另外,配有自动扶梯或自动步道也会使换乘更加舒适。

2)行为特征

①简单化　由于地下车站空间封闭性,很容易让人失去方向感,要求换乘设施空间布局紧凑、换乘流线清晰,应尽量减少对换乘路径的选择性,从而减少乘客的滞留时间,提高乘客在站台、站厅的疏散速度。

②就近性　在换乘路径上人们习惯选择最短路径,如在到达站台时,倾向就近选择换乘车厢,因此易导致换乘客流分布的不均衡,如T形换乘站的客流易聚集在端头。

6.终端站客流特点

由于轨道交通终端站一般位于城市的外围区,土地开发利用比较单一,终端站的高峰时段与平峰时段存在较大的差异,主要有以下几种情况的客流时间分布特征:

①终端站位于以居住区为主的客流发生区,主要表现为早高峰上客量明显比较大,下客量明显比较小;晚高峰则相反。即早高峰以进站客流为主,晚高峰以出站客流为主,在车站常出现早晚高峰乘降客流的潮汐现象。

②终端站位于以旅游区或就业区为主的客流吸引区,主要表现为上午下客量明显比较大,上客量明显比较小,晚上则相反。即上午以出站客流为主,晚上以进站客流为主。

③终端站位于对外交通枢纽区时,这种类型的终端站既是客流发生区,同时也是客流吸引区。客流时间分布表现为随机性,上下客量呈现出不规律性,与对外交通到发时间密切相关,如与火车站直接换乘的枢纽车站,城市轨道交通车站客流会表现出明显的波峰型,当某趟火车到站后,将有大量乘客涌入地铁站乘车,波峰客流持续到这趟火车的客流疏散完毕。

小贴士	客流敏感性分析

影响城市轨道交通客流因素众多,不同时间周期的客流量统计指标会受到不同社会与经济因素的影响。一般年客流量、季度客流量及月客流量受到宏观经济因素的影响较大;日客流量受到自然气候条件、节假日、重大活动的影响较大。城市轨道交通客流量的影响因素主要有以下几个方面。

影响客流的主要因素如下:

①城市轨道交通网络的规模、客流吸引区域的大小;

②轨道交通在整个城市公共交通网络中所处的位置;

③列车运行速度、安全、舒适、正点率等因素;

④票价政策;

⑤与其他公共交通的性价比比较。

城市的经济水平和人口规模能从根本上决定轨道客流的规模。不同人口规模和分布的城市里,其上班、上学、购物旅游等客流量及分布都会具有明显区别。另外由于轨道交通票价一般会高于常规交通方式,所以城市的经济水平的提高会有助于轨道交通客流规模的增大,反之则减少。

城市未来发展规划也对其轨道客流规模起着重要的作用。各个城市都会根据本身的性质规模、经济发展水平和有关国家政策制订未来若干年的发展规划,其中就包括有交通设施发展的宏观构架和目标。对于将轨道交通列入未来发展规划的城市,其客流规模自然有一定的扩大趋势。

相关产业因素:旅游人数、旅游床位数量,公共交通车辆数,游园人数,在校学生人数、房地产开放量,第三产业产值等。城市产业结构的变化建立在高效的交通系统和经济区域化的基础上,对城市公共交通需求产生的内在机制和需求强度有着关键性的影响。

沿线土地利用对轨道客流规模存在着举足轻重的影响。城市中因为各种经济活动而进行的土地利用是轨道客流产生的"源泉"。如果轨道线路经过城市主要的居住区和商业区,就会具有相对较大的客流规模。

自然气候条件:平均气温,最高温度,最低温度,风力等级,日照时数,总降雨量等。自然环境会影响人们在出行时对交通工具的选择,恶劣天气和晴朗天气,适温与高温或低温等对交通工具的选择有所不同。城市公共交通的客流量会随自然气候条件有一定波动,尤其在周末加上好天气,公共交通客流量的增加相当可观。

在这些因素都确定的情况下,城市客流的产生和分布就客观存在。但由于轨道交通的迅速、大运量的特点,增强了轨道沿线的通达性,对周边的土地利用和社会经济发展有了相应的反作用,轨道客流的产生和分布在一定程度上也随之改变。

【任务实施】

以香港地铁尖沙咀车站为例,分析该站一天各小时客流特征。香港地域狭窄、人口密度高,城市道路交通出行较拥堵,而香港地铁较发达,站点布置密集,地铁出行方便,市民日常出行已将地铁作为主要交通工具。

香港地铁尖沙咀车站平日客流统计平均值(一天各小时客流分布图)

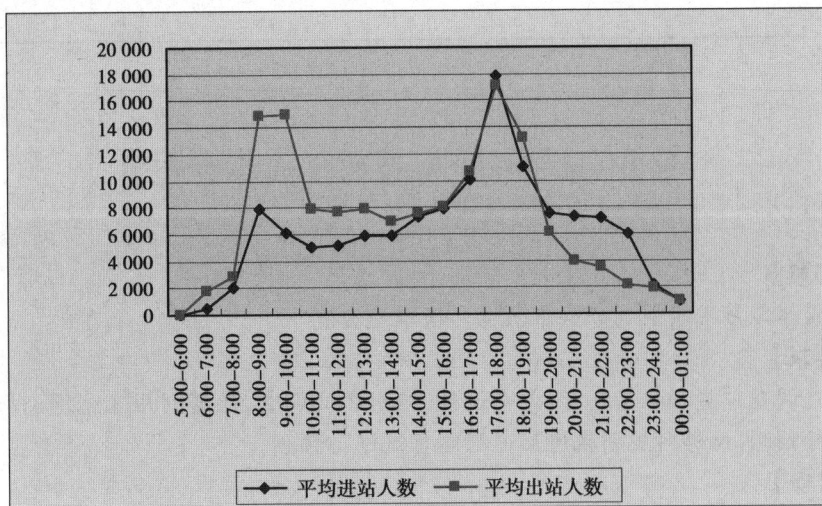

图3.15　香港地铁尖沙咀车站平日客流分布图

通过图 3.15 中显示的尖沙咀车站客流数据分布可以看出,尖沙咀车站的一天各小时客流分布是双向峰型,因为该车站位于综合功能用地区位,客流分布与其他交通方式的客流分布一致,有两个配对的早晚上下车高峰。

尖沙咀车站早高峰时段,7:00—10:00 出站的乘客明显比进站的乘客多,其原因是该站附近商业、办公、金融较多,早上到达该区域上班的人较多,没有大量居住人口,进入车站的乘客相对较少。11:00—16:00 时段:进出车站的乘客数量基本相同,因为这个区域是旅游热点,区内有大量酒店、饮食店及购物中心。在下午高峰时段 16:00—19:00 主要为下班或到尖沙咀附近地方休闲、观光、购物的乘客,所以乘客进出车站流量均较大。

【效果评价】

评 价 表

项目名称	城市轨道交通客流组织		学生姓名	
任务名称	任务1 城市轨道交通客流特点分析		分　数	
项　目			分　值	考核得分
1.城市轨道交通客流特点相关知识、图片的搜集、整理			10	
2.是否有小组计划			5	
3.城市轨道交通客流时间、空间特点掌握情况			20	
4.城市轨道交通乘客流网络化及其他客流特点掌握情况			50	
5.编制学习汇报报告情况			10	
6.基本素养考核情况			5	
总体得分				
教师简要评语: 教师签名:				

任务 2　城市轨道交通客流调查与预测

【活动场景】
利用多媒体学习或实地调查城市轨道交通车站客流。

【任务要求】
掌握客流调查种类和统计指标,学会设计、组织客流调查,能够利用客流调查数据对未来客流情况进行预测,能够对规划轨道交通网络客流进行预测。

【知识准备】
客流是动态变化的,对城市轨道交通运营客流调查数据进行统计分析,可以了解客流在时间、空间上的动态变化规律;同时对既有线路的运营客流特征分析,也能为后续实施线路或者其他城市的规划路网提供参考数据,从而为其线网规模的控制、基建工程和设备采用与布置以及运输组织等诸多方面提供参考。另外,根据客流的动态变化,可以及时调整上线列车数量,给乘客提供良好的公共交通服务。在轨道交通系统的运营过程中,要掌握客流在时间、空间上的动态变化规律,必须经常进行各种形式的客流调查。

1.客流调查种类

本节介绍的客流调查是指调查已建成投入运营的轨道交通实际客流。为了反映客流的不同特征,达到不同的调查效果,需要采用不同的客流调查方式。客流调查主要有以下种类:

(1)全面客流调查

全面客流调查是对全线客流的综合调查,通常也包含了乘客情况抽样调查。全面客流调查时间长、工作量大、需要较多的调查人员。但通过对调查资料进行整理和统计分析,能对客流现状及客流规律有一个全面清晰的了解。

全面客流调查有随车调查和站点调查两种调查方式。随车调查是在车门处对全日运营时间内所有运行列车的上下车乘客进行调查,站点调查是在车站检票口对全日运营时间内所有在车站上下车乘客进行调查。轨道交通系统全面客流调查多采用后者,调查一般应连续进行两天或三天,并考虑周一至周五、周六与周日的不同客流特征,在全日运营时间内,调查全线各站所有乘客的下车地点和票种情况,并将调查资料以 5 min、10 min 或 15 min 为间隔分组记录下来。

(2)乘客情况抽样调查

抽样调查是用样本来近似地代替总体,这样做有利于减少客流调查的人力、物力和时间消耗。乘客情况抽样调查通常是用问卷方式进行,调查内容主要包括乘客构成情况和乘车情况及乘客满意度调查等。

乘客构成情况调查一般是在车站进行。调查内容包括年龄(老、中、青)、性别(男、女)、职业、居住地(本地、外地)和出行目的(工作、学习、购物、游览、访友、就医、其他)等,调查时间可选择在客流比较稳定的运营时间段。

乘客乘车情况调查可以根据需要分类进行,也可在特定的时间、地点进行。调查内容除年龄、性别和职业外,还可包括家庭住址、家庭收入、日均乘车次数、上车站和下车站、到达车站的方式(步行、自行车、出租车、公交车)和所需时间,下车后到达目的地的方式(步行、自行车、出租车、公交车)和所需时间等。

满意度调查反映轨道交通系统使用者对交通设施状况,供给水平,服务质量的评价,通过各种调查方式,可以准确掌握客运交通系统的改善方向,为提高客运管理水平提供改进依据。

进行抽样调查,首先需要确定抽样方法与抽样数,以确保抽样调查的结果具有实用意义。抽样方法主要有简单随机抽样、分层抽样、整群抽样和多阶段抽样等。抽样数的大小取决于总体的大小、总体的异质性程度以及调查的精度要求。表 3.1 所示为美国运输部规定的家访出行调查抽样率。20 世纪 80 年代,国内天津、上海、广州、南京等城市进行的家访出行抽样调查率均为 3%～4%。

(3)断面客流调查

断面客流调查是一种经常性的客流抽样调查,可选择一两个断面进行调查。一般是对最大客流断面进行调查,调查人员用直接观察法调查车辆内的乘客人数。目前城市轨道交通大多采用自动售检票系统,通过系统记录的历史数据可以分析得出断面客流数据。

表 3.1　家访出行调查抽样率（以家庭为单位）

调查范围内人口/万	最小抽样率/%	推荐抽样率/%
<5	10	20
5~15	5	12.5
15~30	3	10
30~50	2	6.6
50~100	1.5	5
>100	1	4

（4）节假日客流调查

节假日客流调查是一种专题性客流调查,重点对春节、元旦、国庆节、五一、双休假日和若干民间节日期间的客流进行调查。调查的内容除了节假日期间轨道交通客流量外,还包括机关、学校、企业等单位的休假安排,都市旅游业、娱乐业的发展程度,城市居民生活方式的变化等,该项调查一般通过问卷方式进行。

（5）重要活动客流调查

重要活动客流调查主要针对影剧院、体育场馆等客流快速集散的站点进行的专项客流调查,该项调查主要涉及影剧院、体育场馆的规模与附近轨道交通车站的客流影响程度和持续时间之间的相关关系。

2.客流统计指标

客流调查结束后,对客流调查资料应认真整理,采用适当的统计方法来汇总分析各项指标。轨道交通系统全面客流调查后应汇总计算的主要指标如下:

（1）乘客人数

①分时各站上下车人数;

②全日各站上下车人数;

③分时各换乘站换乘人数;

④全日各换乘站换乘人数;

⑤全线全日乘客人数;

⑥全线高峰小时乘客人数。

（2）断面客流量

①分时各区间断面客流量;

②全日各区间断面客流量;

③分时最大断面客流量;

④全日最大断面客流量;

⑤高峰小时最大断面客流量。

（3）乘客乘坐站数与乘车距离

①本线乘客乘坐不同站数人数及所占比例;

②跨线乘客乘坐不同站数人数及所占比例;

③乘客平均乘车距离。

包括年龄(老、中、青)比例,性别(男、女)比例,居住地(本地、外地),出行目的(工作、学习、购物、游览、访友、就医、其他)。

(4)乘客构成

①全线持不同票种乘客人数及所占比例;

②车站按年龄、出行目的等统计的乘客人数及所占比例;

③车站三次吸引(步行、公交车、轨道交通)乘客人数及所占比例;

④从不同距离,以不同方式到达车站的乘客人数;

⑤居住在城市不同区域乘客人数及其所占比例。

(5)乘客乘车情况

包括年龄、性别、职业、家庭住址、到达车站的方式(步行、骑车、乘公交车等)和时间,上、下车站及换乘站,乘坐轨道交通比其他常规公共交通方式所节省的时间等。

(6)列车运输

①客车公里,客车公里的计算公式为:

$$客车公里 = 客运列车数 \times 列车编组辆数 \times 列车运送距离 \qquad (3.3)$$

②客位公里,客位公里的计算公式为:

$$客运公里 \times 车辆定员 \qquad (3.4)$$

③乘客密度(人/车),乘客密度的计算公式:

$$乘客密度 = \frac{客运量 \times 平均运距}{客车千米} \qquad (3.5)$$

④客车满载,客车满载率的计算公式为:

$$客车满载率 = \frac{乘客密度}{车辆定员} \times 100\% \qquad (3.6)$$

或:

$$客车满载率 = \frac{客运量 \times 平均运距}{客位千米} \times 100\% \qquad (3.7)$$

⑤断面满载率,断面满载率计算公式为:

$$断面满载率 = \frac{单向最大断面客流量}{客运列车数 \times 列车编组辆数 \times 车辆定员} \times 100\% \qquad (3.8)$$

3.客流预测

(1)客流预测年限

预测年限也就是轨道交通的设计年限,是控制工程规模和投资的重要因素,其合理与否,将直接影响工程建成后的效益和效率。设计年限定得长,虽为将来的发展留下余地,但却使轨道运营长期处于欠负荷状态;设计年限定得过短,会使整个系统的交通容量很快饱和,系统将长期处于超负荷运营状态,不但降低了服务质量,也不能很好地解决交通问题,恰当地定好设计年限是非常重要的。按照《城市轨道交通工程项目建设标准》的规定,客流预测年限分为初期、近期和远期。初期为建成通车后的第 3 年,近期为交付运营后的第 10 年,远期为交付运营后的第 25 年。每条线路的客流预测应按初期、近期和远期设计年限对相应建成范围分别预测,若一条线路分段建设每段通车时间相距 3 年以上应按不同项目实施。后期实施的项目设计年限应按后期项目建成通车年为基准年,重新推定初期、近期和远期设计年限进行全线客流预测。

（2）轨道交通客流形成机理分析

快速轨道交通承担的客流量主要包括趋势客流量、转移客流量和诱增客流量。趋势客流量指轨道车站及沿线正常增长的客流量,转移客流量指由于快速轨道交通具有快捷、准时、安全、方便等优点,原来主要由地面常规公交和自行车方式承担的中长距离客流转移到快速轨道交通。诱增客流量指快速轨道交通建设促进沿线土地开发、人口聚集,使区域之间可达性增加、服务水平提高、居民出行强度增加而诱增的客流。

城市客流主要取决于城市土地利用空间布局和交通组织。同时,由于轨道交通作为一种快速、大运量的城市客运系统,改变了轨道线路沿线的可达性,相应地会对城市土地利用空间布局产生一定的影响,如加快郊区城市化进程和提高轨道线路沿线土地的开发强度等,从而影响轨道客流的产生和分布。而城市客运交通结构和城市客流的流向、流量由居民的平均出行距离、交通设施的服务水平、出行者的经济承受能力和价值观念以及城市所采取的宏观调控政策等因素综合决定。轨道交通承担的客流量还涉及与城市中其他交通方式的协调关系。因此,城市客流的产生、分布、方式和路径选择并不是一个单向的作用机制,而是一种相互反馈的动态平衡机制。因此,轨道客流的形成是建立在城市空间布局、交通发展战略、城市各种客运方式的特点和相互间的协调关系以及出行者的经济能力的基础上。

（3）客流预测的目的与意义

城市轨道交通的建设是为了满足城市居民的出行需求,这种需求数量的变化随着交通状况、路网建设和不同交通方式竞争而呈动态性变化。轨道交通建设的模式和规模要适应近期城市交通的需求,又要适应远期城市交通发展的要求,预测的客流量是城市轨道交通规划、设计、建设及运营各环节的基本依据。客流预测是城市轨道交通建设的一个重要环节,是城市轨道交通规模设计工作的基础。预测结果的可靠与否直接关系到城市轨道交通的建设投资、运营效率和经济效益。

首先,客流预测是进行轨道交通项目宏观和微观投资决策的依据。从宏观角度看,要对城市轨道交通建设的投资做出合理规划,就必须对城市客运需求的现状和趋势做出科学的判断或预测;从微观角度看,一个具体的轨道交通项目是否值得建设,也必须以未来客运需求为依据才能做出正确的决策。

其次,客流预测是轨道交通项目可行性研究和项目评估的基础。可行性研究和项目评估都涉及项目经济评价,经济评价是对费用、效益的一种科学的比较分析,但是从衡量、计算费用到衡量、计算效益都离不开项目的客流预测。具体而言,一个项目的投资额和运营成本主要取决于在客流预测基础上确定的系数规模,同样,项目建成后运营期内效益如何,也需要借助逐年的客流预测结果才能衡量和计算。如果没有科学、合理的客流预测为基础,就必然低估或高估项目的费用和效益,致使经济评价失去真实性,从而误导投资者和决策者。

另外,客流预测是运营阶段管理方案的基础。在运营阶段,票价变化、运营组织变化、服务水平改变、与其他交通方式衔接变化、发车间隔改变、其他交通方式的服务水平改善等都影响轨道交通客流大小,需要对轨道交通客流进行精细预测。

（4）轨道交通客流预测的内容

客流预测应按不同研究阶段分别预测。

1）线网规划阶段客流预测

①线网总量预测。依据城市总体规划和综合交通规划分析城市现状和规划区域客流分

析和确定远景线网规划承担的客运总量及在公交总量中分担的比例、平均运距、客流负荷强度等相关指标并在全线网范围内按总量控制原则进行各线客流总量预测。

②线路客流预测。以远景线网客流总量为基础预测各条线路的全日客流(双向)总量、分段断面流量(图)全日平均运距和客流负荷强度等相关指标进行总量控制分析,并估测各线高峰小时单向最大断面流量。

2)工程可行性研究阶段客流预测

应按每一条线路项目的设计年限进行初期、近期和远期的客流预测,预测内容应符合下列规定。预可行性研究阶段客流预测可参照执行。

①线网客流预测

在远景线网规划阶段客流预测基础上预测项目远期设计年限建成的线网规模的全日客流总量、各条线路的全日客流总量和客流负荷强度并对各条线路的客流进行总量控制与分析。

②线路客流预测

预测各条线路全日客流量和各小时段的客流量及其比例、全日和高峰小时的平均运距及平均客流负荷强度、全日各级运距每分级的乘客量。全日客流量是总体表现和评价运营效益的直观指标,也是进一步评价线路负荷强度的重要指标。各小时段的客流量及比率,是为全日行车组织计划提供依据,在保证运营能力和服务水平的前提下,合理安排行车间隔,提高列车的满载率及运营效益。

③车站客流预测

预测全日和早、晚高峰小时的各车站上下行的乘降客流、站间断面流量以及相应的高峰系数;在大型社会活动期间或节假日、双休日对具有突发客流的特殊车站应单独作特别预测和分析。高峰小时时段的站间最大单向断面流量是确定系统运量规模的基本依据,由此选定交通制式、车型、车辆编组长度、行车密度及车站站台长度。全线高峰小时的站间断面流量是全线运行设计的基本依据,由此确定区域折返交路、折返列车数量、折返车站位置及配线形式,并计算车辆配置数量。

④OD 客流预测

预测全日、高峰小时的各车站站间对跨越不同区域的线路应进行各区域的内外客流预测并对客流特征进行分析。通过站间客流数据可以反映出不同区域之间出行特征、线路客流重点集中区段,对轨道交通票制票价制定、对建设投资、运营成本财务分析、社会经济效益分析提出项目效益评价意见。

⑤换乘客流预测

预测全日和高峰时段的各换乘车站(含支线接轨站)的换乘客流量及占车站总客流量的比重进行预测,并应预测相关线路之间、不同方位和方向的换乘客流。此项数据对主客流方向的评价很重要,并为换乘形式设计和换乘车站间的换乘通道或换乘楼梯宽度的计算提供依据。

⑥出入口分向客流预测

根据每一座车站确定的出入口分布位置,预测每个出入口分向客流并分析其波动性,为每个出入口宽度计算提供依据。包括各个车站出入口在不同高峰时段的分担客流。预测可在初步设计阶段车站出入口稳定后进行。

(5)客流预测方法

客流预测方法主要有定性预测和定量预测两种,具体方法见图3.16。

```
                    ┌──────────────────────┐
                    │   城市轨道交通预测方法   │
                    └──────────┬───────────┘
              ┌────────────────┴────────────────┐
        ┌─────┴──────┐                    ┌──────┴──────┐
        │  定性预测方法  │                    │  定量预测方法  │
        └─────┬──────┘                    └──────┬──────┘
      ┌───────┼───────┐        ┌──────┬──────────┼──────────┬──────────┐
  ┌───┴──┐ ┌──┴──┐ ┌──┴──┐  ┌──┴──┐ ┌──┴──┐  ┌──┴──┐  ┌──┴──┐
  │ 德尔  │ │ 类推 │ │ 头脑 │  │ 时间 │ │ 不基于│  │ 基于现│  │ 非集 │
  │ 菲法  │ │ 法   │ │ 风暴 │  │ 序列 │ │ 现状OD│  │ 状OD分│  │ 计模 │
  │       │ │      │ │ 法   │  │ 预测 │ │ 分布  │  │ 布（集│  │ 型预 │
  │       │ │      │ │      │  │ 方法 │ │      │  │ 计模  │  │ 测法 │
  │       │ │      │ │      │  │      │ │      │  │ 型）  │  │      │
  └──────┘ └─────┘ └─────┘  └──┬──┘ └─────┘  └──┬──┘  └─────┘
                        ┌───────┼───────┐        │
                    ┌───┴──┐ ┌──┴──┐ ┌──┴──┐  ┌──┴──┐
                    │ 移动 │ │ 指数 │ │ 季节 │  │ 四阶 │
                    │ 平均 │ │ 平滑 │ │ 指数 │  │ 段法 │
                    │ 法   │ │ 法   │ │ 法   │  │      │
                    └─────┘ └─────┘ └─────┘  └─────┘
```

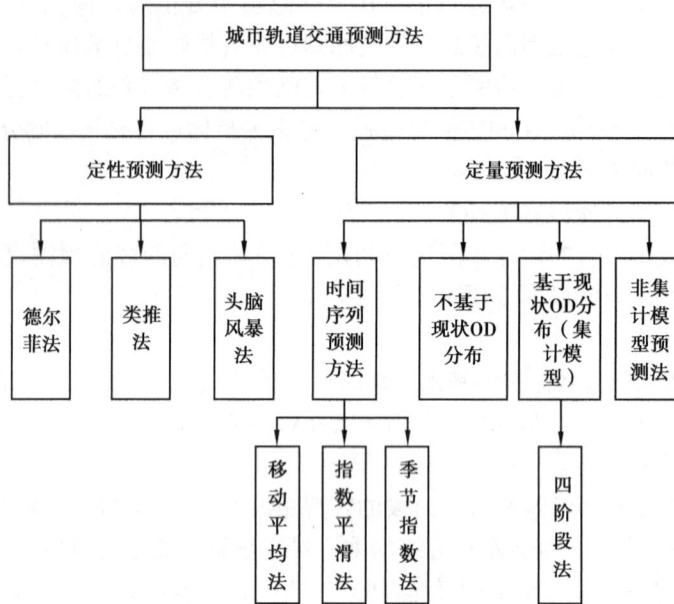

图 3.16　城市轨道交通客流预测方法

1)定性预测方法

定性预测主要依赖个人的经验感觉或专家的判断,运用预测者的经验,综合考虑各种影响因素,分析城市轨道交通运营的特点和构成,进行预测的一种方法。

这类方法的优点是简便直观,不需要建立烦琐的数学公式,通过研究系统的定性分析,根据专家丰富的经验,对未来的交通需求进行预测。但这类方法的缺点也比较明显,通过定性预测法预测产生的结果往往带有主观色彩。定性预测方法主要有德尔菲法、类推法、头脑风暴法等。

①德尔菲法　德尔菲法是依据系统的程序,采用匿名发表意见的方式,即专家之间不得互相讨论,不发生横向联系,只能与调查人员发生联系,通过多轮次调查专家对问卷所提问题的看法,经过反复征询、归纳、修改,最后汇总成专家基本一致的看法,作为预测的结果。其实施步骤可以分为以下四步:第一步成立专家组;第二步给出所要预测的问题,以及有关背景和要求;第三步专家预测结果收集、统计、反馈,进行第二轮预测;第四步是进行第三、四轮预测,综合整理专家意见,得出预测结果。

②类推法　类推法是通过不同事物的某些相似性类推其他的相似性,从而预测出它们在其他方面存在类似的可能性的方法。

③头脑风暴法　头脑风暴法是让与会者敞开思路,使各种设想在相互碰撞中激起脑海的创造性风暴,综合各方意见后得出的结论。其又可分为直接头脑风暴和质疑头脑风暴法。

2)定量预测方法

定量预测方法是根据研究数据之间的相互关系,通过一定的数学公式,建立模型,以进行对未来数据的预测,是比定性预测更为科学的预测方法。定量预测方法的优点是预测较为客观,并且可以进行误差分析,同时对大量的数据分析可以借助计算机进行辅助预测。但是定量预测方法要求有较为完整的原始数据。定量预测方法的种类繁多,目前用于交通需求预测的定量预测方法主要有时间序列预测法、不基于现状 OD 分布的预测方法和基于现状 OD 分布的预测方法(四阶段预测方法)、非集计模型预测方法。

①时间序列预测法　时间序列预测法是完全基于历史数据所显示的特征来推测将来。移动平均法、指数平滑法、季节指数法、自回归分析法等都是时间序列预测法中常用的方法。该类预测方法适用于具有城市轨道交通客流历史数据,并且客流变化规律基本稳定的情况。

时间序列预测法主要有以下 6 个步骤:A.选择预测参数;B.收集必要的数据;C.拟合曲线;D.趋势外推;E.预测说明;F.研究预测结果在制定规划和决策中的应用。

这类预测方法通常具有数学的或统计的性质,它假设预测对象的变化规律基本稳定,发展过程中不存在跳跃式的变化,未来的状况完全取决于以前的状态。因此,当所研究系统的历史数据确实呈现某种依时间变化的统计规律时,用这类方法往往能得到较准确的预测结果。

时间序列预测法以连贯性原理及概率性原理为主要依据,通过对大量历史资料的统计分析,找出历史资料的时间序列中存在的某种规律性,并通过这种规律性,对未来一段时间内的数据趋势进行预测。对于已经存在并且结构未发生重大变化的客运系统,可以直接预测客流量,根据历年客运量平均增长速度,推算未来年运量。然而,对于我国的城市轨道交通而言,运营时间短,历史资料少是目前各个已经拥有城市轨道交通线路城市的客观事实,仅仅通过几年运营数据,客流量自身所存在的规律性也无法从这些历史数据中得到体现,因此,运用诸如自回归分析法等时间序列预测法进行以后几年的客流预测是比较困难的。

案例分析

假设某市地铁线网 2000 年已初具规模,2001—2006 年的客运量见表 3.2。

表 3.2　某市地铁历年客运量

年　份	2001 年	2002 年	2003 年	2004 年	2005 年	2006 年
全线网年客运量(人次)	5 632 300	5 919 750	6 258 300	6 629 320	7 087 560	7 768 340

以上各年全线网年客运量平均增长率为 6.65%,图 3.17 是该市地铁年运量的增长曲线,根据年客运量平均增长率及 2006 年全线网年客运量可以预测得到 2007 年客运量为 8 285 220 人次。

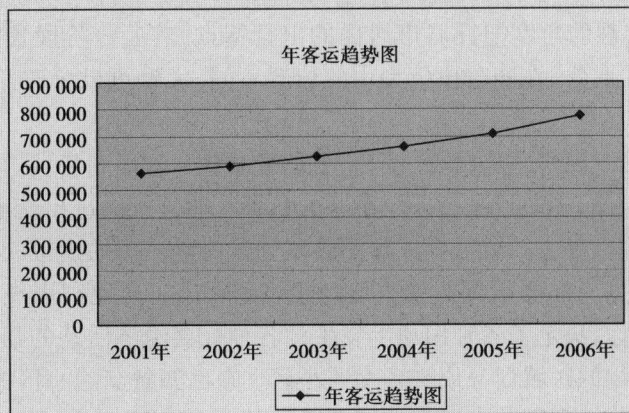

图 3.17　某市年客运量增长趋势图

②不基于现状客流分布(OD 分布)的预测方法　不基于现状客流分布的预测方法的主要思路是将相关公交线路的现状客流和自行车流量向轨道交通线路转移得到虚拟的基年轨道交通客流;然后按照相关公交线路的历史资料和增长规律确定轨道交通客流的增长率,推算远期轨道交通需求客流量,或者由公交预测资料直接转换为远期城市轨道交通客流量。因此,这一类方法在确定基年轨道交通客流后,主要为趋势外推,在确定规划年轨道交通客流增长率时可采用指数平滑法、多元回归法等方法。

这一模式属于早期模式,受其原理的限制,以现状公交为预测基础,对现状交通特征的反映较为片面,无法考虑城市用地规模、交通设施、出行结构改变上的影响,因此精度较低。由于操作简单,所以目前常用于其他方法预测后的比较验证,或定性分析的辅助手段。

③基于现状客流分布(OD 分布)的预测方法　该方法以现状客流分布(OD 分布)为基础数据,主要预测思路是通过居民出行调查,掌握现状各种交通方式的出行分布,在此基础上预测各规划年份全方式出行交通量;然后通过出行方式划分、交通分配,得到规划期城市轨道交通客流量。此模式遵循交通需求预测的"四阶段"即出行产生、出行分布、方式划分和交通分配,预测精度较高,但对于基础数据要求相对较高。近年来城市轨道交通规划线网客流预测一般都属于这一模式,并成为该领域的发展方向。上海轨道交通 3 号线、南京地铁 1 号线、西安地铁 2 号线客流预测采用了此方法。

四阶段法起源于 1962 年美国芝加哥市在进行城市交通规划时的前期客流分布与预测的摸底调查,包括交通发生、交通分布、交通分配三阶段的预测,后由日本广岛市在 20 世纪 60 年代加上对不同交通方式划分的预测形成了完整的四阶段法,即交通发生、交通分布、交通分配和交通方式划分四个阶段,具体的预测流程如图 3.18 所示。

四阶段法基础理论充分,既能反映居民出行与城市土地使用数据之间的关系,又能反馈不同交通方式相互作用对客流分布的影响。四阶段模型以交通小区为基础,按照出行生成预测、分布预测、方式划分和交通分配四个阶段来分析城市现状和未来的交通状况,是目前交通规划领域应用最广泛的方法。

虽然近几十年来,对四阶段模型的研究不断深入,出现了将两个或几个阶段合并进行预测的方法,但从宏观的角度把握城市居民的出行特点,然后分阶段预测分析的思路仍是一致的。依据"方式划分"在四阶段模型中的位置不同,大致可以分成四类模型,如图 3.19 所示。

A.出行生产预测　四阶段法出行生产预测是指对每一个规划区域内划分的小区产生和吸引的出行数量的预测,亦即预测每一个小区的各种交通方式的进出交通量,但并不预测这些交通流从何处来到何处去。出行生成预测的基础资料是城市的远景人口和就业岗位数等预测数据,而这些数据又需要根据远景土地利用规划得出。土地利用规划规定了土地的居住、工业和商业等用途,决定了各种用地上发生的各种社会经济活动的强度。根据土地利用规划,可以把交通规划的区域划分成许多交通小区。在已知各交通小区的居住人口数、就业岗位数及家庭人口、收入和私人交通工具拥有数的基础上,应用出行率法、增长率法、回归模型法等预测方法来预测各个交通小区的出行。

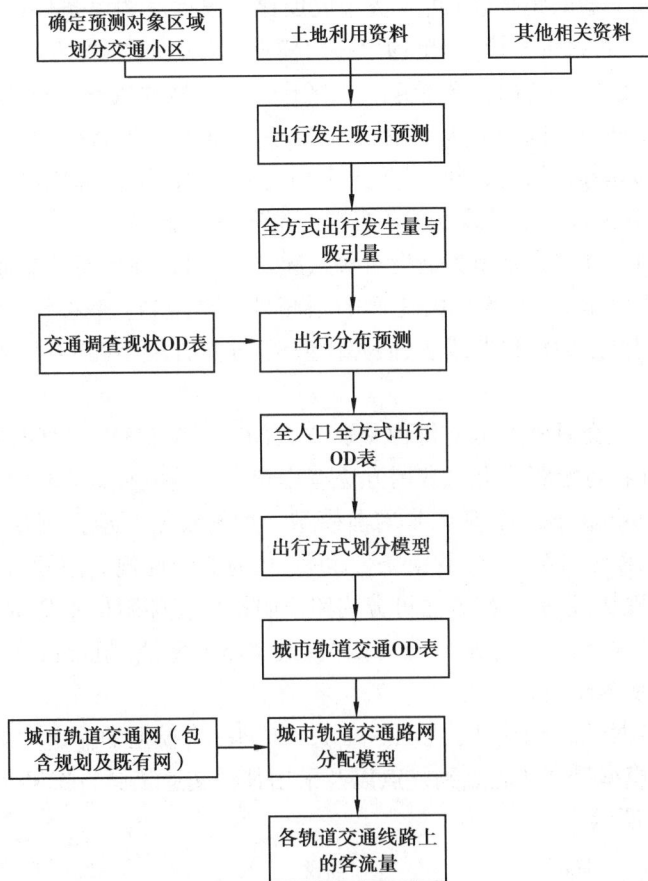

图 3.18　城市轨道交通规划线网客流量四阶段预测法

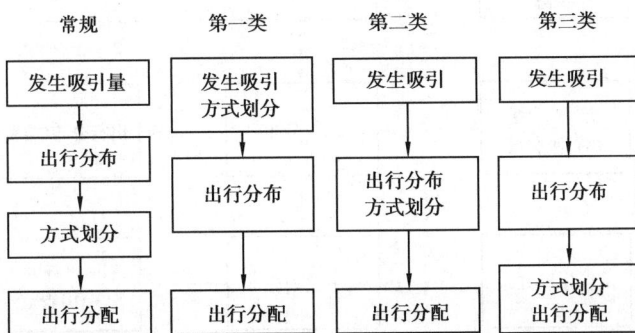

图 3.19　四阶段法预测模型类型图

　　B.出行分布预测　　出行分布预测是指从起点小区(O)到终点小区(D)的交通量的预测,未考虑路径及交通方式。出行分布预测方法主要有四大类:增长系数法、重力模型法、机会介入模型法及系统平衡模型法。增长系数法假定将来的交通小区与交通小区之间的出行分布模式与现状的分布模式基本一致,其分布量按其系数增加。增长系数法主要包含平均增长系数法、底特律法、福莱特法。重力模型法基本假定是交通小区 i 到交通小区 j 的交通分布量与交通小区 i 的交通产生量、交通小区 j 的交通吸引量成正比,与交通小区 i 和 j 之间的交通阻抗参数如两区中心间交通的距离、时间或费用成反比。根据对约束条件的满足情况,重力模型可分为以下几类:无约束重力模型、单约束重力模型、双约束重力模型。机会介入模型基本思想是把从某一个小区发生的出行选择某一小区作为目的地的概率进行模型化,所以属于概率模型。系统平衡模型是在以交通吸引源、交通工具及交通设施状况构成的系统中,按照系统本身的内在规律选择其目的地,同时满足供求(产生、吸引)平衡的原则进行分布预测的一种方法,该方法在没有或仅有部分现状 OD 资料的情况下也能使用。

C.出行方式预测　方式划分预测是指对每组起、终点间各种可能的交通方式(轨道交通、常规公交、自行车、小汽车等)所承担的比例的预测,即决定出行者采用何种交通方式出行。常用的方式划分预测方法为转移曲线法、回归模型法、非集计模型(具有代表性的模型为 Logit 模型和 Probit 模型)。

D.出行分配预测　交通分配是将每种交通方式的起、终点(OD)之间的客流量通过各自有关的模型网络分配在特定路径上。常用方法有用户优化均衡模型(Wardrop 第一原理)、系统优化均衡模型(Wardrop 第二原理)、非均衡模型。均衡模型原理在理论上结构严谨,思路明确,但其数学规划,模型维数太多,约束条件也多,且为非线性规划问题,计算困难。非均衡模型算法简单,容易理解,根据分配方法可分为路段阻抗可变和阻抗不变两类,就路径选择可分为单路径与多路径两类,综合起来可分为四类:最短路分配法、阻抗可变单路径分配法、多路径分配法、阻抗可变多路径分配法。

四阶段法四个步骤(四个子模型)形成一个序列,前一个模型的输出结果为后一个模型的输入数据,最后的子模型提供从起点到终点以及采用某种交通工具行走某条路线的交通流的预测结果,如图 3.20 所示。

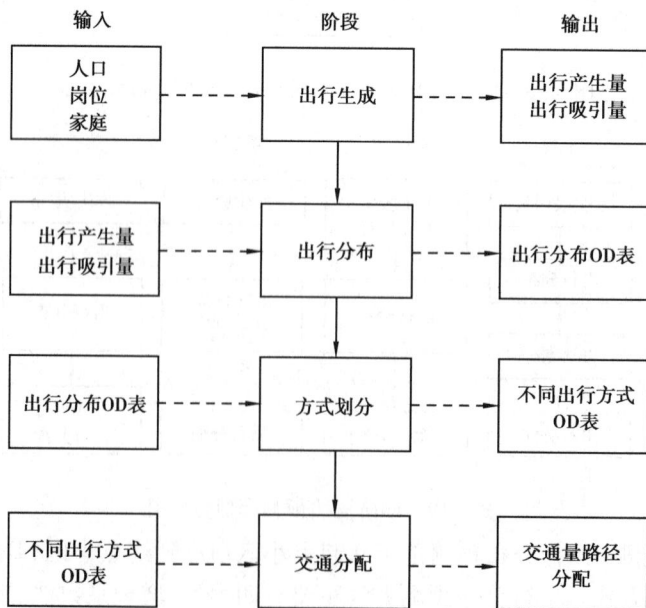

图 3.20　四阶段交通需求预测流程图

城市交通规划四阶段需求预测模型可以以一次出行为例,简单地用图 3.21 来形象表示,图中表示了人们决定进行一次出行(生产)、决定去何处(分布)、决定采用什么交通方式(方式划分)和决定选用哪条线路(分配)的整个过程。

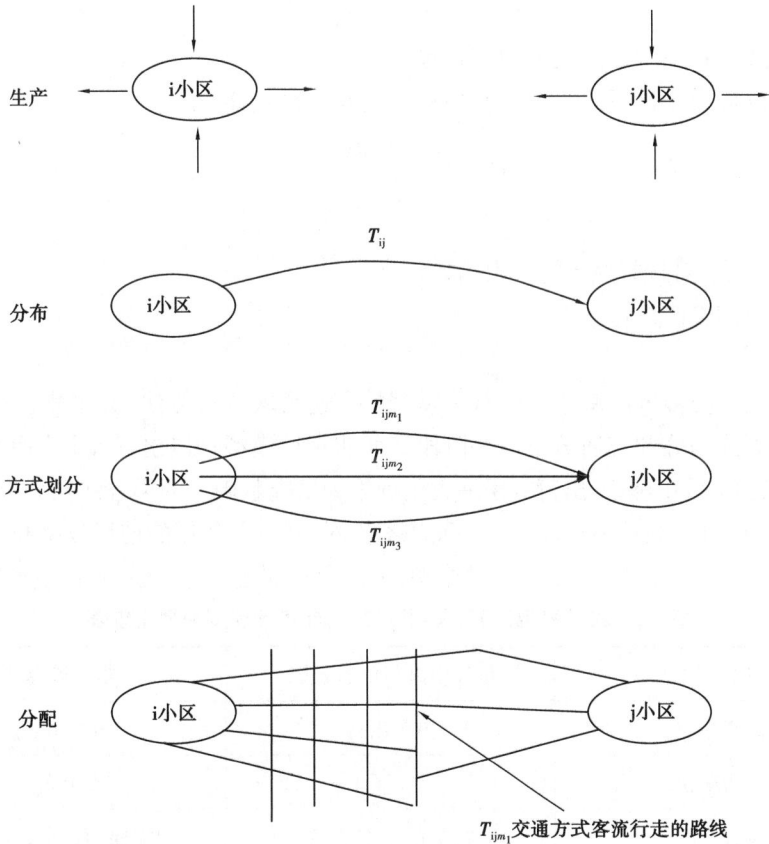

图 3.21　四阶段法预测示意图

④非集计模型预测方法

非集计模型又称交通特征模型,它以实际产生交通活动的个人为单位,对个人是否进行出行、去何处、利用何种交通工具以及选择哪条路线等分别进行预测,并按出行分布、交通方式和交通线路分别进行统计,得到交通需求总量的一类模型。这一模型在理论上利用了现代心理学的成果,引入了随机效用的概念,其核心是效用最大化理论。它着眼于研究出行者个体的出行行为。非集计模型相比传统模型的优势是有明确的行为假说、模型的一致性好、模型标定所需调查样本少、模型有较好的时间和地区转移性等特点。其基本假设为:个人将在可能的相互独立的选择肢集合中,选择他认为对自己效用最大的选择肢。即决策者首先选择"可能利用的选择肢群",其次选择"对其效用最大的选择肢"。利用非集计模型进行居民出行的分析和预测是继四阶段法后出现的构造交通需求预测模型的新方法。

在城市客流预测中,具有代表性的非集计模型就是 MNL 模型。MNL 模型是在以下四个假设条件下得出的:

A.所有出行者具有相同形式的效用函数;

B.效用函数的参数不随出行者的不同而改变,是相对稳定的;

C.每个出行者对不同选择单元的效用函数的随机部分各分量是相互独立的；

D.效用函数随机部分的各分量服从相同的 Gumbel 分布，即分布函数为：

$$F(\varepsilon) = \exp[-\exp(-\varepsilon)] \tag{3.9}$$

E.出行者选择效用函数值最大的选择单元。

基于以上的假设条件，可得到 MNL 模型的基本方程式如下：

$$P_n(i) = \frac{\exp(V_{in})}{\sum_{j \in C_n}^{n} \exp(V_{jn})} \tag{3.10}$$

其中，V_{in}——个人 n 对选择肢 i 的效用函数；

C_n——选择肢的集合。

【拓展训练】

集计模型是一类传统的基于集合行为模型的交通需求分析方法，其预测过程包括出行生成、出行分布、方式划分和交通分配四个阶段。而非集计模型是以出行者个人而非交通小区作为研究对象，以随机效用理论、出行效用最大化理论为研究基础。两类方法在分析单位、模型参数标定方法、适用范围、政策表现能力等方面均不相同，同时在数据的使用效率和自变量的导入可能性等方面存在差异。表3.3 表示集计模型（四阶段预测法）与非集计预测模型比较表。

表 3.3　集计模型（四阶段预测法）与非集计预测模型比较表

项　目	集计模型（四阶段法）	非集计模型
调查单位	单个出行	单个出行
分析单位	小区	个人
调查效率	需要的样本数多	需要的样本数较少
因变量	小区统计值	个人的选择结果（离散量）
考虑个人属性的难度	困难	容易
模型标定方法	回归分析等	极大似然估计法等
计算工作量	比较小	比较大
适用范围	以小区为基础的区域	任意
政策表现能力	小区平均值的变化	各个自变量的变化

集计模型的优点：

①四阶段预测方法理论成熟。

②建模层次分明，便于理解。

③有众多成熟的商业软件支持，应用广泛，如 TransCAD，EMME/2 等，在城市轨道客流预测中方便使用。

集计模型的缺点：

①模型的建立缺少明确的行为假说，说服力弱。

②交通活动的每一次出行被分解成生成、分布、方式选择和分配四个阶段,各阶段之间的一致性不好,也不能考虑一天中的多次出行的相互关系和各种约束条件。

③用于预测时无法考虑反馈效果。

④模型多取决于建立者的主观决定,缺少严密的统计方法。

⑤难以用来估测个人特性和选择肢特性的局部变化和各种交通政策变化的影响。

⑥模型具有很强的地区及时间上的局限性,在某时某地建立的模型难以推广到其他时间和地点去应用。

⑦为了得到较好的模型需要大量的调查数据,这导致了经济上和时间上的限制。

非集计模型的优点:

①非集计模型以明确的行为假说为基础,逻辑性强。

②可以用较少的样本标定出模型的系数,并可对所求得的参数采用统计学方法进行检验。

③可以选用许多与个人决策相关的因素作为自变量,从而可以对多种交通规划、交通政策进行效果评价。

④模型具有较好的时间转移性和地区转移性。

非集计模型的缺点:

①实际的交通规划要求的是以地域为单位的集聚结果,由于在非集计模型中的说明变量的未来值不可能全都知道,因此以其近似值得到的集聚结果肯定会有误差。当然,集计模型也面临着同样问题,只是在表面上被掩盖了而已。

②一般来说,影响交通行为的决定性因素是交通服务水平,而交通服务水平又随交通需求量的变动而变动。所以,在进行预测时,通常要求得到交通服务水平与交通需求量的平衡点。但是,用非集计模型,在现阶段还只能依靠反馈解法进行反复计算。要想求得较严密的平衡点则计算量过大。

③要想得到好的模型,在自变量的选择上花费的时间要比集计模型多。

④标定模型的参数时采用极大似然估计法。这种方法和与之对应的评价方法对许多人,尤其是交通规划决策人员来说较难理解。

小贴士　　　　**轨道交通客流预测方法的评价标准**

客流预测是城市轨道交通建设规模决策的主要依据,预测相对可信度评价标准主要是定性的,一般包括以下几个方面:

①客流预测的依据和背景资料来源清楚、有据可查;

②客流预测的技术路线清晰,选用参数经过推算论证、纵横比较,相对合理;

③客流预测的年限和范围正确,对已建或规划的线路关系明确;

④客流预测的内容完整,数据齐全,对预测成果经分析论证,从量级上宏观判断,基本可信;

⑤对预测客流进行敏感性分析,波动幅度较小。

【任务实施】

选取国内部分城市轨道客流预测中所使用的方法,列举如下:

①出行生产预测使用方法

广州:广州1号线采用的是根据交通小区用地类型的不同建立回归模型。"广州近期实施轨道网络客流规模研究"中采用以人口和岗位确定小区吸引或产生率的办法得到发生与吸引量。

南京:南京城市轨道交通建设规划客流预测,根据出行特征分类确定每类的产生与吸引率,再考虑区域系数得到发生与吸引总量,强调总量控制法。

深圳:参考深圳地铁2号线客流预测,采用交叉分类对每一类出行标定吸引率得到出行发生吸引量。

杭州:参考杭州地铁1号线工程客流预测报告,根据用地不同、出行目的的不同确定吸引率的方法得到发生与吸引量。

②出行分布预测使用方法

广州:参考广州地铁1号线客流研究,采用分层分布的方法得到出行分布。分层为本区—本区,采用增长率的方法得到分布;本区—强连接区采用修正的分布系数得到分布;本区—其他区采用重力模型得到。"广州近期实施轨道网络客流规模研究"中出行分布采用双约束的重力模型。

南京:参考南京城市轨道交通建设规划客流预测,采用双约束重力模型。

深圳:参考深圳地铁2号线客流预测,采用综合效用重力模型得到出行分布。

杭州:参考杭州地铁1号线工程客流预测报告,采用重力模型得到出行分布。

③方式划分预测使用方法

广州:参考"广州近期实施轨道网络客流规模研究"中采用Logit模型得到方式结构。

南京:参考南京城市轨道交通建设规划客流预测,采用改进的Logit模型得到方式结构,其中步行采用转移曲线,出租车采用组团内部与组团间不同比例确定,对自行车、公交、小汽车采用改进的Logit模型方式划分。

深圳:参考深圳地铁2号线客流预测,采用二元对数模型划分方式结构。

杭州:参考杭州地铁1号线工程客流预测报告,采用转移曲线得到方式结构。

④交通分配预测使用方法

广州:参考广州地铁1号线客流研究,直接将交通分配和交通方式划分结合在一起得到轨道交通的站间OD。"广州近期实施轨道网络客流规模研究"中采用多路径公交分配的方法得到预测结果。

南京:参考南京城市轨道交通建设规划客流预测,采用最优战略法得到分配结果。

深圳:参考深圳地铁2号线客流预测,采用多矩阵综合费用平衡分配,将公交车流和道路网络的机动车流统一分配得到轨道流量。

杭州:参考杭州地铁1号线工程客流预测报告,采用最优战略法得到分配结果。

【效果评价】

评 价 表

项目名称	城市轨道交通客流组织	学生姓名	
任务名称	任务2　城市轨道交通客流调查与预测	分　数	
项　目		分　值	考核得分
1.城市轨道交通客流调查与预测相关知识、图片的搜集、整理		10	
2.是否有小组计划		5	
3.城市轨道交通客流调查方法及客流统计指标掌握情况		20	
4.城市轨道交通客流预测方法掌握情况		50	
5.编制学习汇报报告情况		10	
6.基本素养考核情况		5	
总体得分			
教师简要评语：			
		教师签名：	

任务 3　城市轨道交通车站客流组织

【活动场景】

利用多媒体学习或实地参观城市轨道交通车站。

【任务要求】

了解乘坐地铁流程以及乘客乘车中的各种需求,熟练掌握车站各项客流组织措施。

【知识准备】

城市轨道交通以其安全、快速、舒适、环保的优势成为越来越多的市民出行首选交通工具,随着城市轨道交通网络化的形成,轨道交通承担城市出行客流量的比重逐步增大,车站的进出站客流量会迅速增加,已建成车站的空间有限,与单位时间内因客流增加造成的车站可用空间不足形成矛盾,解决这一矛盾的有效手段就是合理的客流组织。客流组织是为实现乘客运送任务,组织乘客按照预先设定的路线有序、安全的流动所采取的对应措施。

1.乘客乘车流程及流线、乘客需求和客运设施分析

(1)乘客乘车流程

按照乘客乘坐地铁在付费区与非付费区内的流程,将乘客乘车的流程分解为以下作业流程,如图 3.22 所示。乘客乘坐轨道基本的流程为:乘客从出入口进入车站后先到站厅层购票,然后在进站闸机处刷卡检票进入付费区,后到站台层候车,待列车到达后上车,到达目的车站下车,下车后从站台层到达站厅层,在站厅层出站闸机处检票出闸,通过导向标志指引选择正确的出入口出站。

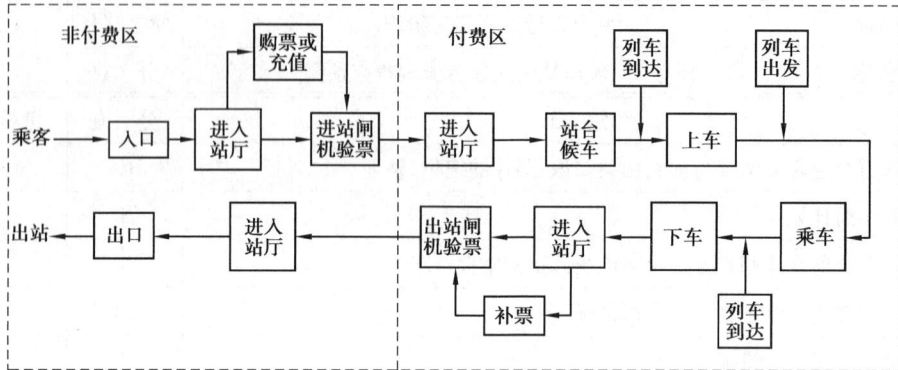

图 3.22　乘客乘坐轨道基本的流程图

(2)车站客流流线

城市轨道交通流线按照方向不同分为进站和出站两大流线,交通流线在一般普通车站比较有规律,但在城市综合交通枢纽如火车站等换乘车站客流流线较复杂,交通流线的规划、疏解是车站客流组织的关键。

图 3.23 为城市轨道交通常规车站站厅的客流流线图,客流组织较为方便,在付费区内乘客流线无明显交叉现象,非付费区进、出站流线分明,出站检票机至出入口通道路径短,乘客能迅速出站,2 个非付费区之间的联系通道为出站乘客选择出站通道提供了便利。这种站厅布局已在城市轨道交通车站设计中普遍采用。图 3.24 某地铁 2 条线换乘车站立体布局图,车站共有 3 层,分别为站厅层、第 1 条线站台层、第 2 条线站台层。

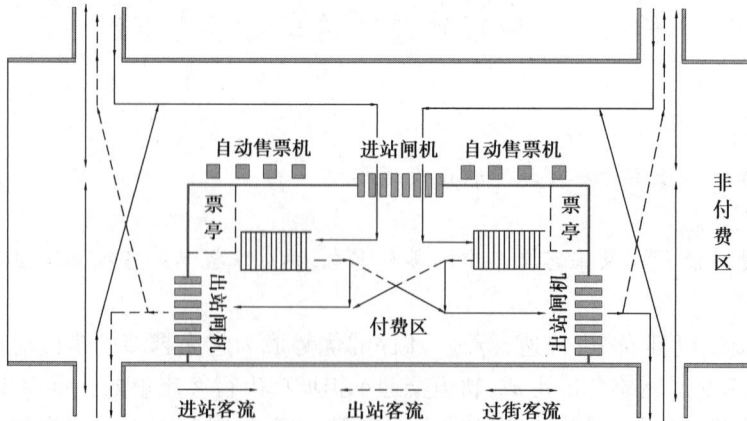

图 3.23　车站客流流线图

(3)乘客需求及客运设施分析

城市轨道交通系统乘客,在乘车的不同阶段具有不同的需求,根据乘客的实际需求设置相应的客运服务设施,并采取对应组织措施。以下按照乘客乘坐地铁的流程,从乘客需求角度出发考虑对应的客流组织措施。

1)进站

市民需要乘坐城市轨道交通,进站是第一步,在进站过程中,分析乘客需求,确定对应客流组织措施。

①乘客需求

A.乘客到达城市轨道交通车站方便、易达；

B.城市轨道交通出入口容易找到；

C.城市轨道交通导向系统指示明确、清晰、易懂；

②客运设施设置要求

A.出入口与其他交通方式换乘方便，换乘设施齐全、完善；

图 3.24　车站立体布局图

B.城市轨道交通出入口导向标志醒目，在车站外 200 m 范围内设置连续指引导向标志，如图3.25所示。

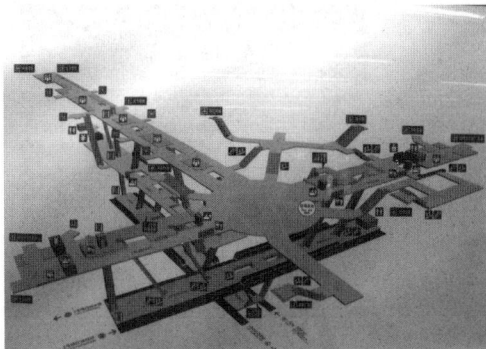

图 3.25　轨道交通站外导向指引标志

C.出入口位置设置合理，方便乘客到达，将出入口与周边物业、设施相结合，吸引客流。

2)购票

进入车站的乘客可以通过购买单程票或刷储值卡(一卡通)进入付费区乘车。单程票可以通过自动售票机或人工购买，储值卡可以通过自动售票机(TVM)或半自动售票机(BOM)充值。

①乘客需求

A.进入车站后能够较快买到单程票，购票等待时间短；

B.自动售票机导向标志醒目；

C.在购票过程中遇到问题(卡票、卡钱、兑零)能够较快处理。

②客运设施设置要求

A.在非付费区设置一定数量的自动售票机(见图 3.26)和票务中心(人工处理票卡、兑零)，用于乘客购买单程票、处理票卡和兑换零钱；

B.自动售票机、票务中心的位置、数量设置合理，处于乘客进站流线上。

3)检票

乘客购票后，进站时需在检票机上进行检票进站，经过检票闸机检票后进入付费区，单程票和一卡通均需在检票机上刷卡。

图 3.26　轨道交通车站自动售票机(TVM)

①乘客需求

A.闸机位置明显且配有相应指引标志；

B.闸机刷卡区域明确、清晰；

C.乘客能快速通过闸机。

②客运设施设置要求

A.设置合适数量的闸机(见图 3.27)，并将闸机设置在客流进站流线上,便于进站客流组织；

图 3.27　轨道交通车站自动检票机(AGM)

B.闸机的通过能力与车站客流量相匹配；

C.闸机位置醒目、进站闸机指示明确。

图 3.28　车站站台导向及候车组织

4)候车(图 3.28、图 3.29)

乘客检票经过闸机后,进入付费区,到达站台候车。

①乘客需求

A.方便、快速到达站台候车；

B.快速找到需要乘车的方向；

C.对等待即将到达的列车时间清楚；

D.站台候车过程中能够保证自身安全。

图 3.29 车站站台候车座椅

②客运设施设置要求

A.在付费区设置楼梯、自动扶梯,使乘客能够方便到达站台;

B.站台上设置适量的座椅,让乘客耐心候车,便于体弱乘客休息;

C.安装屏蔽门,屏蔽门可以为乘客提供一个舒适的候车环境,能够保障乘客在站台的候车安全;

D.采用自动广播系统和 PIS(乘客信息显示系统),通过 PIS 显示屏可以看到下趟列车的到站时间。列车即将到站时,自动广播播放列车到站信息;

E.站台上方设置明确、醒目的列车运行方向(上行、下行)导向标志。

5)乘坐列车过程中(图 3.30,图 3.31)

图 3.30 列车车厢内轨道交通线路   图 3.31 地铁舒适的乘车环境

①乘客需求

A.列车运行平稳;

B.车内不拥挤,整洁舒适;

C.了解列车运行及到站信息。

②客运服务要求

A.司机驾驶技术娴熟,驾驶平稳、对标准确;

B.车内有轨道交通线路图;

C.列车符合运行标准,车内灯光配置合理,座位舒适;

D.列车广播信息及时准确。

6)验票(图 3.32,图 3.33)

乘客乘坐轨道交通下车后,需要验票出闸。

①乘客需求

A.出站闸机指示清楚,容易找到;

图 3.32 出站闸机指引

图 3.33 出站闸机旁的票务中心

B.不同出闸方向对应的出入口及周边信息清楚;

C.出站验票手续简单;

D.出站验票遇到票卡问题能够快速处理。

②客运设施设置要求

A.出站闸机的设置位置需结合出入口方向、乘客出站流线设置;

B.出站导向标志清晰,易判断出站方向;

C.在出站闸机附近设置票务中心用于处理出站票卡问题;

D.闸机上的出站验票刷卡、投卡标志需清晰、醒目。

7)出站

乘客验票出闸后,通过出入口离开车站。

①乘客需求

A.能够快速找到出站目的地对应的出入口;

B.出站后方便换乘其他交通方式到达目的地;

C.出站后易到达大型办公、商业、娱乐场所。

②客运服务设置要求

A.出入口导向标志醒目(见图3.34)、站内有各出入口通向地面周边设施的导向说明;

图 3.34 出入口导向标志

B.出入口靠近公交车站;

C.车站在不同街区设置出入口,允许出入口兼作过街隧道或天桥。

8）换乘

乘客从城市轨道交通一条线路换乘至另一条线路或换乘至其他交通方式。

①乘客需求

A.换乘距离短、换乘方便、节省时间；

B.换乘方向明确；

C.换乘通道照明适度、环境舒适；

D.换乘至其他交通方式容易找到。

②客运服务设置要求

A.换乘通道短、换乘客流组织措施得到，使换乘人流不产生较大对冲和交叉；

B.换乘导向标志正确、清晰、完善，见图 3.35。

图 3.35　车站换乘导向标志

2.城市轨道交通客流组织原则及措施

（1）城市轨道交通客流组织原则

1）在车站客流组织中，应贯彻执行以下客流组织原则

①防止客流对冲、减少客流交叉原则；

②合理设置导向指引标志，优化导向系统；

③客流流线组织贯彻"右行原则"；

④考虑乘客"就近习惯"原则；

⑤拓宽消除客流"瓶颈"原则；

⑥贯彻"出站优先"原则；

⑦换乘衔接一体化原则。

2）在车站布置售检票设备时应当遵循以下原则：

①售、检票位置与出入口、楼梯应保持一定距离。售检票位置一般不设置在出入口、通道内，并尽量保持与出入口、楼梯有一定的距离，从而保证出入口和楼梯的畅通。

②保持售、检票位置前通道宽敞。售检票位置一般选择站厅内宽敞位置设置，以便于售检票位置前客流的疏导；售检票位置应适当保持一定距离，避免排队时拥挤。

③售、检票位置根据出入口数量相对集中布置。因轨道交通车站一般有多个出入口，为了减少乘客进入车站后的走行距离，一般设置多处售检票设备，但过多设置售检票的位置容易造成设备使用的不平衡，降低设备使用效率，并且不利于管理，因而售检票位置应根据车站

客流的大小相对集中布置。

④应尽量避免客流的对流及交叉。客流的对流减缓了乘客出行的速度,同时也不利于车站的管理,因此车站一般对进出客流须进行分流,使进出车站检票位置分开设置,保持乘客经过出入口和售检票位置的线路不至于发生对流。

(2)日常客流组织措施

1)进站客流组织

①进入车站

组织乘客进站的注意事项及客流组织措施:

A.组织引导乘客经出入口、楼梯、自动扶梯(或垂直电梯),通过通道进入车站站厅层非付费区。该部分客流组织的关键环节是出入口客流组织。地下车站出入口一般均设置电扶梯和楼梯,电扶梯的方向可以根据需要进行调整,如果只有一部电扶梯时,一般将该部电扶梯调为向上方向,为出站乘客提供便利、避免出站乘客爬楼梯,并利于出站乘客快速疏散。楼梯根据宽度和该出入口客流大小设置相应的隔离栏杆,如图3.36所示。出入口客流组织应结合实际的客流大小情况,当车站设施能够满足客流需求时,采用正常的客流组织方法,各个出入口全部开放,进出站客流不需隔离分流,进出站乘客在楼梯上可混合行走;当出入口客流较大时,在出入口楼梯、通向站厅层的通道内设置分流隔离设施,确保进出站客流不相互干扰,不发生客流冲突。

B.对于经过通道与站厅连接的出入口,当客流较大时,可在通道内进行组织排队,当客流过大时,需采取在出入口限流,分批放行乘客进站或临时关闭出入口。图3.37为在预测客流较大的出入口设置限流栏杆,通过限流栏杆可减缓乘客的进站速度,并便于限流措施的实施。

C.对于与商场、物业连接的出入口,应考虑客流组成和出行特征,当客流较大时,应根据双方协议与相关单位共同制定的措施组织客流。与商场物业结合的出入口通道需与接入物业方商谈确定出入口开关时间,签订双方认可的协议,便于物业结合出入口的统一管理。

图3.36　车站楼梯进出站隔离栏杆　　　　　　　图3.37　车站出入口限流栏杆

②购票

组织乘客购票的注意事项及客流组织措施:

A.组织引导部分需要购买单程票的乘客到自动售票机(TVM)、票亭半自动售票机(BOM)或临时票亭购票。购票客流组织的关键环节是通过合理导流设施设置,使乘客有序排

队购票,并且购票队伍不影响正常进出站客流。

B.在自动售票机或票亭前组织乘客有序排队购票,充值,车站一般可利用导流带、铁马等隔离设施进行排队组织,排队方向应以不影响其他正常乘客通行为宜。当排队乘客较多时,可在站厅非付费区加开临时票亭,安排人工售卖预制单程票,同时需做好广播宣传和引导,将购票乘客进行分散。

C.在组织自动售票机、临时票亭购票时,要尽可能充分利用各类售票点,将乘客分散购票,避免乘客大量集中于少量售票点处。当需要乘客排队购票时,可利用迂回隔离栏杆在站厅客流较少的空间组织乘客排队,如图 3.38 所示为临时票亭前组织排队迂回栏杆图。图3.39所示为票亭前组织排队购票图。

图 3.38　临时票亭前组织排队迂回栏杆

图 3.39　票亭前组织排队购票

D.在单程票售票量较大的车站,运营前需将自动售票机票箱加满,运营期间通过车站级票务计算机实时监控自动售票机内票箱票卡数量,利用客流低峰时段,对车票较少的票箱进行填补,在票亭半自动售票机上预处理车票,高峰时就不用再更换票箱和预处理车票,减少对高峰期购票速度的影响。

③检票进闸

组织乘客检票进闸的注意事项及客流组织措施:

A.当乘客购票后,引导已购票乘客和部分持储值卡、计次票的乘客直接通过进站闸机刷卡检票进入付费区。

B.乘客刷卡进站时,应宣传指引乘客右手持卡(单程票),站在闸机通道外,排队按次序刷卡进闸。

C.对于无票乘客,引导其至自动售票机或半自动售票机前购票,再检票进闸。

D.当有大量乘客进闸时,车站需宣传组织进闸乘客有序进闸,防止乘客聚集在一起,出现争抢进闸现象,并且容易导致乘客误刷卡进不了站或出不了站的情况发生。

E.在乘客排队进闸过程中,队伍不得影响出闸乘客,排队不能阻挡出站客流,以确保出站乘客的顺利出站。

F.持有大件行李的乘客应引导走宽通道闸机或协助乘客将行李通过车站边门进入。

G.对于携带儿童(不需购票)的乘客,应宣传引导儿童走在大人前面通过闸机或大人将儿童抱起通过闸机,避免闸机开关伤到小孩。

H.车站根据进出站客流实际情况,可对双向闸机的方向进行调整,以便于更好地组织客流,调整时需保证优先满足出站客流的需求,同时尽量减少进出站客流的交叉,提高客流组织效率。

④至站台候车,见图3.40。

图3.40　站台组织乘客排队候车及上下车

组织乘客候车的注意事项及客流组织措施:

A.乘客进入付费区后,通过导向标志、告示、隔离栏杆等措施组织引导乘客通过楼梯、自动扶梯(垂直电梯)进入站台层候车,图3.41所示为在地铁车站站厅层设置伸缩导流栏杆,引导进入付费区的乘客快速到达站台候车(对于新开通地铁试运营初期)。图3.42所示为自动扶梯下方设置铁马导流,其作用一是可以减少乘客拥挤在电扶梯口,将乘客疏散引导至站台均匀候车,避免电扶梯处产生拥挤堵塞,二是防止乘客抢上抢下。

图3.41　乘客进入付费区通过栏杆引导进入站台　　图3.42　自动扶梯下方设置铁马延伸导流带

B.乘客到达站台,通过导向标志和乘客信息显示系统指引乘客选择乘车方向和了解列车到站时间,为确保站台乘客候车安全,广播宣传组织乘客在安全区域候车。

C.站台设有屏蔽门,在列车到站之前,车站工作人员需提示乘客远离屏蔽门、不要越过安全区域,引导乘客在安全区域按箭头方向排队(若有屏蔽门故障,组织乘客到其他屏蔽门对应的安全区域处排队候车)。站台工作人员疏导聚集在一端的乘客到乘客较少的地方候车,关注乘客动态,提醒乘客不要依靠屏蔽门。

D.对于没有屏蔽门的车站,应广播宣传"请乘客站在黄色安全线内候车,不要探身瞭望,以免发生危险"。

E.站台候车区域需加强安全管理,站台岗站务员工作中要加强站台巡视,注意候车乘客动态,发现有可疑情况,携带各种危险品危及乘客和行车安全的情况,必须及时处理和上报。站台无车时,站台岗要来回巡视站台,重点检查屏蔽门及端墙门状态、消防器材、电扶梯运转情况、轨行区(有无漏水、异物等),同时引导乘客到人数较少的地方候车,监控屏蔽门状态,发现屏蔽门异常动作等危及行车安全的情况时,站台工作人员立即按压紧急停车按钮并上报。

F.对于楼梯边缘与站台边缘较近的区域,应尽量疏导乘客不要在此处滞留,保证足够的通行空间,防止此处拥挤发生意外事件。

G.当有乘客物品掉入轨行区,要阻止乘客跳下站台捡拾物品,及时向乘客做好解释和安抚,并报告行调,经行调同意后使用专用工具(拾物钳)将物品从轨行区捡起后交予乘客。

⑤乘降客流组织,见图3.43,图3.44。

图3.43　站台岗立岗接发列车　　　　图3.44　站台岗组织乘客上下车

组织乘客乘降的注意事项及客流组织措施:

A.列车进站时,站台工作人员在紧急停车按钮处立岗接车。

B.列车停稳开门乘客乘降时,站台工作人员在扶梯口或楼梯口等人较多的地方,提醒乘客先下后上,注意脚下安全,对下车乘客迅速疏导出站。

C.列车关门时(关门提示铃响、提示灯闪烁),站台工作人员及时阻止乘客抢上抢下,劝乘客等待下次列车,防止车门、屏蔽门夹伤乘客或影响列车晚点,加强瞭望,及时处理突发事件。

D.列车关闭车门、屏蔽门后,要观察车门、屏蔽门的关闭状况。当发现车门、屏蔽门未正常关闭时,若由于乘客或物品被车门夹住时,应呼叫司机,重新开启车门、屏蔽门后,将乘客所夹物品取出;若为车门、屏蔽门本身设备故障,按照相应屏蔽门应急处理程序处理。

E.列车关门动车时,站台工作人员需在紧急停车按钮处立岗,目送列车出站,列车在出站过程中,发现异常危及行车安全时站台工作人员立即按压紧急停车按钮、呼叫司机并报车控室。

2)出站客流组织

①验票出闸

组织乘客验票出闸的注意事项及客流组织措施:

A.乘客下车后到达站台,组织引导乘客通过楼梯、自动扶梯(或垂直电梯)进入站厅层付费区,如图3.45所示。

B.站厅付费区设有导向标志,付费区出站导向标志提示各出入口周边环境建筑设施、道路信息,乘客根据出站指引导向标志,选择正确的出闸方向通过出站闸机验票出闸。当乘客使用一卡通时,指导乘客右手持卡,在闸机通道外刷卡出闸,当乘客使用单程票时,指导乘客右手持票,将车票投入回收口,验票通过闸机(见图3.46)。当大量乘客集中出闸时,要组织乘客有序出闸,必要时可采用限流措施减缓出站速度,避免多人争抢出闸造成卡票、误刷卡等情况。对进闸客流与出闸客流共用区域的车站,应减小进站客流对出站客流的负面影响,优先保证出站客流快速、顺畅出站。

图 3.45 引导乘客乘坐电扶梯进入站厅层

图 3.46 乘客有序刷卡出闸

C.当乘客不能正常出闸时,组织引导车票车资不足、无效车票或无票乘车的乘客到票亭办理相关乘客事物,待乘客办理完毕后方可组织出站。

②出站

组织乘客出站的注意事项及客流组织措施:

乘客通过出站闸机(单程票出闸时将其回收)或人工检票出闸(人工回收),进入站厅层非付费区,站厅非付费区设有导向标志(各个出入口周边道路、大型建筑设施、单位),通过导向标志或人工问询服务组织乘客找到所要到达目的地的出入口,经通道、出入口楼梯、自动扶梯(或垂直电梯)出站。出站客流组织应坚持尽快疏散乘客出站为原则,防止出站与进站客流产生明显对冲和交叉。为使乘客较快疏散和方便乘客出站,出入口电扶梯一般调为向上方向。为防止出站口及出站通道内人员滞留影响正常疏散,在出入口上方及通道避免摆摊、宣传等活动,车站工作人员需定期巡视检查,发现通道及出入口有摆摊、宣传、卖艺等人员时及时驱赶出车站,如不听劝阻者报告地铁执法部门或地铁公安。

3)换乘客流组织

换乘站一般客流比较大,同时客流流线复杂,客流组织相对于其他车站较为复杂。换乘站根据不同的换乘方式在客流组织管理上应注意采用不同的方法,总体的客流组织原则是组织好换乘客流、缩短换乘路径、减少换乘客流与进出站客流的交叉、干扰。

①按照换乘的地点区分,客流换乘主要有两种:

A.付费区换乘。乘客到达换乘站下车后,不需通过出站闸机,直接在付费区内根据换乘导向标志指引经楼梯、自动扶梯(或垂直电梯)、换乘通道或换乘平台等到达另一站台层换乘候车。付费区换乘一般包括同站台平面换乘、站台立体换乘及通道换乘。这种换乘组织要求有良好的导向标志和通道设计,在容易出错的地点安排工作人员引导,保证乘客尤其是初乘者安全顺利完成换乘,在客流组织措施中还应尽量避免换乘客流与进出站客流产生对冲和交叉。

B.非付费区换乘。乘客到达换乘站下车后,根据换乘导向标志指引,经楼梯、自动扶梯(或垂直电梯)到达站厅层付费区,通过出站闸机进入非付费区或出站,到另一线路重新进入付费区或进站换乘。这种换乘组织需要最大限度缩短乘客的走行距离,良好的衔接引导标志,并且避免这部分客流与其他客流的交叉干扰。该种换乘形式需要出闸并再次购票进站,换乘手续繁琐、耗时较长,一般较少采用,因线网规划不合理或后期线网改造等情况需要采用此类换乘形式时,换乘沿线醒目、合理的导向标志至关重要。

②按照换乘方式区分,换乘客流主要有以下五种方式:站台换乘、站厅换乘、通道换乘、站外换乘和组合换乘。

A.站台换乘客流组织。站台换乘有两种方式:同站台换乘和上下层站台换乘。同站台换乘是指两条不同线路的站线分设在同一站台的两侧,乘客可同站台换乘。这种换乘方式适用于两条平行交织的线路,为方便客流组织宜采用岛式站台设计,要求站台能够满足换乘高峰客流量的需要,乘客无需换乘行走,换乘时间最短,但换乘方向受限。双岛式站台只能实现4个换乘方向的客流在同站厅换乘,单岛式站台每一层只能实现2个方向的换乘客流,其余换乘方向的乘客仍然要通过站厅或自动扶梯、楼梯进行换乘,换乘时间相应增加。在所有换乘方式中,同站台换乘的换乘能力最大,适用于优势方向换乘客流较大的情形。这种换乘方式的主要制约因素是站台的宽度与列车行车间隔,因此客流的合理组织还与站台宽度及列车行车间隔密切相关。上下层站台换乘是指乘客由一个站台通过楼梯或自动扶梯到另一站台直接换乘。根据地铁线路交叉的情况及两车站的位置,可形成站台与站台的十字换乘、T形换乘、L形换乘和平行换乘模式。

B.站厅换乘客流组织。站厅换乘是指乘客由一个站台通过楼梯或自动扶梯到达另一个车站的站厅或两站共用站厅,再通过站厅前往另一站台乘车的换乘方式。站厅换乘一般用于相交车站的换乘,换乘距离比站台直接换乘要长。若换乘过程中需要进出收费区,检票口的通过能力成为制约因素。

C.通道换乘客流组织。通道换乘是指在两个或几个单独设置车站之间设置联络通道等换乘设施,方便乘客完成换乘的方式。通道可直接连接两个站台。这种方式换乘距离较近,换乘时间较短。通道还可连接两个站厅收费区,换乘距离相对较远,换乘时间较长。一般情况下,换乘通道长度不宜过长,换乘通道的宽度可根据客流状况加宽。

D.站外换乘客流组织。站外换乘是指乘客在车站付费区以外进行换乘,换乘至另一条线路时需要重新购票,此种换乘方式往往是客观条件不允许或设计不当造成的。乘客换乘路线可分割为出站行走、站外行走及进站行走。该换乘方式需要在站外换乘路线上设置连续的换乘导向标志,并在沿途道路上搭建遮风避雨的顶棚,为乘客尽可能提供方便。在所有换乘方式中,站外换乘所需的换乘时间和换乘距离最长,给乘客的换乘带来很大不便,应尽量避免。

E.组合式换乘客流组织。上述两种及以上换乘方式组合而成的一种换乘方式,实践中往往是几种换乘方式的组合,以便使所有换乘方向的乘客均能实现换乘。

③改善换乘客流组织的措施

根据城市轨道交通换乘系统的构成,改善换乘客流组织的措施可以分为空间资源整合与时间效益优化两类,具体见图3.47。

空间资源整合是通过对各种换乘设施进行优化设计,缩短换乘走行距离,减少换乘流线间的干扰,优化换乘导向标志,使得人流在换乘站

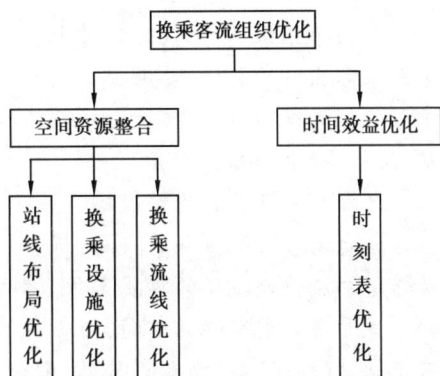

图 3.47 换乘客流组织优化图

有序、安全、畅通地流动,换乘衔接紧密。时间效益优化主要是通过对轨道交通模式内和模式间换乘占用的时间资源进行优化设计,利用计算机系统和信息技术,进行列车时刻表的协调和优化,减少换乘等待时间。同站台换乘是空间资源整合措施的典范,而定时换乘系统则是时间效益优化的代表。

小贴士　　　　　　　　　　网络化运营的客流组织

　　轨道交通形成网络后,客流组织将会更加复杂,客流组织的重点在换乘站,根据换乘区域设立的位置,换乘客流可细分为收费区内或收费区外换乘客流。在大型换乘枢纽站,还涉及其他交通方式之间的换乘衔接。

　　(1)网络化运营客流特点

　　①网络规模效应使得客流快速增长

　　轨道交通网络形成后,乘客在网络覆盖的地域内均可快速抵达,越来越多的乘客被吸引,其规模效应逐渐显现出来,客流总量也呈现总体快速上升的趋势。

　　②网络效应增加,线路间的相互影响增大

　　网络化运营时客流出行特征将不再是简单的单向流动,而是多方向的流动;线路间客流也不再具有单线运营时的相对独立性,而是由组成网络的众多线路间的客流构成的相互影响、相互作用的庞大客流系统。一旦某条线路发生行车故障,将通过换乘车站影响邻线的正常运营,造成严重的客流阻塞,甚至波及整个运营网络的正常运营。

　　③换乘站客流组成复杂

　　城市轨道交通换乘站内线路的敷设方式不同,站厅与站台布置方式不同,形成了线路和线路之间客流换乘方式的多样化。如站台换乘、站厅换乘、通道换乘、混合换乘等多种形式。

　　(2)网络化运营客流组织

　　①运营全盘考虑、统筹兼顾

　　网络运营条件下的列车运行计划编制,需重点考虑换乘车站、尤其是大型换乘枢纽的运营计划,各条运营线路应根据不同线路的客流量来制定换乘车站各方向列车的到发点,尽量做到各条线路到发客流与其列车运能的匹配。在制订换乘站的运营计划时,还应考虑不同线路之间的列车运行间隔时间,最大限度地减少乘客在站台上的停留时间。

　　②换乘车站统一管理

　　大型换乘枢纽站,不仅客流量大,而且客流组成复杂,为应对客流出行特征的变化、满足未来乘客出行的需求,要求换乘站所涉及的多条线路实行统一的运营管理。实现换乘枢纽车站管理的统一性、完整性。统一的线路管理有利于为乘客提供完整的信息服务支持和优质、统一、标准的客运服务。

　　③合理布置车站售检票设备

　　车站自动售检票设备的布局,将直接决定客流的流动线路,自动售检票设备的合理布局是保证客流快速流动的重要条件。换乘车站具有出入口多、车站规模大的特点,车站设备的布置更要考虑客流的走向,使各种形式的客流尽量减少相互间的对冲与交叉干扰。在换乘车站,特别是站厅换乘的车站,由于受到车站可利用空间的限制,不能盲目、简单地进行付费区设置,应充分考虑乘客售检票、换乘、进出站等不同的流动目的,进行车站整体布置。

　　④换乘导向系统需加强优化

　　换乘车站对涉及换乘的导向标志和乘客信息显示系统要充分考虑换乘客流的需求,合理确定导向的位置,准确明晰地制定导向的内容。在导向信息的分布中,首先要强调主要信息,如换乘方向、线路的分布等,其次也应发布一些乘客可能需要了解的信息,如出入口的周边信息、首末班车时刻等。

⑤利用网络的通达性,合理引导客流

轨道交通网络形成后,各条线路因换乘站而连接成网,任何两车站之间的路径可有多种不同的选择。一旦某条线路发生了列车故障,为减少单点故障对乘客的影响,运营单位除了积极采取应急措施外,可以充分利用轨道交通网络,避开故障区域,尽可能减少故障影响,还应及时加强对全网客流的引导、组织,引导乘客通过其他路径迂回、避开故障区域。

【任务实施】

在某个地铁车站现场,结合乘客乘车程序进行客流组织:

①熟悉车站环境,掌握车站出入口、进站口、所乘列车方向以及候车点;

②掌握车站 AFC 设备布局,了解购票及进出站设备操作流程;

③按照乘客购票、进闸、候车、乘车、下车、出闸、出站的流程进行客流组织。

【效果评价】

评 价 表

项目名称	城市轨道交通客流组织		学生姓名	
任务名称	任务 3 城市轨道交通车站客流组织		分　数	
项　目			分　值	考核得分
1.城市轨道交通车站客流组织相关知识、图片的搜集、整理			10	
2.是否有小组计划			5	
3.城市轨道交通乘客乘车需求了解情况			20	
4.乘客进出站各个环节客流组织方法掌握情况			50	
5.编制学习汇报报告情况			10	
6.基本素养考核情况			5	
总体得分				
教师简要评语:				
			教师签名:	

任务 4 城市轨道交通特殊情况客流组织

【活动场景】

利用多媒体学习或实地参观城市轨道交通车站,了解特殊情况客流组织。

【任务要求】

了解大客流的类型及特点,掌握可预见性大客流及突发性大客流的组织方法,能够正确、及时应对突发事件的客流组织工作。

【知识准备】

1.大客流组织

(1)概述

大客流是指在某一集中时段集中到达,客流量超过车站正常客运设施或客运组织措施所能承受的流量时的客流。

大客流主要表现:非常拥挤或极度拥挤、乘客流动速度明显减缓、客流交叉干扰严重、对乘客正常的出行造成不利影响、对运营安全造成威胁。

根据车站大客流形成特点,可将大客流分为可预见性大客流和不可预见性大客流。一般情况下,通过搜集信息、总结历史客流数据,对车站的大客流是可以预见的,但也有少数突发性大客流是无法预见的,以下分为可预见性大客流和不可预见性大客流分析客流特点,并阐述应对措施。广州地铁某车站站台大客流情况如图3.48所示。

图 3.48 广州地铁某站大客流图

(2)可预见性大客流组织

1)可预见性大客流分类及特点

①可预见性大客流的分类

大客流根据其产生的原因可具体分为以下三类:

A.节假日大客流:主要指在国家法定的元旦、春节、清明节、劳动节、端午节、中秋节、国庆节假期期间市民出行及游客旅游等造成城市轨道交通车站客流普遍大幅上升,此类大客流可以提前通过历史数据及相关信息预测得到。另外还需对节假日的以下特征进行分析:分析此次节假日客流与以往节假日客流的不同之处;分析重点车站的客流特点;分析对外枢纽车站的乘客乘降特点,如与火车站直接换乘的地铁车站外地乘客较多,对售检票设备不熟悉,在自动售票机、进出闸机前等候时间较长,容易造成站厅客流聚集;分析国家政策、票价政策及其他宏观政策对客流流量流向的影响。

B.大型活动大客流:主要指由于地铁沿线附近举行大型活动(包括节假日期间举行的大

型活动），在活动结束后大量的乘客在较短时间内涌入地铁车站乘车，造成车站客流迅速上升，此类大客流可以通过活动举办方了解到相关信息。

C.恶劣天气大客流：主要指由于大雨、雪等恶劣天气对地面交通造成影响，较多的市民乘坐地铁或进入地铁车站避雨、雪，造成地铁各个车站客流比平时有所上升，此类大客流可以通过天气预报提前了解到信息。

②可预见性大客流的特点

A.节假日大客流的特点：元旦假期短，与国庆节、春节假期较为接近，游客不会对地铁的客流变化产生太大影响，但市民出行、购物会造成商业区附近的车站产生较大客流，同时其他车站的客流也会比平常有所上升，将会造成列车比较拥挤。春节假期较长，节前大批外地劳务人员返乡，对火车站、长途汽车站附近的地铁车站造成较大冲击，节后又有大批人员返城务工，再次对相应地铁车站形成大的冲击，但春节期间的客流会相对稳定，不会有太大影响。劳动节、国庆节旅游、购物外出游客较多，大批游客的到来以及市民在节假日期间出行购物、休闲等会使地铁的客流大幅上升，特别是位于商业区或旅游景点附近的车站，客流的冲击会很大。

B.大型活动大客流的特点：地铁沿线附近举行大型活动入场前和活动结束散场时，在短时间内会有大批的乘客涌入附近的地铁站，给活动附近的地铁站造成很大压力。此类活动多在周末、节假日举行，所产生的大客流的时间、规模等特点可以预见，影响范围较小，通常对该活动地点附近的车站影响较大。

C.恶劣天气大客流的特点：主要指在出现大雨、雪等恶劣天气的时候，地面交通受到较大影响，很多市民会改乘地铁，造成车站客流普遍增大。此类客流对某个车站的冲击不会太大，但列车会比较拥挤，乘客上下车比较困难。

2）可预见性大客流组织措施

①形成指挥机构，集中领导，发挥客流组织整体指挥作用

为有效应对大客流，必须形成统一的指挥机构或协调机构。因为大客流组织关系到城市轨道运营企业的各个部门，如客运部门负责各个车站的现场客流组织和客运服务，设施维修部门负责提供设备设施运转保障，其他部门提供后勤、物资等相关保障，在指挥机构统一协调组织下，大客流组织工作将会更加高效、全面开展。一般视大客流预测规模，成立城市轨道交通运营企业相关领导牵头组成的领导小组，并设置客运部门牵头的现场指挥小组。

②周密部署，做好充分的大客流组织准备工作

做好充分的准备工作是应对节假日、大型活动大客流的必要前提。在可预见性大客流来临前期，应做好的准备工作具体包括：编制大客流组织方案、开展专项安全检查、客流组织备品的补充与调配、开展大客流组织方案培训和演练。其中编制客流组织方案是工作重点，在客流组织方案的统一指导下，大客流组织将会有序、顺利地开展。城市轨道交通运营企业及下属各相关运营组织部门均需编制客流组织方案。城市轨道运营企业编制的大客流组织方案主要内容包括：组织指挥机构、客流预测、客流特征分析、行车组织（运营时刻表）、客流组织、各部门职责、重点部位安全管理工作及应急措施。在公司大客流组织方案的基础上，各车站需编制本站细化的大客流组织方案，客流组织方案主要内容包括：客流预测及客流特征分析、车站设备设施运输能力分析、人员安排（包括具体地点、职责、上班时间、携带备品等）、备品准备及需求、各级客流控制具体措施、票务组织措施等。图3.49和表3.4所示为某市地铁车站制定的客流组织人员布岗安排，包括在大客流情况下增设临时票亭的分布。

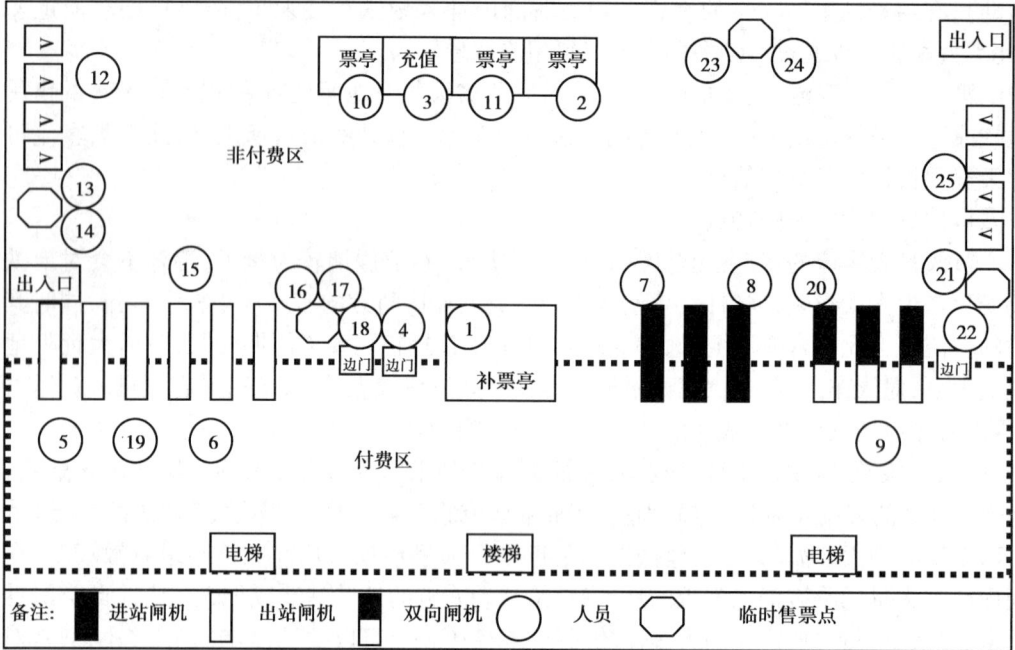

图 3.49 某市地铁站厅客流组织人员布岗图

表 3.4 某市地铁站厅客流组织人员布岗表

位置 分类	站 厅	临时售票点
日常工作	1~7	无
一般性大客流	1~11	无
节假日大客流	1~25	13、14、16、17、21、22、23、24

③严格管理、将各项客流组织措施落实到位

大客流组织各项措施能否落到实处,需要城市轨道交通运营企业各级工作人员严格管理,加强监督检查,车站站长是车站的第一负责人,应统筹管理好整个车站的大客流组织工作,值班站长重点管理好当班期间的客流组织工作,现场指挥小组根据客流组织方案从总体上把关,严格要求各级工作人员认真落实客流组织方案,出现突发情况时,按照相应预案处理。

(3)不可预见性大客流组织

1)不可预见性大客流的分类及特点

不可预见性大客流也称突发性大客流,突发性大客流是指提前无法预测,临时突然产生的大客流,使车站候车、滞留的乘客人数接近或达到车站设施的设计容量,以及超过线路输送能力的情形。

2)不可预见性大客流的分类

①车站周边临时组织大型活动 主要指地铁沿线附近临时组织大型活动,这些大型活动没有提前获得或无法获得相关信息,在短时间内有大量乘客涌入地铁车站乘车,造成车站客

流迅速上升。

②天气突变　主要指天气发生突变,无法通过天气预报准确预报的天气,如天气在短时间内突然变为暴雨、冰雹、大风等恶劣天气。因地面交通受到恶劣天气的影响,在短时间内会有大量乘客转乘地铁,造成车站的客流突然急剧增大。

③车站发生乘客群体上访、闹事等恶性事件　主要指因某方面原因,车站发生乘客群体上访、闹事等恶性事件,导致某地铁车站的客流在短时间内突然上升。

④地铁设备设施故障　主要是指因地铁设备设施故障,如列车故障、信号故障导致列车运行间隔较大,地铁车站的乘客不能正常疏散,会引起车站的突发性大客流。

⑤地铁发生紧急事故　主要指地铁车站发生火灾、大面积停电等事故时,车站等待乘坐地铁的乘客和下车乘客均需在短时间内疏散,造成地铁车站发生大客流。

3)不可预见性大客流的特点

突发性大客流是指车站在某一时段客流激增,客流量超过车站正常客运设施或客运组织措施所能承担的情况,并有继续增加的趋势。突发性大客流的显著特点是它的规模、时间长短等无法提前预测,无法进行充分的准备,根据客流规模启动相应级别的应急预案进行应对。

4)不可预见性大客流组织办法

突发性大客流组织办法按照城市轨道交通企业制定的《突发性大客流应急预案》处理,轨道交通企业需定期开展应急演练,确保人员熟练掌握突发性大客流应急处理程序。突发性大客流组织措施如下:

①成立组织机构　发生大客流后,指挥机构自然成立,指挥机构具体如下:

总指挥:地铁运营分公司经理

副总指挥:运营分公司分管副经理

成员:运营分公司各部门部长

②突发性大客流监测预警

由城市轨道交通各车站对现场进行实时监测,发现有大客流发生的趋势要积极采取预防措施,并向控制中心(OCC)汇报;控制中心也可根据中央监控系统时刻关注现场客流动向,接到或是通过监控系统发现有大客流发生趋势时,要及时上报公司领导。

按照地铁大客流发展趋势,将大客流预警级别分为一般、一级、二级、三级预警共四级。

A.一般预警,主要体现为车站售票能力不足,每台自动售票机前排队购票人数较多,同时还不断有乘客涌进,准备进行购票,站台候车乘客可以保持顺畅流动,站台压力较小,有大客流发展趋势;

B.一级预警,主要体现为地铁站台候车乘客拥挤,人员流动缓慢,同时同方向连续2列车进站时仅有少量乘客能够上车,站台乘客仍有增加的趋势,站台压力较大;

C.二级预警,主要体现为站台乘客拥挤,同方向连续2列车进站后,仅有少量乘客能够上车,同时站厅乘客不断聚多,全部自动售票机前排队购票人数较多,人员流动缓慢,站台、站厅压力都很大;

D.三级预警,主要体现为站台、站厅人员爆满,同方向连续2列车通过都无法缓解站台压力,出入口乘客越来越多,人员流动性较差。

③突发大客流应急处置

突发大客流应急处置根据预警级别分别采取先期处置、实施一级客流控制、二级客流控制和三级客流控制。

A.先期处置

a.当出现大客流迹象时,车站要及时掌握产生的原因、规模、预计可能持续的时间;

b.值班站长向站长、部门领导、控制中心进行信息报告;

c.站务分部主任(副主任)在5分钟内赶到控制中心,通过上报信息及控制中心CCTV了解现场客流情况,指导车站人员实施控制措施,有必要时安排其他车站人员进行支援;

d.车站利用广播系统认真做好宣传,值班站长及时组织当班员工疏导站厅客流,理顺购票队伍,增设兑零点和购票点,加大购票能力,有必要时向站务分部主任申请站间调配车票;

e.采取有效措施,均衡站厅内客流布局;

f.站台岗时刻关注进入站台乘客动态,做好站台客流疏导,避免人流在楼梯或电扶梯口处过多聚集。

B.一级客流控制处置,见图3.50。

a.控制时机:当车站站台乘客较拥挤,同方向连续2列车经过后站台还有大量乘客滞留上不了车,并且还有持续不断的乘客进入站台。

b.机构响应:当接到客流达到一级预警信息报告后,客运部分管副部长在5分钟内赶到控制中心,通过上报信息及控制中心CCTV了解现场客流情况,指导车站人员实施控制措施,有必要时安排其他车站人员进行支援;

c.现场响应:撤除临时兑零点,减少售票点,减缓售票速度;在站厅与站台的楼梯(或电扶梯)口做好限流措施,将站厅与站台之间的扶梯改为向上方向,维护好上下站台乘客秩序,避免上下站台客流产生交叉、堵塞通道及发生踩踏事件;若还不能控制时,现场采用设置隔离围栏、警戒绳等措施在站厅通向站台楼梯口进行拦截乘客,分批向站台放行乘客。加强站台巡视,做好宣传,维护站台乘客的安全。加强广播宣传,稳定乘客情绪,必要时在站台摆放或张贴宣传告示。

C.二级客流控制处置,见图3.51。

图3.50　一级客流控制措施
（站厅付费区楼梯口）

图3.51　二级客流控制措施
（入闸机处控制）

a.控制时机:当车站站台及站厅付费区都较为拥挤,采取一级客流控制措施后,还有持续不断的乘客通过闸机进入付费区,站厅付费区乘客滞留时间超过5分钟不能下到站台,站厅付费区乘客严重影响到站台向上的出站乘客。

b.机构响应:当接到客流逐步从一级预警向二级预警过渡时,客运部部长(副部长)在5

分钟内赶到控制中心,通过上报信息及控制中心 CCTV 了解现场客流情况;站务分部主任(副主任)及时赶赴现场,指导车站人员实施控制措施,适时调派支援人员。控制中心值班主任与站务分部主任(副主任)保持联系,灵活组织备用列车上线或进行必要的运营调整。

c.现场响应:及时组织车站人员维持秩序,撤除兑零点,关闭部分或全部 TVM,减缓售票速度;值班站长及时按照现场处置工作负责人的命令组织当班员工疏导站台、站厅付费区客流,增派人员到站台、站厅维持候车秩序,利用广播宣传,注意站台乘客的候车动态;向行调请求加开客车运送站台的乘客;在进站闸机处,关闭部分或全部进站闸机,将双向闸机设置为只出不进模式,通过现场情况可采用在闸机通道外设置栏杆的形式拦截乘客进入付费区,维护好上下站台及进出付费区乘客秩序,避免上下站台客流及进出付费区客流产生交叉、堵塞通道及发生踩踏事件;根据付费区内客流减缓情况分批放行非付费区客流进入付费区,并适时调整售票速度;根据站台客流减缓情况分批放行站厅付费区客流进入站台;站厅、站台客流控制时要注意留有足够的缓冲区;加强站台、站厅巡视,做好宣传,维护车站乘客的安全;加强广播宣传,稳定乘客情绪,在站台、站厅摆放或张贴宣传告示。

D.三级客流控制处置,见图 3.52。

a.控制时机:当车站站台及站厅都较为拥挤,采取二级客流控制措施后,还有持续不断的乘客通过出入口进入站厅,站厅非付费区乘客滞留时间超过 10 分钟不能购票进闸,站厅非付费区、付费区乘客严重影响到出站客流。

b.机构响应:当接到客流逐步从第二阶段

图 3.52　三级客流控制(出入口外控制)措施

向第三阶段过渡时,运营分公司分管副总经理在 10 分钟之内到达控制中心,通过上报信息及控制中心的视频监控系统(CCTV)了解现场客流情况,在调度指挥控制中心(OCC)进行指挥;客运部部长(副部长)立即赶赴现场,担任现场处置工作负责人;驻站民警协助客流疏导;控制中心值班主任与现场负责人保持联系,适时进行运营调整,根据客流发展趋势,及时向地铁公安分局请求支援,要求增派警力。技术安全部相关人员赶赴现场,与支援民警进行现场安全防护,若出现踩踏事件,及时处置;控制中心值班主任灵活组织行车调度,及时进行运营调整,及时向地铁公安分局、交通局联系,请求增派警力或是地面交通支援。

c.现场响应:车站维护好上下站台、进出付费区及进出出入口的乘客秩序,避免进客流与出站客流产生严重交叉、堵塞通道及发生踩踏事件;加强站台、站厅及出入口巡视,做好宣传,维护车站乘客的安全;加强广播宣传,稳定乘客情绪,在站台、站厅及出入口摆放或张贴宣传告示;控制进入车站乘客人数,在站外设置迂回的限流隔离栏杆,延长进站时间,或组织乘客排队分批进站;采取出入口分流,一部分只出不进,一部分只进不出,有必要时可选择关闭部分出入口,最大限度缓解站厅及站台客流压力;出入口根据站厅客流减缓情况,分批放行出入口外客流进入站厅非付费区,适时开关 TVM、闸机,施行或取消票务中心售卖预制票,调整售票速度;根据站台客流减缓情况分批放行站厅付费区客流进入站台。

④突发大客流线网控制措施

A.突发大客流车站组织措施:

当全线网中的某一车站发生故障,不能正常运营,影响严重时,本站按照车站现场组织方法进行组织,必要时,向行调申请在本站通过不停车,减缓本站压力。同时行车值班员向行调汇报,由行调通知线网各次列车司机,及时通过车内广播告知乘客,并通知相邻车站。

B.全线网相关车站措施:

a.接到通知后,立即采取限流措施,进行宣传解释,减缓或阻止乘客进站,在站外进行乘客组织,稳定乘客情绪,保证乘客安全。

b.利用站内广播和其他宣传疏导方式,告知乘客列车运营情况,劝导乘客乘坐其他交通工具。

c.因突发事件受到重大影响的各车站,必要时申请临时封站。

d.继续运营的车站要充分考虑客流压力的波形传递性,加强客运组织力量,做好客流急增的准备。

2.突发事件客流组织

突发事件是指没有任何征兆的情况下,在城市轨道交通车站内、列车上或其他设备设施内突然发生的危及人身安全的事件,如自然灾害地震、火灾、恐怖袭击爆炸、疫情、大面积停电等,发生以上突发事件时,城市轨道交通工作人员须按照应急预案要求,冷静、迅速处理,将乘客快速疏散至安全位置,防止人员伤亡等意外事件发生、扩大和蔓延。

图3.53 车站发生火灾乘客疏散图

当车站发生突发事件时,车站可根据实际情况对乘客进行疏导,客流组织的方法主要有乘客疏散、清客和隔离三种。

(1)乘客疏散

乘客疏散是指在发生紧急情况时,城市轨道交通工作人员利用通道和出口迅速将乘客从危险区域转移到安全区域,包括车站疏散和区间隧道疏散。

①车站乘客疏散组织办法(见图3.53)。火灾、大面积停电等突发事件可能导致乘客伤害时,车站工作人员必须第一时间组织疏散乘客,争取在最短的时间内尽快将乘客疏散至安全位置。城市轨道交通单位需编制各类突发事件的应急预案,并定期组织演练和培训,确保突发事件发生后,工作人员能够有序、妥善处理。在乘客疏散中,车站各个岗位必须密切高效配合,各岗位的客运组织应急处理程序见表3.5。

表3.5 车站乘客紧急疏散客运组织表

岗 位	工作内容
值班站长	①接到紧急情况信息报告后,迅速赶往现场确认实际情况 ②宣布执行相关应急处理程序,担任现场"事故处理主任",调集车站所有资源快速组织疏散乘客 ③现场组织疏散乘客,督促各岗位应急处理关键环节是否执行 ④乘客疏散完毕后,检查车站内是否有滞留乘客,并关闭出入口,报告中央控制中心 ⑤当事件危及到车站员工时,及时组织员工通过消防疏散通道或出入口到达安全区域 ⑥需要119、120等外部力量支援时,安排保安或员工至出入口接应

岗　位	工作内容
行车值班员	①及时将现场情况向中央调度中心报告，与调度保持联系 ②视车站突发事件程度，向地铁公安、119、120报告 ③需要疏散公共区乘客时，按压闸机释放按钮，使闸机处于常开状态，并将TVM设置为暂停服务状态 ④播放疏散广播 ⑤将信息上报站长、部门生产调度及部门值班领导 ⑥根据事件蔓延情况，带好手持台等相关通信工具视情况撤离车控室至安全区域
客运值班员	①收好钱款，锁闭票务管理室，到车控室协助行值操作相关环控设备，如果环控设备中央级执行不成功，负责操作车站级环控设备 ②到站厅、站台、设备区组织疏散乘客和其他维修巡检人员 ③有乘客受伤时及时协助伤者到达安全区域，视情况对伤者进行急救 ④根据值班站长安排在出入口拦截乘客进站、关闭部分出入口
厅巡岗	①打开边门将乘客疏散出站 ②根据电扶梯的运行方向，将向下的电扶梯关闭，将向上的电扶梯视情况关闭 ③根据客值或值班站长安排出入口拦截乘客进站，迎接外部支援力量
票亭岗	①收好票款，锁闭票亭 ②疏散乘客出站，根据客值或值站安排张贴告示、拦截乘客进站，应急外部支援人员进站
站台岗	①按照值站命令，执行应急处理程序，疏散站台层乘客，站台乘客疏散完毕后，协助疏散站厅乘客 ②乘客疏散完后，到现场协助处理应急事件
保安、保洁	协助车站工作人员疏散乘客和救助受伤乘客

②隧道乘客疏散组织办法（图3.54）。列车在区间火灾无法行驶至前方车站或设备发生故障列车被迫停在区间，需要区间疏散乘客时，执行区间乘客疏散办法。对于隧道发生火灾、爆炸等紧急事件及设备发生故障区间疏散乘客具有不同的要求，以下分别进行阐述。

A.隧道发生火灾或列车在隧道发生火灾无法运行至前方车站时，此时需要尽快疏散列车上的乘客，根据列车着火位置及火势大小，选择正确的乘客疏

图3.54　地铁区间应急疏散图

散方向（当列车头部着火时，组织将乘客从列车尾端疏散；当列车尾部着火时，组织将乘客从列车头端疏散；当列车中部着火后，若火势较大，无法通过着火区域时，组织乘客向两端疏散），确保乘客人身安全。在接到行调需要区间疏散的命令后，车站各个岗位必须密切高效配合，各岗位的客运组织应急处理程序见表3.6。

表 3.6 隧道区间乘客紧急疏散客运组织表

岗 位	工 作 内 容
值班站长	①接到区间疏散通知后,立即通知厅巡岗、保安带齐应急物品到站台做好灭火、区间疏散乘客准备工作 ②确认列车在区间不能运行时,宣布执行列车在区间火灾应急处理程序,担任"事故处理主任",指挥厅巡岗、保安等做好防护,得到行调的同意后进入列车所在区间引导乘客疏散、灭火 ③组织乘客疏散。确认隧道没有遗留乘客,报车站控制室 ④消防队员到达后,将灭火工作交给消防队员,确认乘客疏散完毕后,回到车控室 ⑤确认火灾扑灭、公安取证完毕、设备抢修结束、人员出清线路后报告行调,向行调请求恢复运营
行车值班员	①接到行调或列车司机通报火警后,立即报值班站长 ②报告行调并报地铁公安、119、120;播放紧急疏散广播;按压 AFC 紧急按钮;关闭广告灯箱电源;向部门领导报告 ③与行调、值班站长保持联系 ④严格控制救援人员进入区间时机,进入区间前要得到行调的同意 ⑤所有人员出清区间后向行调汇报 ⑥准备恢复运营服务,并向行调报告
客运值班员	①得知发生火灾后,锁好票务管理室门,到车控室协助行值工作,中央级控制不能实现时,按控制中心指令操作车站级环控系统 BAS ②执行列车在区间火灾应急处理程序,关闭所有 TVM,到站厅组织员工疏散乘客 ③组织站厅乘客疏散,确认站厅乘客全部疏散出站后报告车控室,救助受伤乘客
厅巡岗	①接到通知后立即带备品到站台待命 ②听从值班站长指挥做好防护,到区间疏散乘客、灭火,组织乘客向站台疏散 ③消防人员到后,将灭火工作交给消防人员
票亭岗	①收好票款、执行应急处理程序,关停站台层向下运行的扶梯 ②组织疏散乘客
站台岗	①列车在区间疏散乘客时,打开端墙门,组织疏散乘客并清点人数 ②站台乘客疏散完毕后报车控室 ③根据车控室指示严格控制进入区间进行救援的时机 ④接到恢复运营的通知后,检查站台客运设施情况,为恢复运营服务做准备
保安、保洁	①执行紧急疏散命令,视情况关停站厅层出口的扶梯。拦截乘客进站,根据车站工作人员安排张贴暂停服务告示 ②接应外部支援力量 ③救助、安抚受伤乘客等候 120 到来

B.设备发生故障列车被迫停在区间,需要区间疏散乘客时,车站根据行调命令组织乘客有序疏散出区间,尽量避免乘客在区间受伤。车站各岗位的客运组织应急处理程序见表 3.7。

表 3.7　隧道区间乘客疏散客运组织表

岗 位	工作内容
值班站长	①接到列车区间疏散的信息后,根据行调指令组织厅巡岗、保安穿好荧光服,携带手提广播、照明灯(应急灯)、对讲机等进入区间,前往列车停留位置,引导乘客安全撤离到站台 ②疏散完毕后按原路返回,负责确保乘客及工作人员全部安全到达站台 ③确认线路出清后,报告车控室线路已出清
行车值班员	①接到行调列车区间疏散的命令后,立即报告值班站长,并打开隧道照明灯 ②与行调、值班站长保持联系,及时传递信息 ③播放广播安抚候车乘客 ④区间乘客全部疏散完毕后及时向行调报告
客运值班员	收好钱款,锁闭票务管理室,根据值站安排组织疏散区间乘客
厅巡岗	①接到通知后立即带备品到站台待命 ②听从值班站长指挥做好防护,到区间疏散乘客、灭火,组织乘客向站台疏散 ③消防人员到后,将灭火工作交给消防人员
票亭岗	①收好票款、执行应急处理程序,关停站台层向下运行的扶梯 ②组织疏散乘客
站台岗	在车站端墙处接应从区间里疏散来的乘客,对乘客做好安抚解释工作
保安	①与值班站长下线路疏散乘客 ②对乘客做好解释安抚工作
司机	①接到行调列车区间清客的命令后,等车站人员到达后打开应急疏散门,播放"列车清客广播",组织乘客有序撤离 ②列车上乘客疏散完毕后,检查列车情况并将情况报行调,按照行调的命令执行

(2)清客

在遇到运营设备故障,列车暂时中止服务或行车组织发生变更调整时,需要将列车上乘客或车站乘客从某一区域转移到另一区域,包括列车在站台时清客和车站清客。清客与乘客疏散的区别在于疏散是在紧急状况下的客运组织方式,是为了保证乘客安全,尽快将乘客转移到安全位置,而清客是暂停行车服务的客运组织方式。以下分别介绍列车在站台时清客及车站清客的各岗位应急客流组织流程,见表3.8,表3.9。

表 3.8　列车在站台时清客客运组织流程表

岗 位	工作内容
值班站长	①组织站务员引导乘客安全撤离列车,并做好乘客解释工作 ②检查车厢有没有滞留乘客,清客完毕后,及时向车控室报告
行车值班员	①接到行调列车在站台清客的命令后及时通知值班站长,并播放列车清客广播 ②清客完毕后,及时向行调报告
客运值班员	协助值站清客,对不主动配合的乘客进行劝导和解释,引导乘客离开列车

续表

岗 位	工作内容
保安	协助车站工作人员清客,对不主动配合的乘客进行劝导和解释,引导乘客离开列车
司机	①接到行调列车在站台清客的命令后打开车门、屏蔽门,播放列车清客广播 ②确认车厢没有乘客滞留,关门并报行调,按照行调指令执行

表 3.9　车站清客客运组织流程

岗 位	工作内容
值班站长	①宣布执行车站清客处理程序,组织车站员工对车站乘客进行清客,引导乘客进行票务处理 ②待乘客全部出站后,检查车站是否有滞留乘客,关闭出入口,派人在出入口张贴告示 ③集合车站工作人员,协助设备故障处理,等待恢复运营 ④将情况向站长报告并做好详细记录
行车值班员	①接到上级暂停服务清客的命令后通知车站各岗位本站暂停服务,执行清客程序 ②播放清客广播和票务政策广播,将自动售票机 TVM 设置为暂停服务 ③通知地铁公安到现场维持秩序
客运值班员	①引导乘客办理退票、一卡通更新及出站,向乘客做好解释 ②根据需要为售票员配备零钱 ③统计退票数量并将回收单程票封好后上交票务室
其他岗位	①厅巡打开车站边门,引导乘客退票或出站(持一卡通乘客通过边门出站,车站免费更新) ②售票员负责办理退票和一卡通更新 ③站台及保安引导乘客出站,根据客值或值站安排张贴告示

(3)隔离

隔离是指采用某种方式或设备人为隔开人群或封闭某个区域。根据造成隔离原因,隔离的客运组织方法分为:

①非接触纠纷隔离

乘客发生口头纠纷时,离现场最近的工作人员要立即上前调解纠纷,必要时把纠纷双方分别带到人少的地方或带到办公区会议室,进行劝说和解,如有其他乘客围观,应及时劝离现场,维持好车站工作秩序。

②接触式纠纷隔离

乘客发生打架时,离现场最近的工作人员要立即赶到现场,与车站保安人员一起把打架双方隔开,并通知地铁公安到达现场。车控室通知值班站长赶到现场处理,将肇事双方移交地铁公安处理。车站要及时疏散围观乘客,并寻找目击证人,记录事件经过。

③疫情隔离

城市发生疫情传播,车站发现有人晕倒或疑似传染疫情时,必须及时采取隔离措施,报告公司防疫指挥中心及市防疫指挥中心,根据上级要求进行清客,关闭出入口,列车不停站通过,对与疑似人员接触过的物品、人员进行消毒、隔离观察。

④客流流线隔离

当车站某一端排队购票队伍与进、出站客流发生交叉干扰时,车站工作人员利用提前准备好的伸缩栏杆、隔离带、铁马等设备将不同方向的客流分隔开,保持进出站、换乘客流顺畅,并利用手提广播引导乘客到自动售票机前人少的一端购票。

小贴士	雨天车站的客流组织

如果降雨造成出入口乘客避雨拥堵时,及时向滞留乘客发放一次性雨衣,增加人员,加强疏散力量,快速将滞留乘客疏导出站,并请求地铁公安在出入口处协助组织,同时密切关注各车站现场情况,将影响运营的事件随时向行调报告。车站可采取以下措施进行疏导客流:

①当出入口聚集人多时,为防止乘客拥堵在电扶梯口影响到乘客正常乘坐电扶梯,可视情况关闭车站出入口电扶梯;

②保洁人员在出入口铺设防滑垫,并及时清理站内地面积水;

③车站工作人员到出入口发放免费雨衣及雨伞;

④加强出站口的宣传疏导,提高乘客出站速度,播放提醒乘客防滑广播,防止乘客滑倒摔伤,摆放提醒告示;

⑤因雨情较大时将因避雨拥堵在出入口和通道内的乘客引导至人少的通道内避雨,并提示有雨具的乘客尽快离开车站;

⑥如因出入口积水导致乘客滞留或出站速度缓慢,应及时引导乘客至其他路况较好的出入口出站;

⑦因车站滞留乘客量大导致站内秩序得不到有效控制时,车站向上级领导和相关部门申请采取临时封站措施。

【任务实施】

火灾对城市轨道交通威胁较大,城市轨道交通单位应有相应火灾预案,并定期组织火灾疏散及逃生演练。本任务实施的背景是:列车即将进站时发生火灾,列车正常进站停车,车站人员组织疏散列车及站内乘客,表3.10为站台列车火灾时客运组织处理程序。

表3.10 站台列车火灾客运组织程序

岗 位	工作内容
值班站长	①接行车值班员的报告,立即通知厅巡岗、保安带备品(防烟面具、荧光衣、灭火器)到站台灭火 ②宣布执行列车在站台火灾应急处理程序,指挥厅巡岗、保安一起进入车厢灭火 ③组织灭火,控制火势,组织站台乘客向未受火灾影响的站厅疏散。确认列车及站台乘客全部疏散到站厅后报告车控室。对受伤乘客安排员工用担架抬至出入口,进行救助并等待120 ④消防队员到火场后,将灭火工作交给消防队员,命令参加灭火员工疏散到站厅。确认站厅乘客疏散完毕后,回到车控室 ⑤根据行调命令下令关闭部分出入口,火灾扑灭后,与警务人员确认完全灭火,公安取证完毕、设备抢修结束后报告行调,并组织员工清理现场,随后向行调请求恢复运营

续表

岗　位	工作内容
行车值班员	①接到行调或列车司机通报火警后,将情况报告值班站长 ②报告行调,并视情况报地铁公安和"119""120";播放紧急疏散广播;按压 AFC 紧急按钮;向部门领导报告 ③与行调、值班站长保持联系 ④向行调报告消防队员到达及灭火情况 ⑤准备恢复运营服务并向行调报告
客运值班员	①得知发生火灾后,锁好票务管理室门,到车控室协助行值工作,中央级控制不能实现时,按控制中心指令操作 BAS ②执行站台火灾应急处理程序,在 SC 上关闭所有 TVM,到站厅组织疏散乘客 ③组织站厅乘客的疏散,确认站厅乘客全部疏散出站后报告车控室,救助受伤乘客 ④根据值站安排关闭部分出入口 ⑤火灾扑灭后在值站指挥下清理现场 ⑥接到恢复运营的通知后,组织员工准备恢复运营服务 ⑦根据值站通知开启出入口,恢复运营
厅巡岗	①接到通知后立即带备品(防烟面具、荧光衣、灭火器)到站台协助灭火 ②消防人员到火场后,将灭火工作交给消防人员,疏散乘客到站厅 ③火灾扑灭后在值站指挥下清理现场 ④接到恢复运营的通知后,检查站厅客运设施情况,为恢复运营服务做准备
票亭岗	①收好票款、执行站台火灾应急处理程序,关停站台层的下行扶梯 ②组织乘客疏散 ③接到恢复运营的通知后,准备恢复售票工作
站台岗	①组织列车或站台乘客疏散。司机无法操作屏蔽门时,站台岗负责打开屏蔽门 ②检查确认站台没有遗留乘客 ③接到通知后,到站台清理现场,为恢复运营做准备
保安、保洁	①执行站台火灾应急处理程序,关停站厅层出口的扶梯(原则上无人员在电梯上) ②拦截乘客进站,等候消防队员的到来,张贴暂停服务告示 ③协助疏散乘客,作好解释工作 ④指引消防队员进站灭火 ⑤安抚受伤乘客等候 120 救护人员 ⑥协助清理现场
司机	①立即打开屏蔽门、车门 ②施加停放制动,降下受电弓(不能拔主控钥匙),报行调、车控室,广播疏散乘客 ③听从事故处理主任的指挥 ④在乘客全部下车后及时向行调报告,行调通知司机关闭蓄电池时及时关闭列车蓄电池,得到打开通知再打开 ⑤确认车况,按行调命令执行

【效果评价】

评 价 表

项目名称	城市轨道交通客流组织		学生姓名	
任务名称	任务4　城市轨道交通特殊情况客流组织		分　　数	
项　　目			分　值	考核得分
1.城市轨道交通特殊情况客流组织相关知识、图片的搜集、整理			10	
2.是否有小组计划			5	
3.城市轨道交通大客流特点及组织方法掌握情况			20	
4.城市轨道交通意外事件客流组织掌握情况			50	
5.编制学习汇报报告情况			10	
6.基本素养考核情况			5	
总体得分				
教师简要评语： 　　　　　　　　　　　　　　　　　　　　教师签名：				

项目小结

　　城市轨道交通客运组织中的重要环节是现场客流组织,本项目在调研国内外城市轨道交通运营客流数据的基础上,分析了城市轨道交通客流的时间特征、空间特征、网络化运营客流特征、换乘站及终端站的客流特征,为客流组织奠定了基础。在介绍客流组织方法之前,简要介绍了目前城市轨道交通客流调查及客流预测方法,归纳出城市轨道交通客流预测的定性预测和定量预测的各种常用方法,并举例说明国内部分地铁客流预测中所采用的方法,读者可根据实际情况选用对应的预测方法。

　　本项目重点介绍了城市轨道交通日常客流组织和特殊情况下客流组织方法。首先从乘客的角度出发,分析了乘客进入车站后的各种需求,在此基础上,对乘客进站、出站各个环节的客流组织方法及注意事项进行了详细介绍。项目最后介绍了城市轨道交通发生大客流及各种突发事件情况下的客流组织方法,分析了可预见性大客流、不可预见性大客流的特点及应对措施,面对突发事件,从乘客疏散、清客、隔离方面讲述了具体的客流组织措施。

思考与练习

1.简述城市轨道交通客流如何分类?

2.简述城市轨道交通客流的时间分布特征与空间分布特征。

3.简述客流调查的种类及客流调查方法。

4.客流调查数据的统计指标有哪些?

5.简述城市轨道交通客流预测的内容。

6.客流定性与定量预测方法分别有哪几种?

7.简述四阶段法客流预测的步骤及优缺点。

8.简述城市轨道交通客流组织有哪些原则?

9.乘客在进出站过程中客流组织需注意哪些方面?

10.大客流如何分类?

11.可预见性大客流及突发性大客流各有什么特点?

12.简述可预见性大客流的具体客流组织措施。

13.简述突发性大客流的应急处理流程。

14.车站发生火灾时的乘客疏散如何组织?

项目 **4**
城市轨道交通客运服务

【项目描述】

　　城市轨道交通为乘客提供安全、准点、舒适、快捷的运送服务,作为一种现代化交通工具,轨道交通与乘客密切相关的就是客运服务工作。客运服务工作直接反映了城市轨道交通系统的管理水平,是反映一座城市文明程度的一个窗口。作为一名城市轨道交通客运服务人员,需掌握标准的服务规范及服务礼仪为乘客提供优质服务,还要在积极接受乘客良好意见的同时,掌握乘客投诉的处理技巧,不断改进,使服务工作更加人性化,更容易被乘客认可和接受。

【学习目标】

　　通过本模块的学习要求掌握以下基本知识:

1.树立客运服务的良好意识。

2.熟悉客运服务规范。

3.掌握客运服务礼仪。

4.掌握乘客投诉处理技巧。

5.能够在实际运用中掌握服务规范。

6.能够在实际运用中掌握服务礼仪。

7.能够牢记乘客投诉要点及技巧,避免乘客投诉的发生。

8.能够主动分析投诉案例,掌握投诉技巧。

任务1 城市轨道交通客运服务规范

【活动场景】

利用多媒体和形体训练进行学习。

【任务要求】

掌握城市轨道交通客运服务规范方面的服务意识、语言、行为及客运服务岗位工作标准的基本要求。

用心服务、
用爱沟通

【知识准备】

规范的乘客服务形象不仅向乘客展示城市轨道交通员工的风采,更是一面展示城市轨道交通行业良好形象的窗口。客运服务人员要从行为规范、形体标准等方面一点一滴的细节做起,以维护、提升地铁服务形象为己任,全心全意为乘客服务,树立、提升地铁服务品牌形象。

1.服务意识规范

地铁员工在乘客服务区应保持良好的服务意识,言行举止要做到文明礼貌,主动、热情地向有需要的乘客提供帮助,树立文明、和谐、周到的服务形象。

(1)树立服务意识

要摆正站务人员与乘客之间的两个关系:首先是客观依赖的关系。城市轨道交通出于自身生存和发展的需要,应该十分重视和摆正自己与乘客的关系,每位城市轨道交通服务人员必须清醒地认识到对自己的服务对象和客观存在的依赖关系。懂得只有牢固树立"乘客至上,服务为本"的观念,以优质的服务树立良好的信誉,千方百计争取运输对象,才能保证自身的生存和发展。其次是服务与被服务的关系。服务人员的主要职责是为乘客提供服务,乘客坐轨道交通不是对服务人员的恩赐,服务人员与乘客在人格上是平等的,但是在工作岗位上服务人员是提供服务的服务者,乘客是被服务者,这种关系是不能用平等来解释的。服务人员的一言一行要服从于乘客的利益,不能要求乘客"必须这样,不能那样",而是尽量满足乘客乘坐轨道交通过程中的需求。当然,有时为了维护正常的运行秩序,保证乘客的乘车安全,服务人员要对乘客提出相应的乘车要求,这并非与乘客的根本利益相矛盾,而是一致的,它同因为"乘客有求于我"而必须"听我的"在本质上是有区别的,所有乘客是最重要的,是第一位的。

(2)树立窗口意识

城市轨道交通作为城市的文明窗口,服务人员是这个窗口的重要代表。服务人员优良的言行举止是透过这座窗口所展示的优美画卷,城市轨道交通管理的水平和服务质量要看这个窗口,乘客最关心的是这个窗口,国内外来宾会通过这个窗口看这座城市,甚至看我们的国家。服务人员要以"窗口无小事"的意识规范自己的岗位行为,展示城市轨道交通的文明风范。

(3)树立乘客意识

客运服务人员的服务对象是乘客,在乘车过程中,乘客的各种需求是受心理支配的,而各种外界的条件变化又直接影响着乘客的心理。服务人员只有掌握乘客的心理活动规律,及时了解乘的要求,知道乘客喜好什么,厌恶什么,才能有的放矢、因势利导提高服务水平。一切从维护乘客的利益出发,时刻尊重乘客;以乘客需求为出发点,最大限度地为乘客提供优质、满意的服务是我们工作的出发点和落脚点。

案例分析　　　　　　　**售票员因服务意识不强引起投诉**

（1）事件概况

一位乘客至售票窗口购票，该售票员正端着杯子喝水，见隔壁售票员空着，就随手往旁边一指说："我在喝水，你可以到旁边窗口去买票"。乘客对此不解，提出意见，而该售票员却认为乘客蛮横、不讲理，为此与乘客发生争执。

（2）事件分析

①售票员没有摆正本职工作与个人私事之间的关系。过分强调个人的利益，认为"我"在喝水，"你"（乘客）就应该等一下，或者就该到旁边窗口买，把个人私事凌驾于本职工作之上。

②没有树立作为一名售票员一上岗就应该随时准备着向乘客提供优质服务的观念。作为一名上岗的售票服务人员，应该准确迅速发售车票，尽量为乘客提供方便，主动热情接待乘客，因个人的私事而随意不售票或指使乘客到其他窗口购票，这都是绝对不允许的，是与售票员的岗位职责相违背的。

（3）服务指引

①树立"乘客至上，服务为本"的意识，加强优质服务观念，切实遵守岗位职责，不允许在岗位上做与工作无关的事；

②如因加值等业务影响售票速度，耽搁乘客的时间时，应立即向乘客表示歉意："对不起，让您耽搁时间了，我这就给您售票"，并快速正确地发售车票。

2.服务行为规范

①注意形象，在岗期间，均须佩戴工作证件，不得在乘客服务区有喧哗、饮食、躺卧等不文明行为；

②保持车控室对外服务形象，非车控室当班员工不得随意进入车控室；

③员工穿着工装搭乘地铁时，须礼让乘客、站立乘车，注意仪容仪表，着装干净整洁，不赤膊、赤脚或穿拖鞋，不卷袖或卷裤管；上下班途中，如穿着工装，须按标准穿戴整齐，注意仪态，举止文明；

④认真工作，不在岗位上聊天、说笑、追逐打闹或做与工作无关的事，如看书、看报、吃东西、私自会客、用电话聊天、发短信等；

⑤员工在岗期间应尽力为乘客创造舒适的服务环境，注意保持工作区整洁有序，并尽力减少服务区施工对乘客产生的影响；

⑥员工乘车时要注意文明礼让，主动给乘客让座；

⑦员工回答乘客询问时，要耐心有礼，面带微笑，不得不理不睬或边走边回答，不得边工作边回答，也不得以摇头、点头等方式回答乘客，应站立或停下手中工作认真回答；如工作确实无法终止应请乘客稍等，在工作后第一时间回答乘客。对自己无法回答的询问，应请教同事或引导乘客咨询其他工作人员，不得误导乘客，不得互相推诿；

⑧乘车、候车过程中主动维持乘客乘车、候车秩序；对违反地铁有关规定的乘客应采用委婉的语言制止，尽量站在乘客的角度，从乘客安全、利益的角度出发进行解释，严禁对乘客有大声呵斥、推、拉、扯、拽等不文明行为；维护公司利益，主动制止破坏车站、列车秩序，损害公司利益的行为；在发生列车故障、突发事件时应主动维持秩序，对乘客进行引导。

3.服务语言标准

语言是人类交流的重要工具,更是客运服务人员与乘客交流的第一工具。标准用语是服务岗位的基本要求,它对做好服务工作有十分突出的作用。

①车站服务人员必须统一讲普通话,避免使用方言,并使用十字文明用语"您好、请、谢谢、对不起、再见";

②语音标准:接待乘客时,语音要标准,避免念白字、错字;

③语调柔和:车站服务人员在说话时,注意音量适中,以乘客听清楚为准;切忌大喊大叫或音量过小;

④语速适中:车站服务人员与乘客交谈时,语速要适中,并且在谈话中做必要的停顿;

⑤语气正确:车站服务人员的语气要表现出热情、和蔼、耐心、亲切、避免语气急躁、生硬、轻慢和不耐烦;

⑥用词文雅,合乎规范,选择文雅礼貌的词语:车站服务人员在工作中与乘客交谈时,服务用词、用语要力求谦虚、敬人、高雅、脱俗,尽量采用文雅规范的词语,不讲粗话、脏话、怪话;

⑦服务用语的表达要使对方理解、明白:一是要注意简单明了,突出中心;二是要做到准确表达,尽量不使用模糊的语言;站务员工在对乘客服务中,要根据乘客的水平和需要,选择通俗易懂的措辞,使对方容易明白和接受;

⑧与乘客交谈或使用人工广播时,应根据乘客的不同身份使用恰当的用语称呼,如先生、女士、小朋友、老爷爷、阿姨、同志等,不得使用"喂""嘿""哎""那位"等不礼貌用语称呼乘客;

⑨处理违章事宜要态度谦逊、得理让人,不得讲斗气、噎人、训斥、顶撞、过头及不在理的话。

4.环境卫生标准

①地面、台阶及乘客候车座椅无痰迹、无垃圾、无尘土、无保洁用具、商铺物品等堆放物;站台屏蔽门、墙、柱、门、窗无痰迹、无印迹、无泥点、无黑灰;边、角、棱、沿无黑灰、无塌灰、无蛛网;垃圾箱周围不得有污迹杂物、箱体外部不得有污垢、箱内杂物不得超过箱口;

②票亭、监控亭、车控室内物品按规定摆放整齐,台面无杂物(包括水杯、饮料瓶、抹布等)、积尘,亭壁、玻璃干净无污渍、无油渍、无胶渍、无不标准张贴物等;

③门前三包区域无乱停车辆、无摆卖摊贩、无乞讨卖艺等闲杂人聚集;

④各出入口一定范围内必须保持整洁,地面、墙壁及玻璃等处无乱张贴、涂写现象,无杂物堵塞通道;

⑤出入口及公共区扶梯表面干净整洁,扶手带、挡板无灰尘,梯级上无垃圾杂物。

5.车站工作标准

车站工作人员是地铁服务形象的主要载体,以下岗位服务标准对员工的言行举止、作业规范、服务技巧做出详细规定,以标准化、规范化为乘客提供服务。

(1)厅巡岗

①厅巡岗服务要求

A.不断巡视站厅设备、扶梯的运行情况、乘客进出站情况等,及时主动向有需要的乘客提供服务;

B.处理乘客事务,根据需要配合客运值班员补币、更换票箱,并及时引导有需要的乘客到票务中心处理;

C.负责站厅员工通道门的管理,对由通道门进出的人员进行严格登记和如实汇报;

D.积极疏导乘客,要特别注意突发暴风雨等特殊情况时,乘客拥向出入口,堵塞通道等特殊情况,及时向值班站长、值班员报告车站异常情况和问题;

E.制止并处理乘客违反相关法律法规的行为,阻止乘客携带三品、超长物品进站;

F.见有特殊乘客进站要及时通知有关岗位,对老年乘客、小孩、行动不便者要指引其走楼梯,必要时提供扶助以避免客伤事件发生;

G.票务中心、临时票务中心和 TVM 前,乘客排队人数以 8~10 人为临界点,超过 8~10 人时厅巡岗应及时向值班站长汇报,以便值班站长决策;

H.积极引导进/出站乘客到乘客较少的票务中心、TVM、闸机等处购票、进/出站;

I.负责监督工作区域内的卫生情况,发现问题,立即整改;

J.遇 TVM、闸机、扶梯故障的情况,要及时摆放暂停牌,并向车控室报告。

②厅巡岗标准服务用语

A.要求乘客排队购票(高峰期):"各位乘客,请按秩序排队购票,谢谢合作";

B.需要更换票筒钱箱或故障维修时:"××,对不起,这台设备暂停使用,请您稍等,或请使用其他设备,谢谢";

C.指引乘客购票:"请持有×元、××元纸币的乘客直接到 TVM 上购票,需兑换硬币的乘客请直接到售票中心";

D.请乘客到站厅人少的一端购票:"各位乘客,本站另一端站厅乘客较少,为了节省您的时间,请到另一端站厅购票";

E.某一方向列车服务终止:"各位乘客请注意,×号线开往××方向的列车服务已经终止,请乘客停止购票进站,不便之处,敬请原谅";

F.有乘客走近时,主动询问:"××,您好,请问有什么需要帮助吗?"或"××,您好,请问我能为您做点什么?"

G.对于准备乘坐扶梯的小孩和老人:"××,您好,为了您的安全,请走楼梯到站台/出入口。"

H.当有乘客在站内吸烟时:"××,您好,为了您和他人的健康,请不要在地铁站内吸烟。"

I.当发现乘客携带三品进站时:"××,对不起,根据规定,您不能携带××乘坐地铁,谢谢您的合作。"

③厅巡岗服务技巧

A.多看、多听、多巡、多引导

多看:有无异常情况,看有无需要帮助的情况和需要处理的设备故障;

多听:多听乘客对服务的意见和建议;

多巡:即多走动、巡视了解站厅客流情况,留意乘客动态;

多引导:引导乘客到临时票务中心及乘客较少的一端购票乘车。

B.多名乘客同时求助时,根据实际情况分轻重缓急依次处理,必要时报告车控室,请求支援,不得对乘客不理不睬;

C.高峰期厅巡岗巡视站厅时应统一配备广播上岗,在客流引导时声音不宜过大,吐词清晰,积极主动,不得将广播对着乘客喊话;

D.厅巡岗要及时提醒车控室查看 AFC 设备中的钱箱、票箱情况,以便在乘客较少时及时更换;

E.厅巡岗能解决的问题要及时,果断处理,避免处理时间过长,不能处理的问题及时通知值班站长;

F.在票务中心出现故障或封窗查账时,及时引导乘客到其他票务中心办理车票业务。

（2）站台岗

①站台岗服务要求

A.监视列车运行状态、候车乘客动态,监视是否有乘客跳下轨道、进入隧道、倚靠屏蔽门、抢上抢下或乘客物件掉落轨道,防止列车、屏蔽门夹人夹物,根据情况及时采取正确的办法处理;

B.宣传乘客在黄色安全线以内候车,不要依靠屏蔽门,不要抢上抢下,维护站台秩序,组织乘客有序候/乘车;

C.若发现异常情况及时采取措施或与车控室联系;

D.回答乘客询问,在力所能及的范围内,尽量帮助乘客解决问题,特别注意帮助老、弱、病、残、孕等需要提供帮助的乘客;

E.当客车车门或屏蔽门故障时,按相关程序协助司机处理车门/屏蔽门;

F.及时制止乘客违反相关法律法规的行为。

②站台岗标准服务用语

A.列车进站前:"各位乘客/××,为了您和他人的安全,请站在黄色安全线内排队候车,多谢合作!""各位乘客/××,为了您的安全,请勿手扶屏蔽门排队候车,多谢合作!""各位乘客/××,由于现在站台乘客较多,请到站台××部候车,多谢合作!"

B.当站台乘客上下车时:"各位乘客请注意,请小心列车与站台的空隙,先下后上,多谢合作!"

C.列车将要关车门时:"各位乘客,车门即将关闭,没有上车的乘客请您耐心等候下一趟车,(请不要越出黄色安全线)多谢合作!"

D.乘客越出黄色安全线时:"各位乘客/站台××部的乘客,为了您和他人的安全,请站在黄色安全线内排队候车!"

E.乘客带气球进站乘车时:"××,您好,为了您和他人的安全,请不要携带气球乘车,多谢合作!"

F.小孩在站台上追逐、奔跑、打闹时:"××,您好由于地面很滑,容易摔倒,请家长(您)带好您的孩子,不要在站台追逐、奔跑、打闹。"

G.有乘客走近时,主动询问:"××,您好,请问有什么需要我帮助吗?"或"××,您好,请问我能为您做点什么?"

H.对于准备乘坐扶梯的小孩和老人:"××,您好,为了您的安全请走楼梯到站台/出入口。"

I.列车服务终止时:"各位乘客,今天的列车服务已经终止,请您尽快出站。"

J.乘客有物品掉下轨道时:"××,您好,请勿私自跳下轨道,我们的工作人员将会尽快为您拾回物品,多谢合作!"

③站台岗服务技巧

A.四到

心到:精神高度集中,随时应变异常;

话到:提醒乘客按地面箭头指示候车,注意候车安全,及时进行安全广播;

眼到:注意乘客动态、屏蔽门工作状况;

手到:主动处理问题,如发现地面有水,及时设置"小心地滑"牌,设备故障放"暂停服务牌",地面有脏物时及时通知保洁人员清除。

B.四多

多监控:密切监督站台乘客情况、屏蔽门工作状况,必要时采取控制措施;

多广播:通过广播提醒乘客看管物品、看好小孩,不得跑闹、追逐,不得推挤屏蔽门,到人少的一端候车,等等;

多联系:发现异常情况及时与司机、车控室及其他岗位联系;

多巡视:在每次列车到达间隙巡视站台一遍,巡视时执行"三步一回头"的技巧。

C.三及时

站台发现乘客伤亡事件或其他异常情况时,及时寻找目击证人并记录;

遇蛮横不讲理的乘客及时与保安或公安联系,不与乘客发生正面冲突;

站台客流不均匀时,及时引导控制,防止乘客拥挤。

(3)票亭岗

①票亭岗服务要求

A.票亭工作人员出售车票时应按"一收、二唱、三操作、四找零"的程序,售票作业程序详见表4.1。

表4.1　售票作业程序

步骤	程序	内　　容
1	收	收取乘客购票的票款
2	唱	讲出票款金额,重复乘客要求的购票张数和车票类型,如未听清乘客的要求,应主动礼貌地询问
3	操作	正确、迅速地操作:检验钞票真伪,如钞票为伪钞,则要求乘客重新更换钞票在半自动售票机上选择相应功能键,处理钞票
4	找零	清楚说出找赎金额和车票张数,将车票和找赎的零钱一起礼貌地交给乘客

B.当乘客要求分析车票时,应快速准确地用半自动售票机分析,并将分析情况耐心告诉乘客,再采取相应的处理车票的方法。为乘客充值前后要主动请乘客确认余值无误后,再做下一步操作;

C.同时有两位乘客等候服务时,按照先付费区后非付费区的原则为乘客服务;

D.当票务中心前出现较大客流(10人以上或排队超过8人并维持3分钟以上)应电话通知值班站长或巡视岗,加派人手或使用人工广播引导;

E.售票员主动领够车票、报表和硬币,在客流较小时把现金及硬币整理好,或开启另一袋硬币,做好准备工作;

F.交接班时,接班售票员须提前做好售票、兑零准备工作,接班售票员到岗后,交班售票员才可以终止售票、兑零工作,交接时间不超过5分钟为宜,并尽可能减少对乘客服务的影响。

②票亭岗标准服务用语

A.乘客需要兑换硬币时,要清晰唱票:"收您××元""找您××元。"硬币应垒成柱状交给乘

客,不得散放,不得有丢、抛等动作;

B.当找不开零钱时:"××,请问您有零钱吗?"或者说:"对不起,我这里的零钱刚好不够,请您稍等,好吗?"

C.收到残币或假币时,应说:"××,对不起,请您换一张钞票,好吗?"

D.出售储值票时:"××,请确认面值。"乘客确认无误后,"××,找回您××元及一张××元的车票。"

E.乘客想购买双程票:"××,对不起,地铁车站没有双程票出售,仅出售单程票,单程票只能在购票的车站当日使用。"

F.乘客询问储值票能否多人同时使用:"××,对不起,储值票只能1个人使用,不能多人同时使用。"

G.乘客出站时发现出不了站(超程及超时):

"××,您好,您的车票已超程,请您按规定补交超程车费×元。"

"××,你好,您的车票已超时,请您按规定补交超时车费×元。"

H.当票务中心付费区、非付费区均有人时,对非付费区乘客解释:"××,对不起,请您稍等。"

I.当乘客询问小孩是否有半票:"××,您好,按照地铁规定,一位成年人可以免费携带一名身高不超过1.3 m的小孩乘坐地铁;身高超过1.3 m的小孩需按规定购票。"

J.乘客问在哪儿购票:"如果您需要买单程票,请准备零钱或在此兑换零钱,然后到自动售票机处购买。"

K.乘客询问地铁××站的票价:"××,您好,您从本站到××站的票价为×元。"

L.收到乘客一张过期单程票:"××,单程票只能当天并在购票站乘坐地铁使用;您的车票已经过期,按规定这张车票需回收,如果您需要搭乘地铁,请您重新购买一张票。"

③票亭岗位服务技巧

A.排队超过10人以上或达到8人并维持3 min以上,请示值班站长加人实施双人售票和兑零;

B.在兑零空余时间尽可能把硬币盘摆满硬币;

C.所兑硬币不散放在票务凹斗,而是垒成柱形,使乘客取币方便,快捷,不得有丢、抛的动作;

D.减少票务中心交接班时对乘客服务的影响,如:

a.交接班时间安排在车站非高峰期;

b.交班前做好有关准备;

c.接班售票员先准备好一盘硬币;

d.售票员应优先处理付费区内乘客,并要礼貌地让非付费区内乘客稍等;

e.售票员应预备充足的零钱和车票,掌握存量,及时通知客运值班员追加,保证售票和兑零工作顺畅。

(4)行车值班员

①行车值班员岗位服务要求

A.应公平、公正、合理、及时处理有关乘客问题;

B.在岗时,应站在公司的立场,遵循公司的方针、政策处理乘客事务;

C.车站出现大客流,乘客排长队现象时应积极采取措施,播放广播疏导客流,让乘客顺利购票和进出车站；

D.当乘客扣敲车控室玻璃窗时,要礼貌地表达、同时通过手势指引其到票务中心处问询。

②行车值班员标准服务用语

当站台有乘客越过安全区域、依靠屏蔽门或站台乘客较多时,使用人工广播:"各位乘客,为了您和他人的安全,请站在黄色安全线内排队候车,多谢合作!""各位乘客,为了您的安全,请勿手扶屏蔽门排队候车,多谢合作!""各位乘客,由于现在站台乘客较多,请到站台×部候车,多谢合作!"

（5）客运值班员

客运值班员岗位服务要求:

①监控设备状况和票务中心情况,确保设备正常和售票处零钱、车票、发票充足;

②应公平、公正、合理、及时处理有关乘客问题;

③在岗时,应站在公司的立场,遵循公司的方针、政策处理乘客事务;

④大客流时及时积极采取措施,加开兑零窗口,安排员工疏导乘客;

⑤在大客流前做好准备工作,如提前配票,准备好充足钱、票,确保设备状态良好等;

⑥处理乘客事务时要3分钟内到达现场。

（6）值班站长

值班站长岗位服务要求:

①负责监控当班整体服务工作,巡视并检查当班员工在语言、形体、着装等方面是否符合服务标准,指正员工服务工作不足,确保本班服务质量;

②要在3分钟内赶到现场处理乘客问题,如接到通知后预计不能及时赶到,必须马上安排有能力处理的员工代理;

③根据车站客流特点,合理安排人手,利用CCTV及时了解票务中心排队情况,杜绝排长队现象;

④及时了解票务中心车票、报表、硬币等不足情况,并及时组织增补;

⑤票务中心、临时票务处在短时间内无法解决排长队问题时,值班站长负责决定票务中心直接出售单程票;

⑥在人手不够的情况下,值班站长应组织检修人员、保洁人员拿广播协助引导(安排站务员参与售票或兑零);

⑦部分AFC设备故障时实施解决乘客排长队的措施。

（7）乘务人员

岗位要求:

①在岗时精力集中,确保安全、准点的完成乘客运输工作;

②列车运行中尽量保证车体平稳,列车进站停车时务必保证车位对准;

③列车到站后,乘务人员要在站台端墙内立岗,确认车门、屏蔽门开关正常且没有夹人夹物后,方可驶入下一区间;

④特殊情况下,乘务人员需按规定播放列车自动应急广播;如需人工广播,乘务人员需按所要求的内容、时机等进行播放,人工广播时,要用普通话,语调平稳圆润、音量适中、读音准确、声音清亮。在有自动广播内容的情形下,严禁用人工广播。

案例分析　　护卫对讲机讲粗口，引起乘客不满

（1）事件概况

3名乘客在D口站厅准备购票时，站厅保安发现他们携带鸡、鸭等家禽进站，便向其解释动物不能带进站，但乘客却固执地要求车站出示相关规定给他看，值站收到通知后用对讲机讲"请乘客稍等"。在此期间，站台保安用对讲机问乘客是男是女，另一站台保安用对讲机问："是谁，这么嚣张！"，被乘客听到，乘客误认为是骂他，一定要保安上来向他道歉，值站向乘客解释，但乘客拒不接受并投诉。

（2）事件分析

①车站保安在工作时间，用公共劳动用具讲不文明语言，是造成乘客投诉的主要原因；

②值班站长当班不能认真检查本站人员工作情况，作好监控，及时制止员工违规违纪行为，是造成此次投诉的重要原因。

（3）技巧指引

①态度强硬、比较固执的乘客总是有的，作为工作人员，应该有足够的耐心；

②当我们为乘客考虑了很多解决方案，都不可行的时候，我们可以让乘客了解他的做法让我们很难处理，但不能埋怨乘客，而是共同商讨最佳解决方案；

③员工在向乘客解释时，应面带微笑、态度和善、语气平和；

④员工不能出口粗言，不能将个人情绪带到工作上，注意文明用语的使用，不能让乘客误会是在针对乘客，以乐观的态度面对工作中所受的委屈。

【效果评价】

评价表

项目名称	城市轨道交通客运服务		学生姓名	
任务名称	任务1　城市轨道交通客运服务规范		分　数	
项　目			分　值	考核得分
1.服务意识规范掌握情况			20	
2.服务行为规范掌握情况			20	
3.服务语言规范掌握情况			20	
4.车站各岗位工作标准掌握情况			20	
5.编制学习汇报报告情况			10	
6.基本素养考核情况			10	
总体得分				
教师简要评语：				
			教师签名：	

任务 2　城市轨道交通客运服务礼仪

【活动场景】

利用多媒体和形体训练进行教学。

【任务要求】

掌握城市轨道交通客运服务礼仪方面的客服人员礼仪内容以及接待礼仪、办公礼仪的基本要求。

服务礼仪
及技巧提升

【知识准备】

礼仪主要包括仪容、仪表及举止行为,它能够体现出一个人的思想道德水平、文化修养、交际能力,作为一个企业来说,员工具备良好的礼仪能够体现出这个企业的形象、企业文化。对于时刻面对乘客的城市轨道交通客运服务人员,学好服务礼仪是非常重要的。

1.仪态

(1)站姿:站立要直,站姿端正,稳重,自然。做到上身正直,头正目平,挺胸收腹,两手自然下垂或体前单握,不叉腰、抱膀、颤腿、背手或把手插在衣袋内;站立时,脚呈 V 字形,双膝和两脚跟并拢,脚尖略分开,身体不可东倒西歪,如图4.1所示。

图 4.1　正确的站姿

小贴士

以下是几种在日常工作中易出现的不礼貌行为,如图 4.2 所示。

(2)坐姿:坐姿要正,采取坐姿服务乘客时,目光正视乘客,身体挺直,双腿并拢,不跷二郎腿。不坐在椅子上前俯后仰、摇腿跷脚、不趴着、不打瞌睡,不用手托腮,不看书报,不侧身斜靠桌子;坐时不要把椅子坐满,但不能坐在椅子边上,如图 4.3 所示。

(3)走姿:走姿稳健,精神饱满,挺胸阔步;不嬉笑打闹,勾肩搭背,不推拉乘客,不与乘客抢道;在工作区域行走,从容不迫、庄重大方。在紧急情况下可轻声快步疾行;靠右行走,为对面行人留出通道,如图 4.4 所示。

图 4.2　不规范仪态

禁止对乘客"端起双臂"服务

禁止对乘客"双手叉腰"服务

禁止对乘客"单指指引"服务

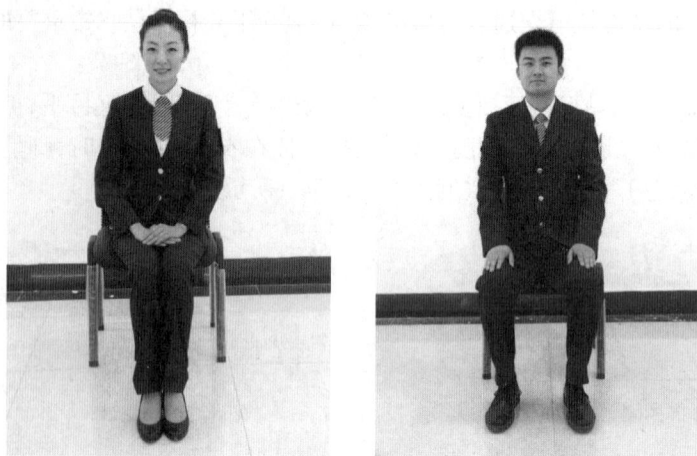

图 4.3　正确的坐姿

图 4.4　正确的走姿

　（4）蹲姿：屈膝下蹲，不低头，不弓背，慢慢低下腰部，两腿合力支撑身体，掌握重心，臀部向下，下蹲时，头、胸、膝关节保持在一个角度，保持姿势优美，如图 4.5 所示。

图 4.5　正确的蹲姿

（5）手势：指引时，将前臂自然前伸，上身稍前倾，面带微笑，五指并拢，手掌向内倾斜，掌心向上；指引方向时，手臂由下而上运动，并根据目的地的远近控制手臂的伸曲度，目的地越远，下臂与上臂间的夹角越大。眼睛看着目标方向并兼顾对方是否意会。图 4.6 为正确的手势，图 4.7 为错误的手势。

使用手掌，
并且掌心向上

图 4.6　正确的手势

（6）表情：在接待乘客时，表情自然、温和，眉头自然舒展。

（7）目光：与乘客交谈时，目光必须注视着对方；目光坦诚、亲切、和蔼、有神；不将目光长时间集中在对方的脸上或身体的某一个部位上，目光注视对方脸部以双眼连线为上限，以唇心为底点所形成的倒三角区域位置上。

（8）微笑：微笑须发自内心、轻松友善，要自然、真诚，切忌虚假、做作地笑。

小贴士

筷子微笑练习法：用门牙轻轻地咬住木筷子。把嘴角对准木筷子，两边都要翘起，并观察连接嘴唇两端的线是否与木筷子在同一水平线上。保持这个状态 10 s。在第一状态下，轻轻地拔出木筷子之后，练习维持这个状态，如图 4.8 所示。

图 4.7　错误的手势　　　　图 4.8　"筷子微笑练习法"

(9)行礼标准:

①握手礼:握手时,表情自然、热情,目视对方,面带微笑距对方一米远,上身稍向前倾,两足立正,伸出右手,四指并拢,虎口相交,握着对方的手掌,稍微用力,并适当晃动,时间 3 s 左右适宜,如图 4.9 所示。

图 4.9　握手礼　　　　　　　　　图 4.10　鞠躬礼

②鞠躬礼:行礼时,双方距离 2~3 m,挺胸、站直、保持姿态端正,面带微笑向乘客表示尊敬;行鞠躬礼时,宜配以相应的敬语:"谢谢""您走好"等;一般与乘客打招呼时行欠身礼;在正式场合下行 15°鞠躬礼,在特别隆重的场合行 30°鞠躬礼,如图 4.10 所示。

③军礼:上体挺直,右手取捷径由下而上迅速抬起,五指并拢并自然伸直,中指微接帽檐右角约 2 cm 处(特殊情况下无制服帽但需行军礼时,五指与眉同高,微接太阳穴),手心向下,微向外张(约 20°),手腕不得弯曲,右手大臂略平,与两肩略成一线,同时注视受礼者,如图4.11所示。

④注目礼:面向受礼者成立正姿势,同时注视受礼者,并且目迎目送;注目礼用于不便行鞠躬礼和点头礼的场合;受礼者接受鞠躬礼、点头礼和注目礼之后应当还礼。

图4.11 军礼

⑤点头礼:面带微笑,面向受礼者,头部微向下点,而后抬起,点头礼与问候语同时用于非正式场合。

2.仪容仪表

(1)头发的修饰卫生

①头发的整齐

图4.12 发型

客运员工的发型选择,必须与自己的年龄、脸型、身材、性别相称,发型整齐利落,不留怪异发型、不染不自然的发色;男员工不可剃光头,不留长发和烫发;头发要修剪整齐,前不遮眉,侧不遮耳,后不及领,如图4.12所示。

发网是各城市地铁女员工普遍配发的发饰,长发女员工可参考图4.13。

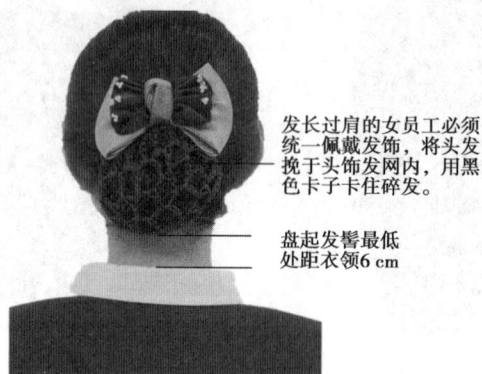

图4.13　女士长发佩戴发网要求

②头发的清洁美化

客运员工须保持头发的清洁,避免头发有异味、头屑。每日适时梳理头发,避免头发凌乱,有损形象;在工作中,发长过肩的女性必须佩戴有发网的头饰,将头发挽于头饰发网内,客运人员不得佩戴花哨的发饰。

（2）面部修饰与卫生

①保持面部清洁:注意每天早晨、晚上洗脸,洗去脸上的油脂、灰尘、保持面部清洁,使自己容光焕发,清新自然。

②注意面部修饰:女员工须化素雅的淡妆,保持良好的精神状态,不要浓妆艳抹,也不要使用颜色怪异和气味浓烈的化妆品,男员工必须将胡须剃净,常修剪鼻毛,保持面容清洁。

（3）注意口腔、手部、身体卫生

①口腔卫生:必须讲究礼仪保持口腔清洁,养成每日早、晚、饭后刷牙的良好习惯,消除残留物,保持口腔清新,班前忌饮酒,忌吃蒜、葱、韭菜等气味浓烈的食物,以免产生异味,影响对乘客的服务。

②手部卫生:平时勤洗手,保持双手清洁,养成经常修剪指甲的良好习惯,不留长指甲,以免藏污垢,指甲长度以从手心向外看不超过 1 mm 为宜;只可涂肉色或透明色的指甲油并保持完好,不得使用指甲装饰品,如图4.14 所示。

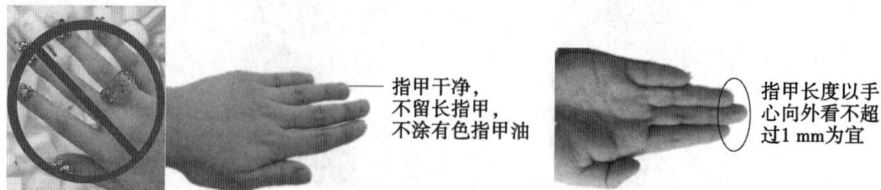

图4.14　手部要求

③身体卫生:为保持身体卫生,须勤洗澡、勤换衣服,班前忌剧烈运动。另外,客运员工在工作时不宜使用气味浓烈的香水。

（4）服务着装标准（图 4.15）

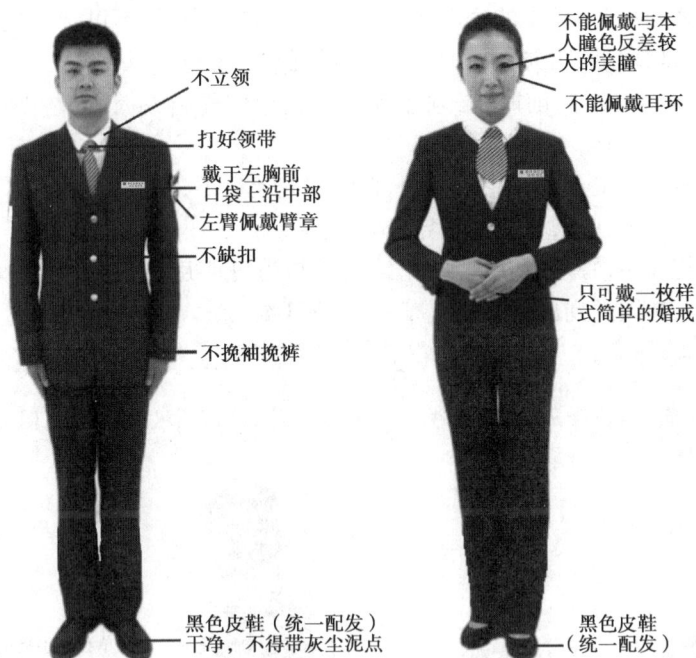

图 4.15　制服要求

①着工作制服时,必须保持衣装整洁,不缺扣、不立领、不挽袖挽裤;鞋子需光亮、整洁,鞋面上不能有过于夸张的装饰。

②女员工穿着制服时,佩戴式样简洁大方的饰品。

③工作时间不准戴墨镜等有色眼镜、不允许带与本人瞳色反差较大的美瞳。

④原则上只能在工作地点、工作时间穿着工作制服。在公司或车站范围内,当班时间必须按规定穿齐工作制服,佩戴标志;参加地铁公司组织的活动时须按活动要求着装;已下班、但仍穿着工作制服的员工,其行为举止一律按上岗时的规定执行。

3.接待礼仪规范

①车控室/办公室有非本车站/办公室人员进入时,车控室值班人员必须起立并礼貌询问来人进入事由。

②有上级领导到岗位检查工作时,当班员工必须起立迎接领导(正在对乘客服务时除外),主动、礼貌向领导打招呼(如不清楚领导姓名、职务,则要点头微笑)若正在工作中有领导来时,要以点头微笑代以问候,不能假装没看见或避开。

③遇领导/宾客来访,接待要周到,车站站长负责领导接待过程的陪同与协调(如站长不在则由当班值班站长负责);对领导交代的工作要认真听、记;领导了解情况,要如实回答;如领导是来慰问,要表示诚挚的谢意。

④公司领导在与员工讲话时,员工须起立回答。

⑤对领导的指示做好记录,尽快布置落实完毕,并向上一级负责人汇报领导的检查情况和指示内容。

⑥与领导/宾客并排行走时,陪同人员要居于领导/宾客左侧;如需在前方引导时,要居于

领导/宾客左前方 1 m 左右的位置。

⑦与领导/宾客同行时,行走的速度要考虑到和对方相协调,不可走太快或太慢;每当经过拐角、楼梯或道路坎坷、照明欠佳的地方,都要提醒对方留意。

⑧与领导/宾客同行至门前时,必须主动开门让他们先行,并说"请"字,不能自己抢先而行。

⑨与领导/宾客上下电梯时要主动开门,自己要先上后下,并按控制键,告知前往楼层。

⑩上楼时领导/宾客在前,下楼时领导/宾客在后。

⑪领导/宾客离开时,必须起立道别,车站站长与当班值班站长将领导/宾客送到梯口或出入口,重要的客人必须送到出入口或汽车旁,并握手告别。

小贴士

在与乘客、同事、领导等递交物品时也有重要的礼仪,具体如图 4.16,图 4.17 所示。

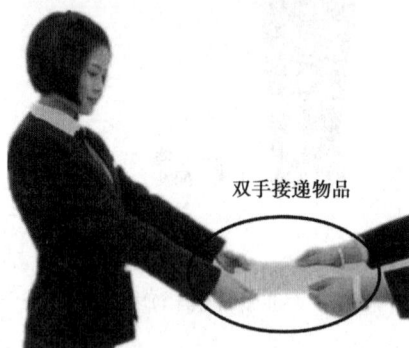

图 4.16 正确的递交物品动作   图 4.17 错误的递交物品动作

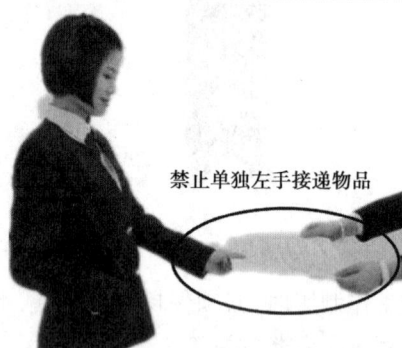

4.办公礼仪规范

①在公司范围内男员工不准穿无领上衣、背心、短裤;女员工不准穿吊带、衣领过低的上衣、超短裙、高跟鞋(跟高超过 5 cm)等不便于工作的衣服;不赤足穿鞋,不穿钉子鞋、拖鞋。

②言谈声音清晰适度,先聆听再评论,不中途插话,不在办公场所内大声喧哗。

③不得利用工作时间从事与工作无关的活动。

④参加公司/部门会议、培训时必须将手机调至静音,不得交头接耳。

⑤不得损毁或非法侵占公司财务。

⑥进入他人办公室必须先敲门,再进入;已开门或没有门的情况下,须先打招呼,如说"您好""打扰一下"等词语后,再进入。

⑦拨打电话时,电话接通后须表明身份;接听电话时,要及时接听,勿让铃声超过三声,迟接电话须表示歉意,并使用规范用语问好,例如:"您好,××站/部"等。打错的电话,要礼貌提醒对方。

⑧锐器递送时,锐利端指向送物者。

⑨在楼梯拐角、门口处注意慢行,互相礼让。

⑩遇携带重物的行人,礼让对方先行。如在门口,主动为对方开门。

⑪在通道和路口谈话时,要靠边站立,不得妨碍他人通行。

⑫等候电梯必须有序排队,不可一哄而上;先上电梯的人须靠后面站,以免妨碍他人乘电

梯;电梯内不可大声喧哗或嬉笑吵闹;电梯内已有很多人时,后进的人必须面向电梯门站立。

5.客服热线人员礼仪

(1)电话礼仪

①微笑是电话礼仪的基础,让乘客能听到你的微笑;

②在通话中尊称"您",表示对乘客的尊重和关注;

③让乘客等候需经其同意并表示感谢;

④当你再次拿起电话时,应向乘客致歉"很抱歉,让您久等了";

⑤话务结束后应让乘客先挂断电话;

⑥问候语和结束语要清晰、真诚、热情;

⑦话务过程中要语气平和、语调适中、亲切自然、话语真诚,不厌其烦。

(2)倾听的技巧

倾听是客服热线人员的必修课,倾听是说服的开始,做一个好的倾听者首先必须做到真诚、耐心:

①全神贯注、洗耳恭听,成功接听对方传达的信息;

②开动脑筋,务必了解乘客要表达的真正意愿;

③给对方回馈,让对方知道你在聚精会神地听,从而鼓励对方,使对方说得更好;

④倾听要适时发出应答的词语,经常用"是""啊"告诉乘客你在认真听,不能让乘客感觉到你在敷衍他;总结乘客提供的信息,并将细节内容重复给乘客进行确认;

⑤有礼貌地倾听。倾听时要原谅对方说话中表现出的性格弱点,决不挑剔。有时乘客不能明确表达的意思,客服热线人员要引导帮助乘客明确自己所反映的问题;

⑥向乘客提一些问题,以确认乘客提供的信息,防止自己误解其意思。

(3)电话回访礼仪

①提起话机,拨打乘客电话号码;

②接通后,向受访人问候并自我介绍:"您好! 不好意思打扰您! 我是××地铁服务热线,做一下工作回访。"

③确定乘客,"请问您是××先生/女士吗?"

④向乘客说明来电事项并交换意见、处理办法及结果;

⑤要做到清晰、简明、确切、礼貌;

⑥对无法立即解决的问题,向乘客解释清楚与其他部门联系协商的程序,并取得乘客理解;

⑦做好通话内容相关的回访记录;

⑧礼貌结束谈话:如"感谢您接受我们的回访";

⑨确认乘客挂断电话后方可挂机。

(4)电话服务禁忌

①乘客讲话时轻易打断客户、插话或转移话题;

②乘客挂机前抢先挂机,乘客尚未挂机便与同事交谈;

③精神萎靡,态度懒散;

④责问、反问或训斥乘客;

⑤与乘客闲聊或开玩笑;

⑥与乘客交谈时态度傲慢；

⑦不懂装懂、搪塞、推诿乘客。

【任务实施】

当车站有重要领导接待活动，以得体的服务礼仪做好接待工作。

【效果评价】

评 价 表

项目名称	城市轨道交通客运服务		学生姓名	
任务名称	任务4.2 城市轨道交通客运服务礼仪		分 数	
项 目			分 值	考核得分
1.仪态的掌握情况			20	
2.接待礼仪的掌握情况			20	
3.办公礼仪规范掌握情况			20	
4.客服人员服务规范掌握情况			20	
5.编制学习汇报报告情况			10	
6.基本素养考核情况			10	
总体得分				
教师简要评语：				
			教师签名：	

任务3 城市轨道交通乘客投诉处理

【活动场景】

利用多媒体和车站现场实际体验乘客事务的处理。

【任务要求】

掌握城市轨道交通乘客投诉方面的基础概念，处理乘客投诉技巧的内容和要求，能够分析乘客投诉典型案例的实作能力。

【知识准备】

乘客投诉是监督和提升服务行业水平的重要手段，是为城市轨道交通企业提高运营服务质量，改进运营服务工作水平，树立轨道交通品牌的重要环节。正确认识、妥善接待和处理投诉是良好的企业形象和一流企业管理水平的体现。为了不断改进运营服务工作，提高运营服务质量，切实维护轨道交通的声誉，服务部门必须加强对投诉工作的管理。

乘客投诉是指在地铁运营服务工作中,由于员工服务、设施设备、环境卫生、治安、地铁政策等方面的不足或其他原因引起,造成一定程度负面影响或乘客利益损害。

1.产生乘客投诉的原因

乘客在乘坐轨道交通的过程中,对出行本身和企业的服务本身都抱有良好的愿望和期盼值,如果这些期望和要求不能得到满足,就会失去心理平衡,由此产生抱怨和不满的行为,这时就产生了乘客投诉。

找上门来的只是最终投诉的结果,实际上投诉之前就已经产生了潜在化的抱怨,即列车运行或服务存在某种缺陷。潜在化的抱怨随着时间推移就变成显在化的抱怨,而显在化的抱怨即转化为投诉。

引起乘客投诉的原因主要包括以下几个方面:

①设备设施故障影响出行;

②服务人员态度不佳,服务质量问题;

③乘客对于企业经营方式及策略的不认同;

④乘客对企业服务的衡量尺度和企业自身不同。

正确对待投诉是良好解决投诉的先决条件,企业首先需重视投诉,在服务工作中投诉是不可避免的,通过投诉往往可以暴露企业管理的薄弱环节;其次是欢迎投诉,投诉是乘客给我们的礼物,对提高服务质量和管理水平起着促进作用。

2.乘客投诉分类

(1)按照乘客投诉内容分类

①客运服务类:由于地铁车站员工违反服务标准、服务过程态度不佳、使用忌语、未按规定操作服务设施而引起乘客不满而造成的投诉;因地铁员工工作失误、违反设备操作指引和规定,造成票、款差错,给乘客带来经济损失的投诉;由于列车司机在列车运行过程中违反工作标准、违反操作指引、工作失误引起乘客不满而造成的投诉。

②安保服务类:指车站范围内安保人员违反服务标准、服务过程中态度不佳、错误指引、工作失误引起乘客不满,造成的投诉。

③设施设备类:指车站、车辆设备设施缺陷或故障,给乘客带来不便而造成的投诉。

④保洁服务类:指车站管辖范围和车厢内卫生状况不佳、车站范围内保洁人员违反服务标准、服务过程中态度不佳等问题引起乘客不满,造成的投诉。

⑤其他类:除以上内容外,还包括因运营政策、环境温度、乘客伤亡、公示信息等引发的乘客投诉。

(2)按照乘客投诉性质分类

按照乘客投诉性质分为有效投诉、无效投诉。

有效投诉指通过服务热线、网站、媒体、来信等方式投诉,且乘客留下联系方式,经过调查属实的涉及该线路的投诉,否则为无效投诉。

(3)按投诉的影响范围分类

乘客投诉按事件的性质及产生后果的轻重,分为预警级事件、一级事件和二级事件。

①预警级事件是指一级乘客事务满两件时,二级乘客事务反复或集中投诉,可能引发舆情危机的事件。

②一级事件是指与乘客居住环境有关的事件、造成舆情舆论的事件、乘客伤亡事件、乘客反复投诉超过3次的事件。

③二级事件指除过一级事件中包括的乘客投诉事件。

3.乘客投诉处理原则

①乘客投诉处理工作应及时、客观、公正、公平、公开,坚持以自我分析为主。接到乘客投诉后,城市轨道交通企业相关部门应通力合作,迅速做出反应,力争在最短时间解决问题,给乘客答复满意结果。切不可拖延或推卸责任,造成势态恶化,产生不良社会影响。

②乘客投诉处理工作须遵循国家法律、法规、标准、制度、办法及行业规定;

③乘客投诉处理工作须保护和承认乘客的投诉权力、获得赔偿权力、监督服务效果的权力;

④乘客投诉处理工作要坚持"四不放过"原则,即投诉原因分析不清不放过、责任人没有受到严肃处理不放过、广大员工没有受到教育不放过、防范整改措施没有落实不放过;

⑤乘客投诉处理工作不得违背企业的社会公开承诺,有损企业形象,要有利于提高乘客满意度,降低乘客投诉发生。

4.乘客投诉处理程序

(1)投诉处理的期限及有关规定

《城市轨道交通运营管理办法》规定:城市轨道交通主管部门和城市轨道交通运营单位应当建立投诉受理制度,接受乘客对违反运营规定和服务规则的行为的投诉。城市轨道交通运营单位应当自受理投诉之日起十个工作日内做出答复。乘客对答复有异议的,可以向城市轨道交通主管部门投诉,城市轨道交通主管部门应当自受理乘客投诉之日起,十个工作日内做出答复。各地根据实际情况,明确了投诉的处理期限,如:《西安市城市轨道交通条例》第四十九条规定,西安市城市轨道交通管理机构应当自受理投诉之日起七个工作日内做出答复。

(2)投诉的受理部门

①轨道交通客服中心、服务热线、电子邮箱、网站留言、车站留言箱等多种渠道收集乘客来电、来访、来函投诉。

②运营公司各专业部门为受理投诉的部门并设专人负责调查、分析投诉内容。

③各车站由车站负责人负责受理乘客投诉。

(3)服务热线受理投诉的处理程序

①接到乘客事务,应及时记录,做好台账;

②对于非人为失职、违规等引起的投诉可由服务热线工作人员即刻予以解释和答复;

③若属人为失职、违规等因运营方过错造成的,则根据乘客反映的情况如实记录转发相关专业部门要求调查;

④对于整个事务的处理调查经过,服务热线经办人员都必须按规定记录在相应的台账、记录本及电脑内。

（4）车站接受投诉处理程序

①由当班值班站长受理乘客的投诉,并将乘客所反映的问题如实记录;

②对于非人为失职、违规等引起的投诉,值班站长应当场予以解释和答复;

③若属人为失职、违规等其他因我方的过错造成的,则立即找当事人到现场调查处理;

④若乘客不满车站的处理,应向乘客提供服务热线的投诉电话,把事件移交服务热线处理。

5.乘客投诉处理技巧

①接待乘客需态度真诚

为了解乘客所提出的问题,必须认真地听取乘客的叙述,使乘客感到管理者十分重视他的问题。接待者要注视乘客,不时地点头示意,让乘客明白"车站的管理者在认真听取我的意见",而且听取乘客意见的代表可以多次强调,"我理解,我明白,一定认真处理这件事情。"以表明对意见的重视。

为了使乘客能逐渐消气息怒,接待者可以用自己的语言重复乘客的投诉或抱怨内容,即采取同理心倾听的方法。若遇到非常认真的投诉乘客,在听取乘客意见时还应做一些听取意见记录,以表示对乘客的尊重及对反映问题的重视。

②对乘客表示歉意和同情

首先你要让乘客了解,你非常关心他的情况以及对提供的服务是否令他满意。如果乘客在谈问题时表示十分认真,应不时地表示对乘客的同情,如:"我们非常抱歉,我们将对此事负责,感谢您对我们提出的宝贵意见。"

③根据乘客要求决定采取措施

接待者要完全理解和明白乘客投诉的原因,同时当决定要采取纠错行动时,接待者一定要让乘客知道已经采纳了他的意见,并告知企业打算采取的处理决定及具体措施内容,以证明纠错的诚意。

如果处理决定乘客不知道或未达到其满意程度,说明处理方法可能存在部分不同看法的乘客群,暂时先不要盲目采取行动。要再次十分有礼貌地听取乘客对将要采取的措施的看法,并尽可能让乘客理解,这样才有可能使乘客的抱怨变为满意,并使乘客产生感激的心情。例如,可以按下列方式征求乘客对所采取改正措施的同意:

"××先生,我将这样去做,您看是否合适?"

"××女士,我将这样安排,您是否满意?"

④感激乘客的批评指教

接待者应感谢那些对城市轨道交通服务水平或服务水准提出批评、建议和指导意见的乘客,因为这些批评、建议和指导意见或投诉会协助企业提高管理水平和服务质量。

假若乘客遇到不满的服务,他不向车站反映,也不做任何投诉,但是他作为乘坐过城市轨道交通的乘客,将经历和不好的印象讲给其他乘客或朋友听,这样就会极大地影响城市轨道交通的声誉和形象。所以当车站遇到乘客的批评、抱怨甚至投诉的时候,不仅要欢迎,而且要感谢。

⑤快速采取行动,补偿乘客投诉损失

当乘客完全同意接待者所采取的改进措施时,要立即予以实施,一定不要拖延时间。耽误时间只能进一步引起乘客不满,此时此刻,高效率就是对乘客的最大尊重,否则就是对乘客的漠视。

⑥落实、监督、检查补偿乘客投诉的具体措施

处理乘客投诉并获得良好的效果,其中最重要的一环便是落实、监督、检查已经采取的纠正措施。首先,要确保改进措施的进展情况;其次,要使服务水准及服务设施均处在最佳状态;最后,再用电话问明乘客的满意程度。对待投诉乘客的最高恭维,莫过于对他的关心。许多对城市轨道交通怀有感激之情的乘客,往往是那些因投诉问题得到妥善处理而感到满意的乘客。

投诉乘客的最终满意程度,主要是取决于服务人员对他公开抱怨后所采取的特殊关怀和关心的程度,另外,车站所有管理人员和站务员也必须确信,乘客,包括那些投诉的乘客,都是有感情的,也是通情达理的。城市轨道交通的广泛赞誉及其社会名气是来自城市轨道交通站务员本身的诚挚、准确、细腻的感情及勤奋服务和广大乘客的公认。

6.典型投诉乘客应对

在投诉处理过程中,我们会遇到不同类型的乘客,应当随机应变、灵活处理。按照乘客表现统分为5类,分别为感情用事类、以正义感表达类、固执己见类、有备而来类、有社会背景、宣传能力类。

①感情用事类主要特征表现为情绪激动,或哭或闹。处理要点是保持镇定,适当让乘客发泄;表示理解,尽力安抚,告诉乘客一定会有解决方案,注意语气,谦和但有原则。

②以正义感表达类主要特征表现为语调激昂、声音较大,处理要点是要肯定乘客,并对其反映问题表示感谢;告知乘客城市轨道交通的发展离不开乘客的爱护与支持。

③固执己见类主要特征表现为坚持自己的意见,不听劝。处理要点是首先表示理解乘客,再力劝乘客站在互相理解的角度解决问题;并耐心劝说,根据事情的特性解释所提供的处理方案。

④有备而来类主要特征表现为一定要达到目的,了解法律、规章,甚至会记录处理人谈话内容或录音。遇到此类乘客时,处理人一定要清楚公司的服务政策及法律有关规定,并充分运用政策及技巧,语调充满自信;明确我们希望解决用户问题的诚意。

⑤有社会背景、宣传能力类通常是某重要行业领导,电视台、报社记者、律师,不满足要求会采用社会曝光等手段。处理时需谨言慎行,尽量避免使用文字;如要求无法满足时,及时上报有关部门研究,但一定要迅速、高效地解决此类问题。

7.投诉事件分类处理技巧

(1)对设施设备进行投诉时的处理技巧

①车站员工按规定先查看设备,如设备正常向乘客说明当时设备状况和自己处理权限,争取乘客理解。

②如乘客不满意时,值班站长请乘客到会议室并在《服务事务处理单》上记录事情经过,请乘客签名确认。

③向乘客说明因车站无法处理,会将此事交由公司相关部门处理,并告知乘客服务热线电话。如乘客要求答复期限,则告诉乘客将在五天内答复并在投诉处理单上注明。

④事后马上将事情经过转交服务热线,并将此事交班。

(2)当乘客对公司政策进行投诉时的处理技巧

①员工向乘客解释此为公司政策规定,作为公司员工必须按政策操作,无权改变公司政策,希望乘客谅解。

②如乘客不满意,可建议乘客向服务热线反馈意见或由值班站长在《乘客意见卡》上记录乘客的建议。听取乘客建议后,值班站长要多谢乘客的宝贵建议并说明车站会马上向上级部门反馈。

③将乘客投诉内容电话向服务热线反馈。

(3)当乘客对员工服务态度进行投诉时的处理技巧

①车站员工接到乘客对员工服务态度的投诉时马上报车站值班站长。值班站长接报后马上到现场。

②如乘客已走,值班站长要如实地进行调查,并将情况报站务分部相关负责人。

③如乘客在现场,值班站长采用易人、易地的方式,请乘客到会议室了解具体情况。

④如经调查,确认员工无责任,要耐心向乘客解释,争取乘客谅解。

⑤如经调查,确认员工有责任,值班站长对当事员工进行教育并根据乘客要求对乘客进行道歉,并请求乘客谅解。

⑥如当时无法调查原因,值班站长在《服务事务处理单》上记录事情经过,并让乘客签名确认,并承诺在地铁公司对外承诺的时间内回复乘客调查结果。车站要在承诺时间内由站长亲自回复乘客调查结果。

⑦乘客资料只能由值班站长和站长掌握。

(4)当乘客向在岗员工进行投诉时的处理技巧

①当乘客向任何岗位的车站员工投诉时,车站员工要面向乘客回答,不能应付乘客。

②如自己无法处理或工作忙时,马上报值班站长处理,并礼貌向乘客说明"请稍候,车站负责人会来解决此事"。值班站长接报后要在3分钟内到现场。

③如乘客在投诉后离开,员工要马上将事情报值班站长。值班站长调查此事员工是否有责任,如无责任马上报服务热线说明此事,如有责任车站报站务分部相关负责人并将调查报告上交。

(5)当乘客无理取闹或进行无理投诉时的处理技巧

①员工受到乘客无理取闹时,当事员工报值班站长,保持克制不与乘客进行争执对骂并保护自己,防止乘客打人。

②值班站长到场后让当事员工回避,对乘客要以理服人并防止过多乘客围观。

③如乘客打了员工,值班站长寻找目击证人,报公安乘客打人,并将乘客送公安处理。

④车站接到乘客的无理投诉时,报服务热线说明事情原由。

案例分析

案例一:员工掌握政策欠灵活,延误乘客乘车

(1)事件经过

乘客反映在车站乘车时,在闸机刷卡,但未能进入,车站工作人员上前帮助,经过票卡分析,据乘客说:"他们说我昨天出站没刷好,非要让我补票,不补票就不能走,我说那我买一张单程票,他们就是不卖给我,不停地给我说7:23有趟车,但是我要赶7:15的那趟,耽误了大概1分多钟,又说是车站的设备有问题,这才给我开了边门,我下了站台,发现车门刚刚关上,走了,我没赶上,我每天都赶7:15的那趟车。从始至终他们都没有一句道歉,我要投诉!"

(2)原因分析

①该员工能严格遵守公司规章,工作态度值得肯定;

②在处理乘客事务过程中欠缺灵活性,得理不让人;

③未执行文明用语,与乘客交流过程中言辞不当;

④缺乏敏感性,在上班高峰时段耽误乘客大量时间,导致投诉发生。

(3)采取措施

①处理乘客事务要灵活掌握公司政策,在维护公司利益的前提下满足乘客的合理要求;

②面对乘客要得理让人,不得据理力争,让乘客感到被冒犯;

③提高投诉敏感性,特别是在上下班高峰期乘客赶时间的时候。

案例二:员工未主动提供充值小票,站长未经调查包庇员工

(1)事件经过

某乘客于某站南端票务中心给储值卡充值50元。据乘客反映,该站票务中心站务员A某业务不熟练且态度差,并且在充值完成后没有主动提供给乘客充值小单,乘客向其索要后,A某依然没有提供小单并告知乘客在目的站出站时领取。在乘客到达目的站没有领取到充值小单的情况下,通知客服人员联系站长问询情况,该站站长一口咬定给过乘客小单了,同时为乘客办理充值业务的站务员推卸责任,声称乘客没有主动索要小票,因此不提供。在乘客的再三要求下,最终站务员A某找到了没有提供给乘客的充值小单,通知乘客次日来车站领取。

(2)原因分析

①该票亭岗业务不熟练,未及时将充值小单交给乘客;在乘客索要小票时,误导乘客在出站时领取。

②车站站长在客服调查过程中包庇员工,捏造事实;面对投诉时态度不端正。

（3）采取措施

①车站员工须端正服务态度，严格执行相关规章制度，不得无故拒绝乘客合理要求；

②面对投诉调查时，车站须实事求是，不得有包庇员工、捏造事实的现象出现；

③车站须加强员工服务意识及服务技巧培训。

案例三：员工丢抛硬币引起乘客不满

（1）事件经过

乘客持一张 10 元纸币到某站票务中心兑换零币。当班票亭岗 A 某告知乘客 10 元纸币可直接在售票机购买车票，无需兑换零币。在乘客的一再要求下，A 某为其兑换了一张 5 元纸币、三张 1 元纸币和两枚 1 元硬币，但在将零钱递给乘客的过程中有丢抛的动作，引起乘客不满。乘客购完票后，回到票务中心说要投诉 A 某，A 某问乘客为什么要投诉，并解释说自己并没有态度不好，乘客未接受 A 某的解释，并致电客服热线投诉。事后，应乘客要求，A 某致电乘客进行了道歉，虽然乘客最终接受了道歉，但 A 某致歉过程中仍未意识到自身错误，向乘客辩解。

（2）原因分析

①票亭岗 A 某服务意识不强，在递给乘客零钱的过程中有丢抛的动作，是造成本次投诉的直接原因。

②在乘客表示要投诉 A 某时，A 某并未意识到自身的错误，一味地辩解，是造成本次投诉的次要原因；并且在事后向乘客电话致歉过程中，A 某依然没意识到错误，在电话中与乘客辩解。

③对有责投诉缺乏正确的判断，投诉敏感性不强，没有遵循"现场"以及"易人、易地"的处理原则，及时把事件上报值班站长，以便将投诉控制在现场。

（3）采取措施

①各岗位在岗时必须严格遵守岗位服务要求；票亭岗为乘客兑零时，所兑硬币不散放在票务凹斗，而是垒成柱形，使乘客取币方便、快捷，不得有丢、抛的动作。

②当班值班站长须对员工服务状态进行盯控，保证各岗位在岗时保持良好的服务状态。

③面对乘客投诉，车站严格执行"现场"及"易人、易地"的原则，尽量将投诉控制在现场；对于无法处理的乘客事务，及时请求值班站长协助处理。

④车站加强员工服务意识及服务技巧培训，防止此类事件再次发生。

案例四：售票员言行不一惹怒乘客

（1）事件经过

乘客从某站出站时，想索要发票并对长安通进行充值。当乘客到南端票务中心充值时，南票员工甲某正在打电话至北票兑换零钞，乘客对售票员说要充值，甲某分析发现一张卡余额为 4.40 元，一张余额为 11.10 元，便告知乘客出站后在 TVM 上进行充值。乘客坚持要在票务中心充值时，甲某回复乘客："我们只在余额不足的情况下充值，我们这儿不充值，机器有问题。"乘客大声说道："我今天就是要在这儿充值，你要是不给我充，就等着！"甲某见乘客语气较重且态度较强硬，便帮乘客进行充值。雷先生对此表示不满，向甲某索要员工号后向客服热线进行投诉。

（2）原因分析

①售票员甲某最开始以"机器有问题"为由拒绝为乘客充值,后来又因乘客态度较强硬为乘客充值,出尔反尔,导致乘客认为员工在工作过程中有瞒骗行为,是造成该投诉事件的主要原因。

②甲某在事件处理过程中,出现乘客情绪较激动并表明要投诉时,未意识到事态的严重性,没有及时将现场情况向值班站长汇报,导致该事件未得到有效处理,是造成该投诉事件的次要原因。

③调查过程中,发现甲某前后事件经过不一,未实事求是反映问题,认为乘客无理。

（3）采取措施

①车站员工在处理乘客事务时,应按规定对公司政策进行解释,严禁出现欺瞒乘客的行为。

②当乘客在余额充足的情况下要求在付费区进行充值时,车站可建议乘客在出站后TVM上进行充值,如乘客执意要进行充值,车站必须满足乘客的充值要求,但过程中必须有礼有节,不得以各种理由搪塞乘客。

③售票员在工作过程中,必须严格遵守公司相关政策,严禁违规操作;如遇乘客态度较强硬的情况,必须按规定上报处理。

④在事后调查过程中,相关责任人必须配合调查工作,不得有隐瞒事实、狡辩的现象出现。

⑤车站须端正意识,正确面对投诉事件,配合部门调查工作;不得有包庇员工的现象。

案例五:员工用语不当,欺瞒乘客

（1）事件经过

一名女乘客在车站与母亲使用一张储值卡出站后被员工发现,员工告知该乘客储值卡应一票一人使用,此行为属逃票,要求乘客到票务中心进行补票。该女乘客到票务中心询问,售票员甲某告知乘客需补8元,乘客问为什么补8元,甲某说:"没票乘车,带有惩罚行为。"乘客给了售票员50元补票,要求投诉,售票员甲某感觉事件不妥,及时通知车控室。值班站长乙某赶往现场,到达现场后向乘客了解情况,乘客不听乙某解释,要求投诉售票员,乙某让售票员写了工号与投诉电话后给了乘客,乘客离开了车站。之后该乘客连续多天拨打投诉电话都没有打通,后来得知电话是错的,乘客觉得站务人员这样的服务态度非常恶劣,并且故意误导乘客,传递给乘客错误信息,严重影响地铁形象,对车站员工进行投诉。

（2）原因分析

①员工、售票员甲某欠缺服务技巧,在跟乘客解释票务政策时使用"逃票、惩罚"等不恰当字眼,让乘客感觉备受伤害、委屈,引起乘客不满;是发生该投诉事件的主要原因。

②值班站长乙某到达现场后没有起到平息事态的目的,在乘客情绪激动、不听车站解释、索要投诉电话时没有留下乘客电话,等乘客心态稳定后再进行处理,导致事态进一步扩大,是发生投诉事件的次要原因。

③在乘客索要投诉电话时,值班站长乙某让售票员写投诉电话及工号,没有考虑到员工因害怕投诉未将正确的投诉电话及员工号告知乘客,在员工写完电话及员工号后也未核实是否正确,对该事件的发生负一定责任。

④售票员甲某服务意识不到位,由于个性特点,表情呆板,没有微笑服务,导致乘客觉得其服务态度不好;同时未能灵活处理该乘客事务,处理问题时间过长,让乘客长时间地等待,进一步引发乘客不满,也是发生该事件的原因之一。

⑤车站、站务分部对员工服务技巧、技能等培训不到位,对员工从事服务工作有可能引发的后果没有针对其个性特点提出建议,是造成该投诉事件原因之二。

(3)采取措施

①车站工作人员在处理乘客事务时,措辞须谦虚谨慎,严禁使用"逃票、惩罚、罚款"等不恰当字眼,严禁有得理不让人的情况发生。

②车站各岗位须严格遵守相关岗位作业标准,严禁将个人情绪带上岗位,坚持微笑服务;遇乘客事务要迅速处理、汇报,防止因自身原因让乘客等待时间过长。

③值班站长在处理投诉时,须严格遵守"现场"的原则将投诉控制在车站现场;在乘客情绪激动时,需先稳定乘客情绪,不得一味解释,激化矛盾。

④车站给予乘客的信息必须保证正确,不得给乘客错误信息误导乘客。

⑤车站须加强员工服务技巧培训力度,全面掌握员工性格、健康状况等信息,以做到合理布岗排班,防止因员工个人原因导致的投诉。

案例六:售票员为自己方便,拒绝乘客兑零要求

(1)事件经过

乘客在车站拿了一个一元,一个五角和五个一角的零钱想换2个一元硬币购票乘车,票亭岗甲某对乘客说:"麻烦您把一毛钱的换一下,因为我这里无法给其他乘客找回去。"于是乘客就问"这个是不是钱?"甲某回答"这是钱,可是这一毛钱纸币其他乘客不收,并且五毛钱纸币现在都不好找出去,我这儿也没办法找回给其他乘客,麻烦您换一下吧"。之后乘客向朋友要了一张5元纸币,甲某给乘客换了5个一元硬币。事后乘客打电话至客服热线投诉,表示只要金额对等,就应该给乘客兑换零钱。

(2)原因分析

①票亭岗甲某没有站在乘客角度思考问题,为了自己方便无故拒绝乘客的合理要求,是造成此次投诉的主要原因。

②甲某投诉敏感性不强,服务技巧不到位。没有意识到在乘客服务过程中一个小的失误会导致乘客投诉的发生。

(3)采取措施

①车站各岗位在工作过程中不得拒绝乘客的合理要求。

②票亭岗在兑零过程中除非确认乘客所持钱币为伪钞或钱币破损程度超出规定范围,不得以任何理由拒绝乘客的兑零要求。

③值班站长对班组员工服务状态进行监控;车站做好员工服务技巧培训,防止此类事件再次发生。

【效果评价】

评 价 表

项目名称	城市轨道交通客运服务		学生姓名	
任务名称	任务3 城市轨道交通乘客投诉处理		分 数	
项 目			分 值	考核得分
1.乘客投诉处理原则的掌握情况			20	
2.乘客投诉处理程序的掌握情况			20	
3.典型乘客投诉应对掌握情况			20	
4.投诉事件分类技巧掌握情况			20	
5.编制学习汇报报告情况			10	
6.基本素养考核情况			10	
总体得分				
教师简要评语：				
			教师签名：	

项目小结

本章节重点从城市轨道交通客运服务规范、城市轨道交通客运服务礼仪、城市轨道交通乘客投诉处理三个方面,介绍了城市轨道交通客运服务。地铁的开通,为市民提供了新的出行选择。相对于传统的交通工具,地铁具有安全、准点、便捷、舒适等特性,而地铁的服务工作也应在秉承这些特性的基础上,为市民提供优质、全面、贴心的服务。服务与行车、票务工作共同组成车站工作三大业务模块,地铁运营的服务工作是与乘客接触最直接的窗口,服务工作也最能够展现城市轨道交通行业的风采。

思考与练习

1.如何培养自己的服务意识?

2.作为一名车站值班站长,在处理乘客事务时应掌握哪些处理要点?

3.谈谈服务礼仪在工作中的重要性。

4.案例分析:请用所掌握知识分析以下案例。

事情概况:乘客9:23在某站询问售票员是否可办理储值卡充值,该员工头也不抬且不予理睬,当乘客第四次询问时,其服务态度十分恶劣并大声对乘客说:"等一下可不可以,我不怕你投诉。"并冲出票亭与乘客争执。

项目 **5**
城市轨道交通客运安全管理

【项目描述】

　　由于轨道交通具备运量大、速度快、准时性好等优点,使得城市轨道交通成为21世纪全球各大城市的交通命脉。但是由于城市轨道交通相对封闭,一旦发生事故就会造成较大的人员伤亡、经济损失,以及较严重的政治影响,因此,加强对城市轨道交通的安全管理至关重要。客运安全是运营安全的重中之重,提高客运安全管理水平,确保人员安全、财产安全是城市轨道交通客运安全管理的首要任务。

【学习目标】

1.熟悉客运安全设备设置及使用。

2.了解票务安全常识。

3.了解影响乘客安全的因素及发生意外的处理。

4.了解城市轨道交通执法工作常识。

5.掌握客运安全设备的使用时机及使用方法。

6.熟悉票务安全管理流程。

7.掌握客伤处理流程。

任务1　城市轨道交通客运设备安全管理

【场景设计】

利用多媒体学习或实地参观城市轨道交通车站,了解车站客运安全设备。

【任务要求】

了解列车上以及车站的应急安全设备,掌握灭火器使用及灭火方法。

【知识准备】

城市轨道交通的地铁列车是在封闭状态下运营的大型载客交通工具,因设备故障、人为破坏、不可抗力等原因,均可能发生突发事件。为保证紧急情况下乘客的人身安全,在列车和车站都设置有相应的安全设备,当出现紧急情况时,乘客可以通过安全设备进行报警和自救。

1.列车安全应急设备

(1)紧急报警按钮或紧急对讲器(见图5.1)

安装位置:每节车厢安装有2~3个"紧急对讲按钮",间隔分布在部分车门的旁边。

使用时机:当车厢内发生人员伤害、火警等紧急情况,需通知列车司机时使用。

使用方法:打开按钮盖,按下按钮,此时"等待"灯亮,待"等待"灯灭,"讲话"灯亮后,与列车司机通话。

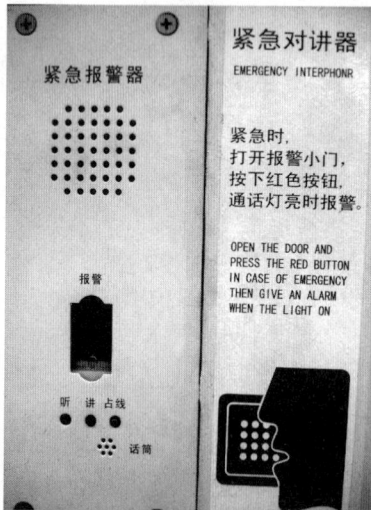

图5.1　紧急报警按钮或紧急对讲器

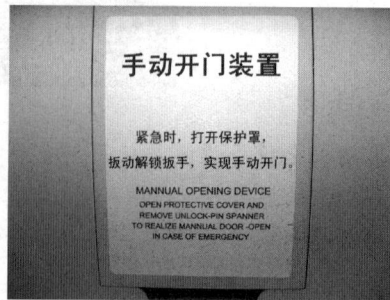

图5.2　紧急开门手柄

(2)紧急开门手柄(见图5.2)

安装位置:每个车门侧边均安装有一个"紧急开门手柄"。

使用时机:当车厢内发生紧急情况,需要人工打开车门时使用。

使用方法:紧急时打开盖板,再拉下红色手柄。

(3)灭火器(见图5.3)

安装位置:每节车厢设有2个灭火器,放置于座椅下方。

使用时机：当车厢内发生火警紧急情况，需用灭火器灭火时使用。

使用方法：解开两个皮带，拿出灭火器，拉开安全环、按下压把、对准火焰根部灭火。

图5.3　灭火器

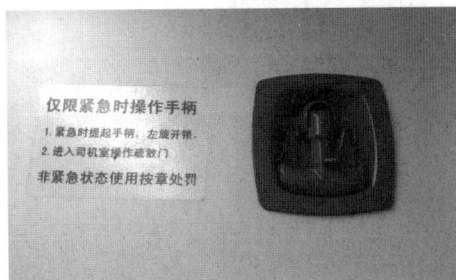

图5.4　司机室通道门紧急手柄

（4）司机室通道门紧急手柄（见图5.4）

安装位置：列车两端客室至司机室通道门上方均安装有一个"紧急疏散通道手柄"。

使用时机：当车厢内发生紧急情况，必须从司机室疏散时使用。

使用方法：紧急时拉下罩板，逆时针旋转红色手柄，同时用手推开通道门。

（5）逃生装置（见图5.5）

安装位置：列车两端司机室前窗中间。

使用时机：当车厢内发生紧急情况，必须通过司机室疏散时使用。

图5.5　逃生装置

使用方法：旋转梯盖的两个手柄将梯盖解锁拉出移到旁边；旋转红色手柄将梯子松开，并取出梯子；旋转窗前的红色手柄于垂直位后，将梯子放下。

小贴士

通过梯子疏散时不要拥挤，应一个接一个从梯子疏散到地面。

2.车站安全应急设备

车站安全应急设备分为：火灾紧急报警器、自动扶梯紧停装置、紧急停车按钮、屏蔽门紧急开关、屏蔽门应急门五类。其安装位置和数量均根据不同的城市轨道交通系统建设的要求而有所不同，但各类应急设备的启用时机相同，就是必须在发生危及行车安全或人身安全这些紧急情况时使用。

（1）火灾紧急报警器（见图5.6）

每个车站的站台端墙上都安装有"火灾手动报警器"。

（2）自动扶梯紧停装置（见图5.7）

车站内所有自动扶梯两端都安装有"紧急停机"装置，发生紧急情况时，按压红色按钮即可使自动扶梯紧急停止运行。

图5.6　火灾紧急报警器

（3）车站站台紧急停车按钮（见图 5.8）

图 5.7·自动扶梯紧停装置

图 5.8　车站站台紧急停车按钮

每侧站台墙上各设 2 个"紧急停车按钮"，发生紧急情况时，击碎塑料保护罩，按下按钮即可。

3.车站应急备品

（1）呼吸器

车站定期组织员工演练，掌握呼吸器的使用方法。定期进行检查，保证气瓶压力在规定允许使用的范围，压力不足时及时向安全管理部门报告，及时充气，确保突发情况时能够正常使用。

（2）逃生面具

车站所用职工必须掌握逃生面具使用方法。车站每岗一副，随岗配发，随岗交接，各岗位人员负责定期检查逃生面具真空包装的完好情况。有不符合标准的，及时报运营公司安全管理部门。

（3）应急灯

应急灯要指定专人保管，建立使用及充电登记台账，车站要定期检查应急灯的性能，确保做到随取随用。

（4）担架

担架统一放置于车站备品间内，指定专人保管。

（5）存尸袋

存尸袋统一放置于车站备品间内，指定专人保管。

（6）便携式扶梯

便携式扶梯统一放置于站台备品房间内，指定专人保管。

4.灭火设备及使用方法

（1）城市轨道交通火灾的特点

城市轨道交通大部分运行于由车站和隧道构成的相对封闭的空间内，人和设备高度密集。在这种特殊的环境中，一旦发生火灾，其危害将是极其严重的，主要原因如下：

①地下空间狭小，大大增加了灭火救援的困难；

②火灾产生的烟气在相对封闭的空间内弥散，容易造成人员窒息；

③地下空间人员疏散困难，乘客在火灾紧急情况下易发生惊慌，相互拥挤而造成踩踏伤亡。

（2）灭火基本知识

火灾通常都有一个从小到大、逐步发展、直到熄灭的过程。火灾过程一般可以分为初起、发展、猛烈、下降和熄灭五个阶段。在火灾初起阶段（一般为着火后 5~10 min），燃烧面积不大，火焰不高，辐射热不强，是扑灭的最好时机，只要发现及时，用较少的人力和应急消防器材就能将火控制或扑灭。

灭火的基本方法是根据起火物资的燃烧状态，为破坏燃烧必须具备的基本条件而采取的一些措施。灭火的基本方法有：

①冷却法：就是将灭火剂直接喷洒在可燃物上面，使可燃物的温度降低到燃点以下，从而使燃烧停止。用水扑救火灾主要作用就是冷却法灭火。使用水灭火时，必须先切断电源。

②窒息灭火法：就是采取措施，阻止空气进入燃烧区，或用惰性气体降低空气中的含氧量，使燃烧物资因缺乏氧气而熄灭。如用湿棉被、湿麻袋覆盖在燃烧的液化石油气瓶上。

③隔离法：就是将附近的可燃物资与正在燃烧的物品隔离或者疏散开，从而使燃烧停止。如拆除与火源相连接的易燃建筑结构，建立阻止火势蔓延的空间地带。

④化学抑制法：就是将化学灭火剂喷入燃烧区参与燃烧反应，中止链反应而使燃烧反应停止。最常见的就是用灭火器向着火点喷射以灭火。

（3）消防设施

①灭火器　灭火器是一种轻便的灭火器材，是扑救初起火灾最常见的灭火设备。灭火器种类较多，在城市轨道交通范围内使用的主要有干粉灭火器、二氧化碳灭火器、泡沫灭火器三种。

②消火栓给水系统　城市轨道交通消火栓给水系统主要由消防水泵、消防水管、室内消火栓箱（包括水带、水枪、消防软管卷盘）和室外消火栓、消防水泵、消防水泵控制器等组成。

③火灾自动报警系统　火灾自动报警系统是为了及早发现、通报火灾，以便及时采取措施扑灭火灾而设置于建筑物内的一种自动消防设施。

通常，城市轨道交通每一条线的火灾自动报警系统以环网方式将各车站的报警控制器构成一个整体的网络，在控制中心能对全线报警系统实行监控管理，随时掌握全线动态情况。在其管辖范围内，对火灾状况进行监测报警和实施有关消防操作。

【任务实施】

在地铁车站能够迅速找到安全设施，并会使用。

【效果与评价】

评价表

项目名称	城市轨道交通客运安全管理		学生姓名	
任务名称	任务 1　城市轨道交通客运安全设备		分　数	
项　目			分　值	考核得分
1.是否有小组计划			5	
2.列车安全应急设备的认知情况			20	
3.车站安全应急设备的认知情况			20	

续表

项　目	分　值	考核得分
4.车站应急备品的认知情况	20	
5.灭火设施使用的掌握情况	25	
6.编制学习汇报报告情况	5	
7.基本素养考核情况	5	
总体得分		
教师简要评语： 教师签名：		

任务2　城市轨道交通票务安全管理

【活动场景】

利用多媒体学习或实地参观城市轨道交通车站，了解车站票务安全。

【任务要求】

了解车站票款管理知识，现金安全管理规定及票务钥匙管理规定。

【知识准备】

票务安全管理主要包括车站现金的管理、车票的管理、票务备品的管理、票务钥匙的管理、特殊情况下的票务管理等方面的规定。

1.现金安全管理

（1）车站现金安全区域

车站现金只能存放在现金的安全区域。现金安全区域包含车站票务管理室、车站票务中心（含车站临时票务中心，以下同）、TVM。

（2）现金的安全规定

1）车站票务管理室

①车站票务管理室随时保持锁闭状态（车站票务管理室门和防盗门需同时锁闭）。

②除当班票务工作人员、值班站长或以上级别人员外，其他人员必须得到值班站长或以上级别人员的许可，并由客运值班员陪同方可进入车站票务管理室。车站需设立台账，记录批准人、进入人员、进入原因、进入时间以及离开时间。客运值班员离开车站票务管理室时，车站票务管理室内所有人员必须随同离开，不得逗留。

③除现金交接、钱箱清点之外，其他时间车站票务管理室内所有现金只能保管在保险柜、补币箱、待清点钱箱或已锁闭尾箱内。

④车站票务管理室摄像监控设备必须24小时开启，票款的清点、交接必须在监控下进

行,票款在清点后应立即放入保险柜内保管。

2)车站票务中心

①车站票务中心应随时保持锁闭状态(车站临时票务中心除外,但车站需随时监控车站临时票务中心的安全情况)。

②运营时间除当班售票员、票务检查人员、值班站长或以上级别人员外,其他人员必须得到值班站长或以上级别人员的许可,并由一名客运值班员或以上级别的人员陪同方可进入车站票务中心。非运营期间,原则上不允许任何人进入车站票务中心,确需进入时,须得到值班站长或以上人员的许可,由一名客运值班员或以上级别的人员陪同方可进入。车站需设立台账,记录批准人员、进入人员、所做事项、进入时间以及离开时间。

③售票员在处理现金时,应将现金放在乘客接触不到的地方。存放于车站临时票务中心的现金需做好防盗工作。

(3)运送途中

现金在运送途中必须放入锁闭的钱箱、票盒或上锁的手推车中,由两名车站站务员工(车站站务员工包括车站站务员、值班员、值班站长和站长,下同)负责运送和运送途中的安全。

(4)现金的交接

1)现金交接原则:车站进行现金交接时,需做好交接记录。

①纸币:在监控范围内,双方当面清点金额后,进行签名确认交接。

②硬币:在监控范围内,对已加封的硬币交接时,确认加封正确完好后可凭加封金额交接;对零散硬币按实点数交接。

2)客运值班员之间的现金交接

①接班客运值班员应依据《客运值班员交接班本》上的记录,在监控范围内与交班客运值班员当面清点车站票务管理室内所有现金、核对封包数量及金额等,确认无误后进行签收。

②客运值班员交接班或打包返纳,发现交接现金金额与《客运值班员交接班本》不一致时,应立即通知值班站长到现场,共同对车站票款、备用金进行清点。若实点金额比报表金额小,则由交班人员补缴相应差额,交接双方在《客运值班员交接班本》和《车站营收日报表》上做好记录说明;若实点金额比报表金额大,则多出金额记入《车站营收日报表》的"客值交接长款"栏,由接班人员计入营收,交接双方在《客运值班员交接班本》和《车站营收日报表》上做好记录,并由值班站长确认。

③对于账实不一致的情况,应由值班站长立即上报站长、票务主办,及时组织调查并在5个工作日内将调查情况报票务部。

(5)现金的加封

所有现金的加封均需双人负责加封。现金可用钱袋、信封、砂纸加封,加封后必须保证一经破封无法复原。

①钱袋加封

加封前,先在砂纸上注明加封金额、加封车站、加封人和加封日期。加封时,将钱袋口用绳子缠绕扎紧后再用砂纸缠绕加封。纸币需用钱袋加封时,应先用砂纸加封或信封加封后再放入钱袋内加封。

②信封加封

加封前,先在票务信封的正面注明加封金额、加封车站、加封人、加封日期。加封时,先将信封口封住,再用砂纸将信封背面的接缝处封住,最后在信封背面砂纸骑缝处及封面上签名,如图 5.9 所示。放入信封加封的纸币仅限于同一面额数量不足 100 张的,按面额大小归整后放入信封内进行加封。

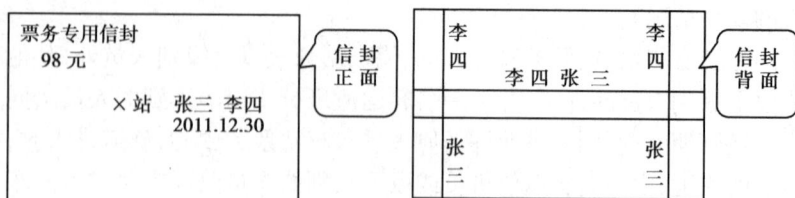

图 5.9　信封加封示意图

③砂纸加封

同一面额每满 100 张需用砂纸加封。加封时,用砂纸缠绕归整后的纸币中部加封,砂纸上注明加封车站、加封人、加封日期。加封方法如图 5.10 所示。

(6)现金的解行

具体解行方式、时间、流程及银行长短款按相关协议执行。

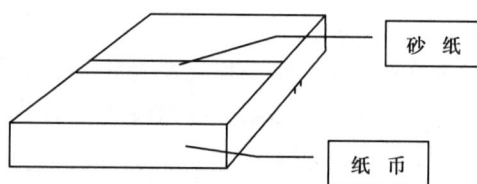

图 5.10　砂纸加封示意图

2.车票管理

(1)车票的安全管理

①车票的安全区域:原则上车票只能存放于车站票务管理室、车站票务中心、自动售票机(TVM)、半自动售票机(BOM)、出站闸机(AGM)、车票回收箱。

②车票在车站票务管理室的存放规定:对有值车票,均应根据票种归类存放于上锁的专用票柜或保险柜中;其他车票应按车票类型(闸机回收票、废票等)归类存放于固定的票柜。

③车票在车站票务中心的存放规定:售票员在车站票务中心处理车票时,应将车票放在乘客接触不到的地方。存放于车站临时票务中心的车票须做好防盗工作。

④运送途中:车票在运送途中,一律放在上锁的售票盒、票箱或上锁手推车中。储值票和预制单程票需由两名车站站务员工负责运送和安全工作。

⑤保管车票时,注意防折曲、刻划、腐蚀、高温、重压和防水。

(2)车票的加封

车票加封可用票盒、钱袋、信封、砂纸加封,加封后必须保证一经破封无法复原。

①票盒加封:用砂纸在票盒中间部位十字型缠绕后加封,砂纸上必须注明加封内容(加封内容指车票类型、票种、数量、金额等,预制单程票尚需注明售出期限,以下同)、加封车站、加封人和加封日期。

②钱袋加封:将钱袋口用绳子缠绕扎紧后用砂纸缠绕加封,砂纸上注明加封内容、加封车站、加封人和加封日期。

③信封加封:将票务信封口封住,再用砂纸将信封背面的接缝处封住。在票务信封的正面注明加封内容、加封车站、加封人和加封日期,并在信封背面砂纸骑缝处及封面上盖章。

（3）车站票务管理室内的车票开封、清点

车票开封、清点原则：

①所有车票的开封、清点须由车站站务员工双人共同完成。

②开封后，发现车票数量或信息有误，开封人员需及时报值班站长到车站票务管理室确认，并在相关台账或交接本上做好记录；车票、砂纸封存待核查清楚后方可使用。车站需要用票时可另开一包封口完好的车票。同时车站当班值班站长应立即将情况上报客运部，客运部及时组织调查并在 5 个工作日内将调查情况书面报票务部。

（4）运营结束后站存单程票的清点

车站运营结束后需将每台 TVM 票箱中的单程票、BOM 票箱中的单程票、AGM 票箱中的单程票及车站回收箱内的单程票全部回收后用点票机清点，将清点数量与车站票务管理室内站存的单程票的数量等都填写在《车站车票库存日报表》中。

（5）车票交接

车站内部车票的交接：

①车站进行车票交接时，需做好交接记录。

②客运值班员之间的车票交接。

A.接班客运值班员应依据《客运值班员交接班本》上的记录，与交班客运值班员当面清点车站票务管理室内所有车票的数量以及编号、当日的车票上交单、车票配送单，确认无误后进行签收。

B.交接时若发现车票数量或信息有误，及时报值班站长，值班站长须到车站票务管理室确认，按实际数量进行签收。由接班客运值班员在《客运值班员交接班本》和《车站车票库存日报表》上记录相关情况，交班客运值班员和接班客运值班员和值班站长三方签章确认，并将情况立即上报客运部，及时组织调查并在 5 个工作日内将调查情况报票务部。

3.票务钥匙的管理

（1）票务钥匙

主要包括钱箱钥匙、TVM 门钥匙、补币箱钥匙、AGM 门钥匙、回收箱钥匙、车站票务中心门钥匙、挂锁钥匙、票柜钥匙、钥匙柜门钥匙、车站票务管理室门钥匙、防盗门钥匙、保险柜钥匙、票务监控系统控制器锁定/设置钥匙、票务监控系统专用柜钥匙等。

（2）票务钥匙的保管规定

A.票务钥匙由车站值班员或以上级别人员保管。

B.票务监控系统控制器锁定/设置钥匙、票务监控系统专用柜钥匙、回收箱钥匙由值班站长保管；加币箱钥匙、钱箱钥匙、车站票务中心钥匙由行车值班员保管；其他票务钥匙由客运值班员保管。

C.票务监控系统控制器锁定/设置备用钥匙、票务监控系统专用柜备用钥匙、车站票务管理室门备用钥匙、防盗门备用钥匙和保险柜备用钥匙由站长保管，其他票务备用钥匙由站长加封后交由客运值班员保管。

4.有价证券被劫的票务处理

①如遇车站有价证券被劫，待公安人员处理完毕后，在票务部的监督下，由车站值班员负责清点车站所有现金及车票，计算被劫金额。

②清点完毕后，被劫现金记入当天"车站营收日报"的"备注"栏进行备注，被劫车票数量

在"车站车票库存日报表"的"备注"栏进行备注,"本日结存栏"减去被劫车票的数量,并附一份由公安出具的车站被劫证明及票务部出具的对现金、车票的清点证明,随报表上交票务室,且相关证明原件由票务室交运营分公司财务部,票务室保存复印件。

【任务实施】

掌握车站票务安全关键点,即现金、票卡、钥匙等,从其保管、存放、交接等多个环节进行安全卡控。

【效果评价】

评价表

项目名称	城市轨道交通客运安全管理		学生姓名	
任务名称	任务2 城市轨道交通票务安全		分 数	
项 目			分 值	考核得分
1.是否有小组计划			5	
2.现金安全管理的掌握情况			30	
3.车票安全管理的掌握情况			30	
4.票务钥匙保管的掌握情况			25	
5.编制学习汇报报告情况			5	
6.基本素养考核情况			5	
总体得分				
教师简要评语:				
			教师签名:	

任务3 城市轨道交通乘客安全管理

【活动场景】

利用多媒体学习或实地参观城市轨道交通车站,了解车站乘客安全。

【任务要求】

了解影响乘客安全的因素有哪些,了解城市轨道交通客伤的处理流程。

【知识准备】

在城市轨道运营生产中,影响运营安全的因素很多,近年来国内外城市轨道交通事故统计数据分析表明:影响城市轨道交通运营安全的因素可归结为"人、机、环境"三个方面。

"人"是指从事地铁相关工作或使用城市轨道交通工具出行的人员;"机"是指和运营有关的一切设备设施;"环境"是指人、机共处的特定的工作条件(温度、湿度、噪声、震动、有害气体、辐射等)。

1.影响乘客安全的因素

首先来分析"人"的因素。以北京为例,城市轨道交通的客流逐年呈上升趋势,受到运输能力的限制,导致部分线路不堪重负,在高峰时段已处于"超负荷"运行状态。对北京市轨道交通发生事故的统计分析表明,人员因素是影响乘客安全的主要因素。其中主要包括:拥挤、不慎及故意跳入轨道、工作人员处理不当、乘客违反相关条例及乘车须知等。

(1)拥挤及不慎落入轨道

在城市轨道交通设计初期,很多地铁线路与站台之间没有加装屏蔽门(屏蔽门系统在项目中介绍)。在高峰时段,站台候车人员较多,在列车进站过程中容易造成拥挤,导致个别人员不慎落入轨道。

(2)故意跳入轨道

随着经济的发展,一些负面影响也随之而来,越来越多的人不堪各种压力而选择自杀。根据心理学研究,人的自杀行为受到他人的影响,而选择自杀的方式也会受到跟风的影响。由于媒体的报道,致使最近选择在地铁自杀的人不断增加,造成地铁列车延误的事件屡次发生,短的 10 min,长的 30 min。而地铁列车一旦受到影响,就不能正点运行,势必影响全局,需要全线进行调整。不仅影响当事列车上的乘客,而且整条线路甚至其他轨道交通线路上的乘客都可能被延误。网络化运营后,此类情况的发生,影响面将更大。

(3)工作人员处理不当

2003 年韩国大邱市地铁火灾中,地铁司机和综合调度室有关人员对灾难的发生有着不可推卸的责任。前方车站已发生火灾后,另一列车(1080 次)依然驶入烟雾弥漫的站台,在车站已经断电、列车不能行使的情况下,司机没有采取果断打开车门疏散乘客的措施,而是车门紧闭,仍按照正常流程请示行调应该如何处理。在事故发生 5 min 后,调度居然还下达"允许1080 次车出发"的指令。工作人员处理措施不得当导致了 1080 次列车乘客死伤严重。

(4)违反《城市轨道交通管理条例》规定及其他乘车须知相关规定,造成意外伤害

《条例》规定"乘客应当持有效车票在安全区域内候车,按照先下后上的顺序乘降。乘车过程中,不得阻碍屏蔽门(安全门)、车门的开启与关闭。"但是个别乘客由于赶时间抢上抢下,导致被夹在车门与屏蔽门之间,造成人身伤害。如 2007 年 7 月 15 日上海轨道交通一号线下行往莘庄方向一辆列车,在体育馆站发生一起事故,一名男性乘客在上车时,不慎被夹在列车与屏蔽门之间,在列车正常启动运行后,该男子不幸被挤压致死。主要原因是由于乘客未听从关门警示灯警告,强行登车所造成的。

其次是"机"的因素。机器是人-机-环境系统中三个主要系统之一,仅仅由于机器与人及其环境的相互作用,它才成为一个安全因素。由于现在中国城市轨道交通的设备主要来自各个不同的国家,规格的不统一造成了检测和维修困难。因城市轨道交通的设备故障而导致的运营失常占了事故的很大比例。

城市轨道交通运营设备主要可分为三大类:行车设备、车辆设备、车站设施设备。运营设备的安全系数不高会造成运营系统的故障,故障严重时会造成整个运营系统的瘫痪。如设备的不可靠可能导致列车脱轨、追尾、侧面冲撞等严重事故,造成不可挽回的损失。如 2000 年 3月 8 日早晨,日本日比谷线"中目黑-惠比寿"路段的拐角发生了一起事故。一列开往中目黑的列车脱轨,撞上了迎面开来的列车,导致 5 名乘客死亡、64 人受伤,事故调查认为,车轮负重不平衡等多重原因造成了车轮脱轨。再如 2009 年 6 月,由于信号设备故障,华盛顿发生一起

地铁列车意外相撞,导致7人死亡。可见城市轨道交通的运营设备在城市轨道交通的安全和可靠性上扮演了至关重要的角色。

最后是"环境"因素。人和机器都被处于一定的环境中,一方面人的操作可能引起机器方面的事故和损失,从而对环境产生有害的影响。另一方面,环境中的许多自然现象,如地震和灾难性的暴风雨、洪水等,以及技术产生的灾害,如火灾和爆炸等,都会对机器产生危害。所以在故障和事故中环境因素也是不容小视的。城市轨道交通车站及列车是人流密集的公众聚集场所,一旦发生爆炸、毒气、火灾等突发事件,就会造成群死群伤或重大损失,严重影响社会秩序的稳定。

2.轨道交通客伤处置

轨道交通客伤主要有以下类型:列车车门夹伤、跌落站台、地面滑倒摔伤、电扶梯摔伤、列车撞轧人等。据统计分析,在各类客伤中,电扶梯摔伤所导致的客伤占所有客伤的80%以上。

(1)处置的原则

①贯彻预防为主、防救结合的原则;

②发生客伤事件要及时抢救、及时汇报;

③优先抢救伤者原则,现场处理应当本着以人为本的原则,优先抢救伤者,及时将伤者送医院救治;

④避免二次伤害原则,现场处理应当确保伤者、工作人员等相关人员的人身安全,避免发生二次伤害;

⑤尽快恢复运营原则,最大限度减少损失、消除负面影响,现场处理应当尽快出清线路,尽快恢复行车、尽快恢复运营;

⑥尽力获取证据原则,尽量地收集和保存事故(事件)的证据,挽留证人、保存证词;

⑦做好善后处理工作。

(2)信息报告及报告内容

1)发生客伤事故(事件),由以下人员负责立即按程序报告。

①在线路区间内,由司机立即报告行调,由行调通知相关车站及相关部门、领导,车站接到通知后立即通知地铁公安及保险公司;

②在车站内,由值班站长或行车值班员报告行调、地铁公安(驻站民警)以及保险公司。

2)报告如下内容:

①发生时间(月、日、时、分);

②发生地点(车站名,上、下行线,区间公里标、百米标或车厂,车站内具体发生地点等);

③事故(事件)概况及原因:列车车次、列车号,发生原因的初步判断,事故(事件)伤亡人数、姓名、性别、受伤情况、所采取的抢救措施、送往的医院、陪同人姓名、部门、职务(工种),财产损失等;

④报告人姓名、所在部门、职务(工种)。

(3)现场处置要求及岗位分工

1)在轨行区发生客伤的处置

①列车司机立即采取紧急停车措施,报告行调;能够用对讲机联系到车站的,同时报告车站;若无法与车站联系则要求行调转达给车站,并保持联系;对列车内乘客进行广播安抚,稳定乘客情绪;按行调或事故处理主任的指挥,停车待令;待车站事故处理主任到达后,听从事

故处理主任指挥;确保安全情况下,接受事故处理主任小范围动车指令,及时将信息报告至行调;得到事故处理主任线路出清的确认后向行调报告,并按行调的指令执行;运行到前方车站后,按行调通知清客退出服务;

②由站长(或值班站长)担任事故处理主任,负责事故(事件)现场的指挥与处理。值班站长携带应急物品,落实好安全防护措施,进入线路寻找伤者;保护事故(事件)现场,用粉笔标记事发伤者、列车等位置,并拍照取证,及时寻找目击证人,收集现场证据,至少挽留两名目击证人,并安排专人接洽证人并做好相关记录;若伤者被压在车轮下,事故处理主任指挥司机向前或向后小范围动车(需要及时告知行调);将伤者移出线路,对伤者进行必要的现场急救,等待 120 急救中心到来将伤者送往医院;事故处理主任确认线路出清后,立即报告行调;

③行车值班员在车控室进行应急广播,按规定程序报告(含报 120 急救中心、公安和保险公司),与事故现场保持沟通,密切注意运营情况,确保行车安全,加强各类人工广播,做好恢复运营的准备工作;

④站台岗人员及时封锁现场,疏散围观群众,维护现场秩序,做好乘客引导、解释工作;配合司机疏散列车上的乘客;

⑤客运值班员、票亭岗人员服从安排,对影响正常行车的情况,按照上级通知要求,做好相应的停止售票或退票服务,坚守岗位,做好乘客解释工作。

2)在车站发生客伤的处置

①值班站长负责先期的处理工作,做好受伤乘客的安抚及事发现场的调查取证工作;

②值班站长告知乘客可去医院就诊,乘客伤势较重时,在征得乘客的同意后,拨打 120 进行救治;

③如乘客无人陪同,车站应设法联系受伤乘客家属,待家属到达后进行移交;

④如乘客提出要求车站垫付医疗费时,值班站长在报请上级有关负责人后,在不超过规定金额的范围内,可以先期垫付,但必须留下医药费凭证。

小贴士

车站一般都会配有应急物品,主要包括担架、裹尸袋、轮椅、照相机、手电筒、警戒绳、荧光衣、对讲机及包扎纱布、止血带等简单医疗急救物品。应急物品放置于车站车控室内,平时车站要加强管理,保证备品齐全有效,以备急需。

(4)后续处理

①客伤处理由专门客伤处理人员负责,若与乘客协商无异议,且费用在一定金额内,可与乘客办理有关手续(签订事故处理协议书及收款凭证)予以解决;

②对超出专职人员的处理范围或不能与乘客协商解决的客伤事件,应向运营安全部门(技术安全部)汇报后,将相关材料移交运营安全部门处理;

③客伤处理完毕,须办理以下手续:与乘客签订的事故处理协议书、收款凭证(收条)、乘客原始缴费凭证、病例、出院证明和乘客身份证复印件,填好客伤处理单连同事情经过报告一并交上级管理部门;

④在双方协议不成的情况下,经由人民法院介入处理,法院裁定作为最终解决手段。

小贴士

①车站发生各类客伤事件时,值班站长应报部门客伤处理负责人、运营安全部门(技术安全部)、保险公司等;如乘客伤势严重,车站应及时拨打120急救中心电话。

②车站应做好客伤事件的取证工作,目击证人至少要两名及以上非运营方人员。

【任务实施】

车站发生乘客跳轨事件工作人员的处理流程:

①车站接到司机或行调的通知后,按规定程序报告(含报120急救中心、公安和保险公司);

②由行调指定车站的值班站长(或站长)担任事故处理主任;

③经行调许可后,事故处理主任带领至少一名员工迅速前往现场处理,公安已到达车站的,会同公安到现场处理;

④到达列车后,落实好安全防护措施,寻找伤者;

⑤保护事故(事件)现场,用粉笔标记伤者、列车等位置,并拍照取证;

⑥若伤者被压在车轮下,事故处理主任指挥司机向前或向后小范围动车;

⑦事故处理主任确认线路出清后,立即报告行调;

⑧运行到前方车站后,按行调通知列车清客,并将伤者送医院救治。

【效果评价】

评价表

项目名称	城市轨道交通客运安全管理		学生姓名	
任务名称	任务3　城市轨道交通乘客安全		分　　数	
项　　目			分　值	考核得分
1.是否有小组计划			5	
2.乘客安全影响因素的认知情况			30	
3.客伤处理流程的掌握情况			50	
4.编制学习汇报报告情况			10	
5.基本素养考核情况			5	
总体得分				
教师简要评语:				
			教师签名:	

项目小结

　　加强对城市轨道交通的安全管理至关重要,城市轨道交通以地下空间设置居多,相对封闭,一旦发生事故就会造成较大的人员伤亡、经济损失,甚至会带来严重的政治影响,客运安全又是轨道交通运营安全的重中之重。本项目介绍了车站、列车上的安全应急装置,从车站的票务安全以及乘客安全等方面进行了讲授,描述了乘客发生意外情况的处理,简单介绍了客运执法基础知识。

思考与练习

　　1.列车安全应急设备有哪些? 使用时机是如何规定的?

　　2.车站安全应急设备有哪些? 使用时机是如何规定的?

　　3.灭火的基本常识,灭火的基本方法有哪些?

　　4.现金安全管理还有哪些地方需要完善?

　　5.车票的保管、交接还有哪些优化空间?

　　6.针对影响乘客安全的因素,有哪些解决的措施?

　　7.如何有效防止客伤的发生?

项目 **6**
城市轨道交通车站运作管理

【项目描述】

  当今,在城市发展过程中,城市轨道交通在公共交通系统中的地位越来越重要,所起作用也越来越大。城市轨道交通客运组织的基础知识以及国内外客运组织以及车站管理有何区别,这正是本项目所要介绍的内容。

【学习目标】

1.了解城市轨道交通车站日常运作管理内容。

2.掌握城市轨道交通车站行车组织方式及内容。

3.掌握城市轨道交通车站票务组织方式及内容。

4.掌握城市轨道交通车站施工组织方式及内容。

5.掌握城市轨道交通客运组织的原则、影响因素。

6.了解城市轨道交通客运组织的发展方向。

任务1 城市轨道交通车站日常运作管理

【活动场景】

利用多媒体或实地参观地铁车站,了解车站日常运作情况。

【任务要求】

掌握车站边门管理规定、遗失物品管理规定、乘客物品掉入轨行区后车站处理程序和车站开关站作业程序。

【知识准备】

1.车站边门管理

为方便一些特殊乘客(如免费乘车人员、坐轮椅的乘客)、大件行李进出及应急情况下快速进出付费区,地铁车站在付费区与非付费区之间设置一道管理通道门,称为边门。

(1)边门日常管理要求

①在运营时间内,车站边门应全部关闭。

②一般情况下车站人员不得开边门放行。

(2)边门使用规定

因以下情况,需使用车站边门进出付费区,应服从车站工作人员指引,按规定办理登记手续:

1)乘客服务需要

①办理了团体票乘车的团体;

②残疾军人、残疾警察乘车;

③残疾人(含盲人)乘车;

④乘坐轮椅或推婴儿车等不方便通过闸机的乘客;

⑤携带大件行李的乘客,且行李符合规定尺寸。

2)内部工作需要

①使用手推车或票箱运送车票、票款等大件物品,无法通过闸机;

②运送大的备品备件、生产工器具、生产物资和办公用品等进出付费区;

③参观接待;

④新闻媒体采访;

⑤临时施工(本站作业及本站请销点作业进出);

⑥工作证件损坏不能通过闸机;

⑦引导员进出车站;

⑧车站付费区内商铺工作人员进出车站(本站进出);

⑨地铁公司相关合同、协议中明确需提供交通便利的外单位作业人员或新线测试配合人员。

3)特殊情况需要

①警务人员执行紧急任务;

②国家安全局工作人员执行紧急任务;

③突发性工程抢修、抢险；

④发生紧急情况（如：票务设备故障、列车晚点、清客、越站）；

⑤突发性采访。

（3）边门使用手续

1）乘客服务

①符合边门使用条件的乘客，应在车站《车站边门进出登记本》上进行登记；

②残疾军人、残疾警察或残疾人、盲人乘客（不能独立通过闸机者），凭其证件办理登记后使用边门；

③乘坐轮椅或推婴儿车等不方便通过闸机的乘客（不能独立通过闸机）乘车，由车站工作人员登记后可使用车站边门，车站工作人员应监督乘客将车票投入闸机；

④乘客购买行李票后，若其行李未能通过闸机，进行登记后可使用边门，车站工作人员应监督乘客将车票检票或投入闸机。

2）内部工作

①符合边门使用条件的人员需要出示有效证件；

②由使用人进行登记，并由车站工作人员确认签名；

③参观接待，需凭相关证明、接待方案办理登记后，方可使用车站边门进站；出站时，凭相关证明、接待方案重新办理登记出站。如团体参观人数较多，由团体负责人一人在《车站边门进出登记本》登记情况，在备注栏注明进/出总人数即可，车站工作人员负责监督并及时签名确认；

④新闻媒体采访，需凭总公司或党群工作部开具的相关证明办理登记后，方可使用边门进站；出站时，凭相关证明重新办理登记出站；

⑤临时施工，施工单位人员须凭有效出入证件、有效施工作业令登记后，方可使用车站边门，且只能本站施工或本站请销点作业人员及物品进出，不能作为乘车的凭证；

⑥工作证件损坏，员工需填写《车站边门进出登记本》，同时出示工作证件（黑名单的工作证件不予使用边门），厅巡人员予以确认，方可使用车站边门；

⑦引导员需凭有效证件进行登记后，方可使用车站边门；

⑧车站付费区内商铺工作人员凭本人有效工作证件进行登记后，方可使用车站边门，且只能本站进出，不能作为乘车的凭证。

3）特殊情况

①警务人员执行紧急任务，需凭警察证，方可使用车站边门；

②国家安全局工作人员执行紧急任务，需凭国家安全局工作证，方可使用车站边门；

③突发性工程抢修、抢险，需按行车调度员或是维修调度员授权发布的调度命令，方可使用车站边门；

④发生紧急情况，如：票务设备故障、列车晚点、清客、越站等，按照各级应急处理预案要求，使用车站边门进行客流疏导；

图 6.1 车站遗失物品管理柜

⑤重大接待任务，按接待方案使用车站边门；

⑥突发性采访，需按党群工作部的通知，方可使用车站边门进站。

2.乘客遗失物品

遗失物品指在轨道交通单位属地管理范围内乘客遗失或乘客、工作人员捡到的物品。

（1）乘客遗失物品管理

①工作人员、乘客在车站、列车内捡到遗失物品，一律交车站处理，车站须妥善保管（图6.1为地铁车站遗失物品管理柜）。

②遗失物品清点需由至少2名员工共同进行。

③车站需建立专项台账进行登记。

④手机、钱包、现金等贵重物品保存时间为5天，逾期无人认领的，交由上级相关部门或公安部门统一管理。

⑤衣物等一般物品保存时间为1个月，逾期无人认领的，交由上级相关部门统一管理；超过一年无人认领的，轨道交通单位可通过公开捐赠等方式处理。

⑥食物、饮品等失物招领期限为2天，逾期无人认领的，车站自行处理；对于无包装及易腐食品，车站当天自行处理。

小贴士

> 各地铁根据实际情况，对物品的保管，特别是对衣物等一般物品及食物、饮品等的保管，期限有所不同。

（2）失物信息发布

①车站捡到物品要立即上报上级业务部门，需报拾获人、时间、车站、拾获位置及物品简单描述信息。

②捡到遗失物品后车站要及时寻求失主，并通过各种手段，如轨道交通公司官网、微博、报纸等对外发布。

③轨道交通单位相关部门要对遗失物品进行定期清点整理，并通过社会媒体等渠道统一集中发布，提高认领率。

④失物被认领后，车站需将认领信息及时上报上级部门备案。

（3）失物认领程序

①乘客得知遗失物品信息后可到负责保管的车站认领。

②失主认领失物时，车站应对物品的名称、数量和特征进行认真核对，情况属实即可办理认领手续。

③认领失物时，失主须出示本人身份证或其他有效证件。若失主委托他人领取，被委托人需携带本人的身份证，并提供物品详细信息，经车站工作人员核实确认后，返还失物给被委托人。

④手机、钱包、现金、银行卡等贵重物品保存公示时间为1年，逾期无人认领的，交由公安部门统一管理。

⑤衣物等一般物品保存公示时间为1年，逾期无人认领的，须做好公示期满记录，轨道交通单位可通过公开捐赠等方式处理，并留存过程资料。

⑥食物、饮品等失物招领期限为当天关站前，逾期无人认领的，由车站自行处理。

3.乘客物品掉入轨行区

（1）处置原则

①车站工作人员得知乘客物品掉落轨道时，应首先安抚乘客，劝阻乘客不要擅自拾取。

②车站工作人员在拾取物品前，要先报告行车调度员，得到允许后，方可拾取。

③乘客掉落物品影响行车时，车站工作人员发现后要立即报告行车调度员，得到允许后方可进行即时、有效、快速处理，处理时要注意自身安全防护。

④乘客掉落物品若不影响列车正常运行，且行车调度员未允许在运营中拾取时，车站工作人员要向乘客做好解释工作，并做好乘客信息登记，待运营结束拾回物品后，尽快与乘客联系并将物品归还。

（2）处理程序

①车站工作人员得知有物品掉落轨道时，第一时间明确告诉乘客不要擅自跳下轨道，并报车控室。

②行车值班员接报后向行车调度员报告，得到允许处理的许可后行车值班员按下紧急停车按钮，设置防护；站台岗用专用工具（拾物钳，见图6.2）夹起物品；若物品无法被夹起，得到行车调度员允许后，用下轨梯进入轨道拾回物品；站台岗向行车值班员报告，"物品已拾回，线路已出清"。

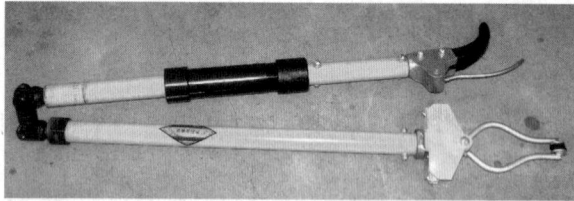

图6.2 专用拾物钳

③接到站台岗出清线路的报告后，行车值班员向行车调度员报告，得到允许后恢复紧急停车按钮，取消紧停。

④如果列车已开过来，物品不影响行车安全时，等该列车开走后再行处理。

⑤若列车已在站外停车，车站确认物品不影响行车安全，可用对讲机呼叫列车司机，告知列车司机可进站停车；待列车出清后再按上述程序处理。

⑥乘客掉落物品影响行车安全时：

若司机是第一发现人：

A.司机在列车进站前第一时间发现站内区间有物品侵入限界影响行车，则司机应立即采取有效措施停车，并向行车调度员报告；

B.行车调度员通知车站行车值班员，有物品侵入限界影响行车，需尽快拾取，保证行车安全；

C.行车值班员向行车调度员申请下轨道处理，得到允许处理后，按压紧急停车按钮设置防护，安排站台岗下轨道拾回物品；

D.站台岗处理完毕后，确认线路出清，并报告行车值班员；

E.行车值班员接报后向行车调度员报告，得到行车调度员允许后，恢复紧急停车按钮，取消紧停；

F.接到行车调度员命令后，司机可启动列车进站。

若车站工作人员是第一发现人:

A.车站工作人员第一时间发现掉落轨道物品影响行车安全时,应立即按压紧急停车按钮,并向车控室报告;

B.行车值班员向行车调度员申请下轨道处理,得到允许处理后,按压紧急停车按钮设置防护,安排站台岗拾回物品;

C.行车调度员通知列车司机有物品侵入限界,注意瞭望,减速行驶,有必要时,需紧急停车;

D.物品取回后,确认线路出清,并报行车值班员;

E.行车值班员向行车调度员报告,物品已取回,线路已出清,得到行车调度员允许后,恢复紧急停车按钮,取消紧停;

F.行车调度员通知列车司机,线路障碍已排除,恢复正常运行;

G.若物主在现场,经与物主确认后,将物品归还,若物主不在现场,则做好物品的登记、保管和上报工作。

4.开关站程序

(1)车站开站程序(表6.1)

表6.1　车站开站程序

序号	责任人	内　　容
1	值班站长 行车值班员	首班车到站按照规定时间或行车调度员通知,组织进行运营前检查,检查项目包括:1.影响行车的A类施工是否已经结束,确认销点情况;2.站台、线路出清情况;3.按规定开启环控设备,并查看运行情况;4.测试LCW排列进路,进行道岔单操;5.测试屏蔽门开关情况;6.检查行车备品状态等,运营前检查后向行车调度员汇报
2	售票员	提前到站进行准备工作,出入口开启前到岗
3	值班站长	首班载客列车到站前巡视车站,开启出入口、电扶梯等
4	站台岗	提前到站进行准备工作,首班载客列车到站前领齐备品到岗
5	行车值班员	首班载客列车到达前查看站台到岗情况、打开照明开关、开启AFC设备(除闸机外)、向乘客广播候车的注意事项

(2)车站关站程序(表6.2)

表6.2　车站关站程序

序号	责任人	内　　容
1	行车值班员	上/下行尾班载客列车开出前开始播放末班车广播;运营结束后,执行车站节电照明模式
2	客运值班员	上/下行尾班载客列车开出前5分钟左右关闭TVM;通知售票员停止售票和进站检票工作;摆放有关服务信息的告示牌
3	站台岗	尾班载客列车开出前确认乘客上、下车情况;尾班车开出后进行站台清客

续表

序号	责任人	内　容
4	售票员	尾班载客列车开出前5分钟停止售票、兑零等工作,收拾票、钱,整理票务处备品,注销BOM,准备回票务管理室结账
5	值班站长	尾班载客列车到达前5分钟确认所有TVM、入闸闸机已关闭,停止售票广播播放。尾班载客列车开出后清站,关闭车站电扶梯和出入口

【任务实施】

若某地铁车站发生乘务物品掉落轨行区,车站工作人员的处理方式如下:

①车站工作人员得知乘客物品掉落轨道时,第一时间明确告诉乘客"请勿擅自跳下轨道,车站工作人员会帮您处理",并报车控室。

②行车值班员接报后向行调报告,得到允许处理的许可后,行车值班员按下紧急停车按钮。站台岗用专用工具(夹物钩)夹起物品,若物品无法被夹起,向行调申请下线路拾取,得到允许后方可下线路。站台岗向行车值班员报告,物品已拾回,线路已出清。

③接到站台岗出清线路的报告后,行车值班员向行调报告,得到允许后恢复紧急停车按钮,取消紧停。

【效果评价】

评价表

项目名称	城市轨道交通车站运作管理	学生姓名	
任务名称	任务1　城市轨道交通车站日常运作管理	分　数	
项　目		分　值	考核得分
1.是否有小组计划		5	
2.车站边门管理的掌握情况		20	
3.车站遗失物品管理的掌握情况		20	
4.乘务物品掉入轨行区处理的掌握情况		20	
5.车站开关站程序的掌握情况		20	
6.编制学习汇报报告情况		10	
7.基本素养考核情况		5	
总体得分			
教师简要评语:			
			教师签名:

任务2　城市轨道交通车站行车组织

【活动场景】

利用多媒体或是实地参观地铁车站,了解车站行车组织情况。

【任务要求】

掌握车站行车工作方面的基本概念、基本要求、基础制度和行车工作具体内容。

【知识准备】

1.列车运行的基本概念

(1)在双线行车状况下,城市轨道交通系统的列车通常是按右侧单方向运行。

(2)为保证列车运行的安全,在组织列车运行时,通过设备或人工控制,使列车按闭塞分区或站间区间保持间隔距离的办法,称为行车闭塞法。

(3)各站的行车工作由行车调度员统一指挥。

2.行车工作的基本要求

车站日常运输工作的目标是确保运输安全,合理运用技术设备,按列车运行图接发列车,质量良好地完成客运任务。车站行车组织工作在实现上述目标的过程中起着核心作用。对车站行车工作的基本要求是:

(1)执行命令听从指挥。严格执行单一指挥制,车站行车工作由车站行车值班员统一指挥。列车在车站时,所有乘务人员应在车站行车值班员指挥下进行工作。车站行车值班员应认真执行行车调度员的命令和上级领导的指示。

(2)遵章守纪按图行车。认真执行行车规章制度,遵守各项劳动纪律。办理作业正确及时、严防错办和忘办、严禁违章作业,当班必须精神集中,服饰整洁,佩戴标志,保证车站安全,不间断地监控列车运行。

(3)作业联系及时准确。联系各种行车事宜时,必须用语规范、内容完整、简明清楚,严防误听、误解和臆测行事。

(4)接发列车目迎目送。接发列车严肃认真,姿势端正。列车进站前,对车站进行巡视检查,发现影响行车的因素及时汇报并采取有效措施,列车到站时组织乘客迅速上下车,查看屏蔽门等设备运行状态,列车出站时目送列车出清(图6.3为地铁车站站台作业人员),确保列车运行安全。

图6.3　地铁车站站台作业人员

(5)行车表报填写齐全。行车表报包括各种行车凭证、行车日志和各种登记簿。行车凭证有路票、调度命令等。登记簿有调度命令登记簿、施工登记簿、交接登记簿等。应按规定内容、格式认真填写各种行车表报,保持表报完整、整洁。

3.行车工作制度

为了加强车站行车作业组织,保证车站良好的行车作业秩序,必须建立和健全各项行车工作制度,做到行车作业制度化、程序化、标准化。车站行车工作制度主要有行车值班员岗位责任制、交接班制度、施工及检修登记制度、巡视检查制度和行车事故处理制度。

(1)行车值班员岗位责任制。车站行车值班员在值班站长的领导下,主管车站行车工作;服从行车调度员指挥,执行行车调度员命令,严格按列车运行图组织行车;熟悉行车设备的性能,掌握操作方法;控制车站广播,密切关注监视屏,掌握站台乘客动态;信号系统出现故障时负责现场人工排列进路;保管、使用行车设备备品,正确填写各种行车台账,字迹清楚;值班站长不在车控室时代理其职责。

(2)交接班制度。行车值班员交接时,应将列车运行和设备状态,上级指示和命令的完成情况等填记在《交接班登记簿》上,并口头向接班行车值班员交代清楚。行车值班员接班时,要了解列车运行情况,对行车设备、备品、表报进行检查后,签认接班。

(3)施工及检修登记制度。各种施工及检修工作,行车值班员应根据施工计划,向施工负责人交代有关注意事项后,方可登记。凡影响行车的临时设备抢修,行车值班员要与行车调度员联系作业时间,并获同意后,方可登记。施工及检修工作结束后,行车设备经试验,确认技术状态良好方可签认注销。

(4)运营前检查制度。在每日正常运营前,车站需复核施工登记注销情况,确认车站影响行车的施工已结束、线路出清;检查行车设备、备品齐全完好;开启运营照明、检查车站供电、环控系统正常,各种设备(如电扶梯、AFC设备等)开启正常,检查行车控制台是否有异常情况,检查完后将情况汇报至行车调度员。

(5)行车事故处理制度。发生行车事故时,应立即采取措施进行处理,同时向行车调度员及有关部门报告。认真记录事故发生的时间、地点、车次、车号、司机姓名及人员伤亡、设备损坏情况,查找人证、物证,并做成记录。清理现场,尽快开通线路。对责任行车事故,应认真找出原因,提出处理意见,制定防范措施。

4.列车运行控制

车站的列车运行控制是由整个系统的列车运行控制方式所决定的。

(1)在调度集中控制方式下,车站行车组织的主要工作是监控列车运行状态,行车值班员可兼做其他工作。

(2)指挥调度中心因故无法对列车的运行进行集中控制时,则由车站进行控制,有集中控制设备的车站负责进行列车的折返、进路排列等人工作业(图6.4为车站工作人员在车站级联锁设备上排列进路)。

图6.4　车站工作人员在车站级联锁设备上排列进路

小贴士

为确保安全,车站在车站级联锁设备上排列进路时,需要执行"一人操作,一人盯控"的制度。

（3）在非正常情况下，车站根据调度指令，按规定的作业办法要求负责列车在车站接、发、调车等作业。

5.车站行车工作

（1）行车指挥自动化或调度集中控制时的接发列车

在实现行车指挥自动化的情况下，控制中心的计算机系统能根据计划列车运行图及列车运行实际情况，自动办理与实时控制车站上的列车接发工作，即与接发列车有关的进路办理和信号开放工作均能由计算机控制完成。在调度集中控制的情况下，由行车调度员直接指挥车站上的列车接发工作，行车调度员可在调度控制台上操纵车站的道岔和信号机。因此，在上述两种设备条件与控制方式下，车站行车值班员的职责是在车站控制台上监控进路办理、信号开放是否正确，列车运行状态是否正常等。

（2）电话闭塞法行车时的接发列车

当根据行车调度员命令停止使用基本闭塞法，改用电话闭塞法行车，实行车站控制时，由于无设备控制，为保证列车运行安全，在同一时间、同一区间内只准有一个列车运行。此时，车站行车值班员具体组织和直接指挥接发列车工作。为保证车站能按列车运行图、不间断接发列车及接发列车作业的安全，接发列车工作必须按规定的程序和要求进行。车站行车值班员应办理的作业有：准备进路、办理闭塞、交接凭证和接发列车等。

电话闭塞法是基本闭塞设备不能使用时，根据列车调度员命令所采用的代用闭塞法。为了防止因疏忽向占用区间发车，造成同向列车追尾，车站行车值班员在接发列车工作中的首要作业程序是办好接发列车进路，再向临站请求闭塞，在承认或解除闭塞前，应确认接车区间空闲和接车进路准备妥当（图6.5为人工加锁道岔）。接车站承认闭塞应向发车站发出电话记录号码作为依据。确认区间是否空闲的根据是发车站通知的，向本站发出列车是否已经到达本站。接车进路是指列车在车站上到、发或通过所需占用的一段站内线路。确认接车进路是否准备妥当的主要内容是接车进路空闲、接车进路道岔位置正确。进路上道岔位置不正确，列车就有可能进入异线，造成列车冲突、脱轨等事故。

车站行车值班员只有在列车进路准备妥当、闭塞手续办理完毕后，才能填发列车占用前方区间凭证（图6.6为地铁车站使用的路票，作为占用前方区间凭证），给列车发车信号，准许列车发车。

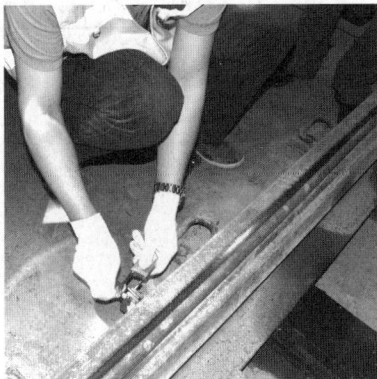

图6.5　人工加锁道岔

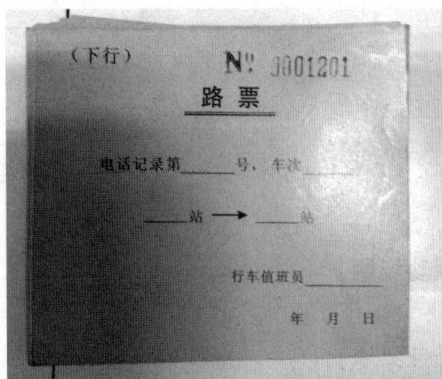

图6.6　路票

【任务实施】

当地铁行车组织降级到以电话闭塞法行车时,车站行车作业办理程序如下:

①车站接收行调发布启用电话闭塞法命令。

②车站(故障区域内联锁站)向行调申请办理接发车进路,优先使用车站级 ATS/LCW 对进路上的道岔加锁。

③列车发车办理:a.向前方站请求闭塞;b.获得同意闭塞后填写行车日志、路票,经核对路票无误后交予司机,向司机显示发车手信号;c.列车启动后向相邻站报点。

④列车接车办理:a.收到后方站请求闭塞,确认接车进路准备妥当、接车线路空闲后同意闭塞,向后方站发出电话记录号码;b.收到后方站列车出清报点后通知站台岗接车;c.列车到达后收回路票、记录到达时间点,组织乘客上下车。

⑤接收行调发布取消电话闭塞法行车组织命令后恢复正常行车。

【效果评价】

评价表

项目名称	城市轨道交通车站运作管理		学生姓名	
任务名称	任务2 城市轨道交通车站行车组织		分 数	
项 目			分 值	考核得分
1.是否有小组计划			5	
2.车站行车组织工作的认知情况			30	
3.电话闭塞法行车的掌握情况			50	
4.编制学习汇报报告情况			10	
5.基本素养考核情况			5	
总体得分				
教师简要评语: 教师签名:				

任务3 城市轨道交通车站票务管理

【活动场景】

利用多媒体或实地参观地铁车站,了解车站票务管理情况。

【任务要求】

掌握车站票务工作方面的基本概念和基础管理制度,熟悉车票运作流程。

【知识准备】

城市轨道交通的票务工作主要包括车票在制票中心的制作和车票在车站的运作两大部

分,由此带来的一系列工作有:车票的采购、车票的制作、车票的配送、车票在车站内的保管、车票的交接、车票的出售、使用车票进/出站、车票的回收、车票的注销、车票的销毁、票款的收集/保管/解行等。

1.车票

车票可从使用时间的限制、使用线路的限制、使用次数的限制和车票制作材料等不同的角度进行分类。

(1)从使用时间的限制分类,车票分为普通车票和定期车票。普通车票是当日或本次列车使用有效车票,定期车票是在规定时间内使用有效车票。定期车票又可分为月票、季票和年票等。

(2)从使用线路的限制分类,车票分为专线车票和联合车票。专线车票是指定线路使用有效车票,联合车票是各条线路使用有效车票。这里的各条线路既可是联运的各条轨道交通线路,又可是联运的轨道交通线路和其他城市交通线路。

(3)从使用次数的限制分类,车票分为单程车票和储值车票。单程车票是一次乘客使用有效车票,储值车票是在票值用完前可多次乘车使用有效车票。为吸引更多乘客购买储值车票,一些轨道交通系统给购买储值车票乘客一定优惠,如根据储值车票的不同价值附送10元左右数额不等的票值,并在最后不管车票剩值多少,仍可乘坐全程一次。

(4)从车票制作材料分类,车票分为纸片车票、磁卡车票、电子车票。纸片车票是普通纸制成的传统车票,上面印有票价、站名、编号等。磁卡车票是用纸或塑料卡片作为基片,在上面涂上磁粉物质制成的车票,磁卡上有磁卡密码、编号、车资、进站时间和地点等信息。磁卡车票又可分为接触式磁卡车票和非接触式磁卡车票。电子车票是乘客通过手机或其他电子产品即时获取的存有个人信息的电子类车票,主要形式有二维码电子车票和人脸电子车票。

①纸票适用于人工售检票的票务运作模式,每张纸票相当于一张定额发票,乘客只能使用一次。每张纸票包括存根、主券、进站副券、出站副券四部分。存根是轨道交通内部在进行收益稽核时使用的,进/出站副券分别是乘客在进出站时提供给检票人员检查的,主券是最后留给乘客,供乘客留存或报销使用的(图6.7为北京地铁早期纸质车票)。

②磁卡车票和IC卡车票适用于自动售检票的票务运作模式,每张车票相当于轨道交通提供给乘客的一个储存票款的载体。车票主要有两种:一种是单程票,即乘客只能用于一次乘车;另一种是储值票,即可以让乘客多次乘车使用,直到车票中储存的票款用完为止。无论是单程票还是储值票都可以在自动售检票系统中使用(图6.8为南京地铁单程票,图6.9为成都地铁单程票,图6.10西安地铁试乘单程票)。

图6.7　北京地铁早期纸质车票

图6.8　南京地铁单程票

③电子车票适用于具有互联网票务功能的自动售检票票务运作模式,电子车票相当于乘客乘车的虚拟载体,通过在传统自动售检票系统上增加的电子识别设备识别通行。电子车票目前主要有两种:一种是二维码电子车票,指将传统车票内容及持有者的信息通过加密并编码后,成为一个二维码图形车票,一个二维码只能刷一次,进出站数据需更新;另一种是人脸电子车票,即采集乘客人脸图像,与个人信息绑定作为乘客的人脸乘车凭证,乘车时通过生物识别技术对人脸进行匹配、处理。

图 6.9　成都地铁单程票　　　　图 6.10　西安地铁试乘单程票

2.票制的制定

票制和票价是轨道交通系统票务管理中相辅相成的两项内容。

票制种类:

票制是指票价的结构,城市轨道交通系统的票价制式主要有单一票价制、计程票价制、区段票价制和区域票价制、计程计时票价制 5 种。

①单一票价制。不论乘车距离,全线只发售一种票价车票。这种票价制式的优点是售票速度快,检票实行单检制,即进站检票、车站不检票,可减少车站作业人员。缺点是不利于吸引短途客流。

②计程票价制。按照乘车距离或乘车站数发售不同票价车票。这种票价制式的优点是乘客的车费负担比较合理,有利于吸引更多的客流。缺点是车票种类多、售检票作业比较复杂。

③区段票价制。把全线分成若干区段,按是否在区段内乘车和跨越几个区段乘车发售不同票价车票。乘客在位于两个区段的相邻车站间乘客按区段内乘车购票。这种票价制式是单一票价制和计程票价制的折中,因而兼有他们的特点。

④区域票价制。把由多条线路组成的轨道交通网分成若干区域,按是在区域内乘车还是跨出区域乘车发售不同票价车票。区域内乘车又有区域单一票价制和区域计程票价制之分。

⑤计程计时票制。是指不仅按乘坐距离的远近支付车费,而且还要按乘客乘坐时间长短收取车费,两者取车费最大值作为收费依据。

3.车票的有效期

有效期是指乘客购买了一张车票后,在车票所含有的余值充足的条件下,可以用于乘客乘车的有效期限。例如,单程票的有效期一般是一天,而储值票的有效期则可能是一段比较长的时间,如 300 天或 500 天等。

4.优惠政策

优惠政策主要指城市轨道交通在乘车费用上对不同乘客给予的让利举措,有些是从市场营销的角度出发制定的,如给乘客的乘车费用积分优惠;有些是从社会效益的角度出发制定的,如给予学生、老人乘客折扣优惠;有些是依据政府的福利要求制定的,如西安地铁对现役军人、残疾人给予免费乘坐地铁的优惠等。

5.车票的使用规则

使用规则是指乘客持有效车票乘车时必须遵守的票务原则,如一张车票只能提供给一个乘客使用或可以提供给多个乘客使用;乘客进站检票后,在车站逗留的最长时间;乘客持车票乘车时,是遵守进站检票→出站验票→再进站检票→再出站验票的"一进一出"的顺序,还是其他顺序等。

6.退票原则

退票原则是指乘客在购买车票后,因特殊原因需进行退票时的限制条件。

7.日常票务管理

在确保轨道交通系统的运营秩序和运营收入上,票务管理起着重要的作用。为了加强日常票务管理,应做到:

①专设票务管理部门,负责车票的印刷、保管、发放、售出统计和票款交收等工作。

②装备高效方便的售检票及其他辅助设备,如自动售票机、自动检票机、辅币兑换机,以及查询校验磁卡车票的验票机等。

③在实行人工售检票作业时,要有完美的售检票作业程序和处置乘客无票乘车或越站超时乘车的措施,并制定补罚票制度。

8.售检票作业

售检票作业是对乘客的第一道服务环节,在售检票过程中,乘客希望有一个便利、快捷、文明的服务,运输企业也希望以让乘客满意的服务吸引更多的客流,因此,售检票作业是车站客运工作的一个重要组成部分。

轨道交通系统售检票作业方式有开放式和封闭式两类,开放式售检票作业方式是指车站不设检票口,乘客在上车前或在列车上进行随机查票。封闭式售检票作业方式是指乘客进出车站均要经过检票口检票。开放式售检票作业方式一般用于客流量较小的轨道交通系统,它同时要求国民素质相对较好,并在运营收入低于运营成本时有政府的补贴。封闭式售检票作业方式能减少或杜绝无票乘车、越站超时乘车等现象,确保客运收入。目前,封闭式售检票作业方式主要有传统的人工售检票和计算机控制的自动售检票两种。与人工售检票相比,自动售检票具有售检票速度快、能统计与提供票务信息、收入信息和客流信息等优点。

9.车票的运作流程

(1)纸票的运作流程,如图 6.11 所示。

图 6.11   纸票运作流程

(2)磁卡票的运作流程,如图 6.12 所示。

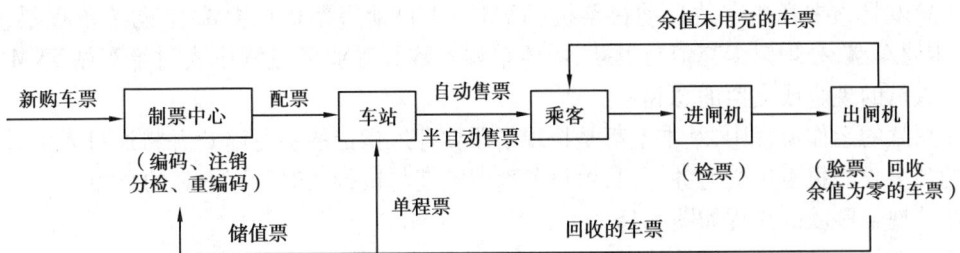

图 6.12   磁卡票运作流程

（3）IC 卡车票的运作流程，如图 6.13 所示。

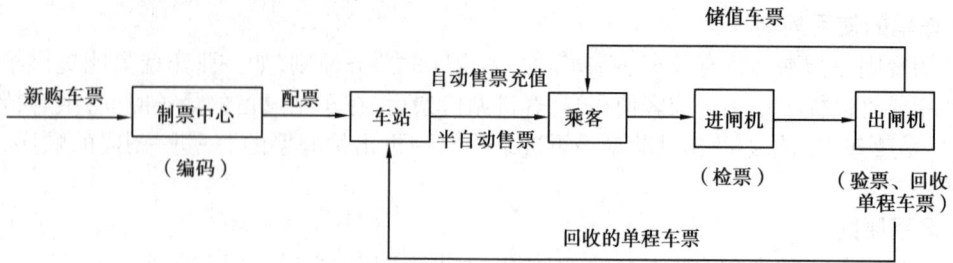

图 6.13　IC 卡车票运作流程

（4）电子车票的运作流程，如图 6.14 所示。

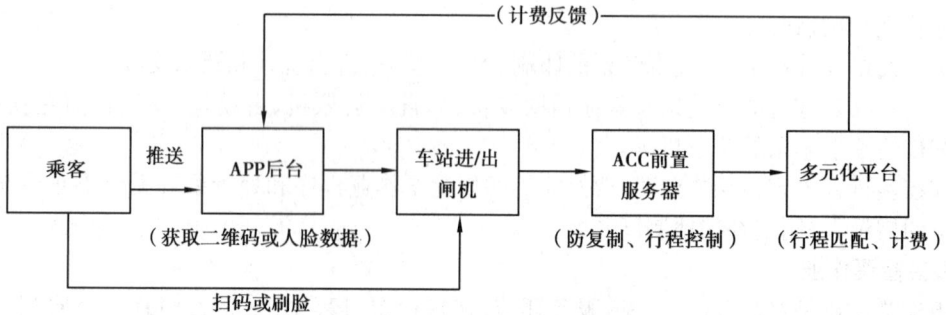

图 6.14　电子车票运作流程

10.车票的管理

对车票的管理：一方面从宏观上总体把握所有车票的流向、流量，确保整个车票流程顺畅，保障车票的供应，使车票得以高效利用；另一方面从微观上通过制定严谨的车票交接、保管制度，把握每一张有值车票的去向，确保每一张车票的安全。

（1）定期对车票的运作情况进行统计分析

以 IC 卡车票为例，车票管理部门定期分析的内容有各种车票的库存量、站存量、使用比例、售卖量、报废量、流失量，客流一定情况下车票的最低投放量等，以及不同时期车票随客流的波动规律等。

（2）在自动售检票系统中设有储值票使用追踪系统

追踪每一张车票的使用情况，对于使用情况异常的车票进行及时报警，并设置黑名单，以确保公司的收益。

11.现金运作

车站现金系统主要由票款和备用金组成。

（1）票款

①票款是指乘客在车站自动售票机（TVM）、半自动售票机（BOM）上购买单程票、储值票、一卡通车票，办理票卡充值与更新、团体单程票购买等业务过程中支付给车站 TVM 及票务工作人员的现金或支票的总和。

②票款的运作流程中，基本上都是将现场票款存入指定的银行账户并将通过人工或机器生成的现金收益报表送交财务部门，由财务部门定期与银行核对所存票款的金额。

车站现金票款的流程如图 6.15 所示。

③票款的运作模式。票款的运作模式主要有以下几种：

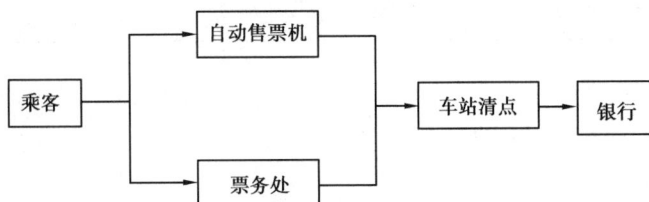

图 6.15 车站现金票款运作流程

通过内部清点、交接,将各个车站的票款集中在某个指定地点,然后由银行上门收款。

由各个车站内部进行清点、交接、集中后,由车站各自负责将票款存入本站的银行或者由银行去各个车站上门收款。

车站客运值班员规整当天的所有票款后,锁入保险柜或银行票款箱中,等待银行上门收取或运送到指定的地点,集中清点并存入银行账户。自动售票设备中的票款,则运送到指定的地点集中清点后再存入银行。

(2)备用金

备用金是指由上级财务部门配发给车站,专用于与银行兑零,给乘客找零、兑零,自动售票机补币等。备用金的运作模式主要有两种:

①管理部门直接给各个车站核定一定数目的备用金并一次性将备用金配发到各个车站,由各个车站依据本站的情况从票款中兑出或者与银行兑换,确保有足够的零钞或硬币提供给乘客。这一模式下,各车站每天保有的备用金的数目是恒定的,不会因客流量的大小或售票量的多少而有所改变,除非管理部门对备用金的数目进行重新调整。

②管理部门定期(如每周)让各个车站依据具体情况提交下一个时期每天所需要备用金的数目,之后由管理部门与银行联系,由银行每天提供各个车站所需要的硬币备用金,而车站每天由于兑换而产生的硬币备用金则连同车站的票款一起存入银行。在这种模式下,各个车站每天保有的备用金数目会随客流的情况、售票量的情况而有所变化。

【任务实施】

掌握票卡及现金的运作流程。

【效果评价】

评价表

项目名称	城市轨道交通车站运作管理	学生姓名	
任务名称	任务3 城市轨道交通车站票务管理	分　数	
项　目		分　值	考核得分
1.是否有小组计划		5	
2.车票种类的认知情况		20	
3.票制的认知情况		20	
4.车票运作流程的掌握情况		40	
5.编制学习汇报报告情况		10	
6.基本素养考核情况		5	
总体得分			

续表

教师简要评语：
教师签名：

任务4　城市轨道交通车站施工管理

【活动场景】

利用多媒体或是实地参观地铁车站，了解车站施工管理情况。

【任务要求】

掌握施工计划的分类、施工作业的安全管理。

【知识准备】

城市轨道交通的维修施工作业具有时间短、要求高、作业空间相对集中、绝大部分为夜间作业等特点，必须科学合理地组织时间和空间的立体化施工作业，要求有关部门密切配合，最大限度地利用较短的施工时间，良好地完成施工任务，确保设备安全、可靠运行。

城市轨道交通的维修施工作业原则上安排在运营结束后的非运营时间内进行，并在运营开始前预留 40 分钟作为运营前的准备时间。

在运营中遇行车设备故障影响列车不能继续运行时，须组织抢修施工，并应遵循"先通后复"的原则。对故障设备临时处理恢复行车后，维持运行到运营结束后再对该设备进行全面修复。

1.施工管理基本定义

①施工负责人

负责在主站办理进场作业登记和该项作业的组织、安全和管理的人员。

②施工责任人

同一施工项目在多个作业点进行，该施工项目除配备施工负责人外，各点（辅站）的施工还需配备施工责任人，施工责任人在辅站办理进场作业登记和负责该作业点施工的组织、安全和管理。

③影响行车的施工

指进行该项施工作业时，如果当天或次日线路上有列车、工程车运行，行车会受其影响的施工。

④主站

施工负责人持《施工进场作业令》到某个车站登记请点施工的车站称为主站。

⑤辅站

同一线路同一施工项目多站进行时,施工责任人到其作业区域包含的各站(除主站外),登记请点的车站称为辅站;同一施工项目安排主站和辅站总数原则上不超过6个。

⑥《施工进场作业令》

是允许在地铁运营公司所辖设备和范围内进行施工的一种凭证。

⑦施工区域出清

指在施工区域范围内施工结束后,施工负责人或施工责任人确认所有作业有关人员已撤离,有关设备、设施已恢复正常,工器具、物料已撤走等。

⑧外单位

指除地铁运营公司以外的单位。

⑨影响客运的施工

指进行该项施工作业时,车站的客运服务设备设施功能降低、影响客流组织、服务质量的施工。

⑩主办部门

运营分公司内实施委外维修或施工的部门。

⑪主配合部门

配合地铁公司其他处室、子公司的施工及其委外项目施工的部门。

⑫配合部门

协助地铁公司其他处室、子公司和运营分公司其他部门的施工及其委外项目施工的部门。

2.施工计划分类

(1)按施工作业地点和性质分类

①影响正线、辅助线行车的施工为A类,其中开行工程列车、电客车的施工为A1类,不开行工程列车、电客车的施工为A2类,车站、主所、控制中心(以下称OCC)范围内影响行车设备设施的作业为A3类。

②在车辆段的施工为B类,其中开行电客车、工程列车的施工(不含车辆部电客车、工程列车的检修作业)为B1类,不开行电客车、工程列车但在车辆段线路限界、影响接触网停电、在车辆段线路限界外3米内搭建相关设施及影响车辆段行车的施工为B2类,车辆段内除B1、B2以外其他影响行车设备设施的施工为B3类。B3类主要包括供电、通信、信号、机电等与行车有关设备的检修。

③在车站、主所、OCC范围内不影响行车的施工为C类,其中大面积影响客运、消防设备正常使用及需动火的作业(含外单位进入变电所、通信设备房、信号设备房、环控电控室、照明配电室、蓄电池室、水泵房、其他气体灭火保护房内作业)为C1类,其他局部影响客运,但经采取措施影响不大且动用简单设备设施(如动用220 V及以下的电力、钻孔等,不违反安全规定)的施工为C2类。

(2)按时间分类

①属于正常修程内的A1、A2、A3、B1、B2、C1类作业应纳入月计划。月计划应结合运营分公司月度设备检修计划编制。

②因设备检修需要,对在月计划里未列入的进行补充或月计划中需调整变更 A1、A2、A3、B1、B2、C1 类作业的计划为周计划。

③对在月计划和周计划里未列入的进行补充或月计划、周计划中需调整变更 A1、A2、A3、B1、B2、C1 类作业的计划,称为日补充计划。

④运营时间对设备进行临时抢修后,需在停运后继续设备维修的 A1、A2、A3、B1、B2、C1 类作业的计划为临时补修计划。

⑤属于 B3、C2 类的作业,不需提报计划,施工作业负责人直接与车辆段/车站联系,经车辆段/车站同意后开始施工。

3.施工作业管理

(1)施工前准备工作

①对维修、调试、施工等作业按性质、地点分别组织。A 类作业须经行车调度员批准方可进行。B 类作业须经车辆段调度员同意方可进行,如影响正线行车须报行车调度员批准。C 类作业的施工项目经车站批准后方可施工,外单位施工作业按《外单位工程施工作业管理流程》进行,经车站批准后方可施工。

②各施工单位及部门的施工、检查作业,应严格控制作业范围及作业时间。外单位施工负责人(责任人)需持有两证(安全合格证、临时出入证)后,方可在规定范围内进行施工(特殊情况除外)。

③施工人员进出站规定。施工负责人持作业令提前到达主站;施工责任人及维修人员在规定施工开始时间前到达辅站和相关车站;按规定程序办理施工作业手续。外单位的施工作业人员进出车站需提前与车站当班人员联系并于关站前进站。特殊情况确需关站后进入的应事先与车站预约,车站根据预约的地点、时间,查验手续后开门放行。

(2)请点规定

①属于 A 类的作业,施工负责人在作业令规定施工开始时间前到车站,经车站检查《施工进场作业令》、安全合格证(施工负责人项目)、临时出入证(外单位需办理)合格后,填写相关登记本请点,由车站确认条件满足后向行车调度员申报请点,行车调度员经过审核,确认条件满足后方可批准。车站值班员传达允许施工的命令,请点生效,可以施工。

②属于 A 类作业,但需由多个车站进入施工的作业项目,施工负责人除到主站按上一条规定办理外,还需核实辅站情况。辅站施工责任人在作业令规定施工开始时间前到达辅站办理登记手续,辅站值班员检查《施工进场作业令》、安全合格证(施工负责人项目)、临时出入证(外单位需办理)合格后向主站值班员核实施工事项并请点,主站判断条件满足后报行车调度员请点,行车调度员批准施工,传达给施工负责人及辅站,辅站值班员允许施工责任人开始该作业点的施工。

③属于 B1、B2 类的作业,施工负责人到车辆段调度员处请点,车辆段调度员检查《施工进场作业令》、安全合格证(施工负责人项目)、临时出入证(外单位需办理)合格后方可批准;B3 类作业直接到车辆段调度员处登记作业(属于外单位的 B3 类作业,施工人员需持《外单位进场作业许可单》和临时出入证到车辆段调度员处登记作业)。经车辆段调度员同意,方可施工;车辆段内进行影响正线行车的作业,车辆段调度需报行车调度员,经行车调度员批准后,方可施工。

④属于 C1 类的作业,施工负责人持《施工进场作业令》、临时出入证(外单位需办理)到车站登记请点,经车站审核、批准后方可进行;属于 C2 类的直接到车站登记施工(外单位需持《外单位进场作业许可单》和临时出入证)。

⑤如遇作业区域同时包含正线和车辆段线路,施工部门到车辆段调度员处请点,车辆段调度员在审核批准该项施工作业后,还须向行车调度员请点,征得同意后,方可允许施工部门开始施工。

⑥有外单位作业时,由指定的施工主办部门或主要配合部门人员协助办理请点后,方可开始作业。

⑦在作业请点站(主站)请点,各部门可使用《施工进场作业令》原件、复印件(含传真件),外单位必须使用《施工进场作业令》原件;辅站登记可用作业令复印件(或传真件)。

(3)销点规定

①A 类作业,施工作业地点仅一个站的,施工负责人在施工区域出清完毕后报车站,由车站向行车调度员销点。

②B、C 类作业施工完毕后,施工负责人负责施工区域出清后到车辆段或车站销点。

③属于作业区域同时包含正线和车辆段线路的施工销点时,施工负责人在施工区域出清完毕后,向车辆段销点,车辆段在办理销点手续时必须同时向行车调度员办理销点。

④当多站销点时,辅站施工责任人负责本段线路出清并报施工负责人后,在辅站销点;辅站值班员向主站值班员销点;施工负责人负责该项作业区域全部出清后,方可报主站值班员销点,主站值班员向行车调度员销点。

⑤需异地销点的施工作业,施工负责人(责任人)应在《车站施工登记表》备注栏中注明异地销点的地点、人数,登记进入施工的车站要及时通知异地销点的车站值班员。

⑥当施工作业只有一组人员进行作业,需异地销点的,销点的时间不得超过《施工进场作业令》中规定的结束时间,作业结束后,施工负责人向销点站登记销点,销点站经与施工负责人核对销点的施工内容、施工人数、地点全部无误后,记录施工负责人有效证件、姓名、作业令号码、作业人数等,并向请点站核对无误后,准予销点;销点站负责向行车调度员报告销点。

⑦当施工作业有多组人员进行,需异地销点的,销点的时间不得超过《施工进场作业令》中规定的结束时间,作业结束后,施工责任人负责本段线路出清报施工负责人,并在辅站销点,辅站值班员向主站登记的销点站值班员销点;施工负责人负责该项作业区域全部出清后统一向在主站登记的销点站登记销点,销点站经与施工负责人核对销点的施工内容、施工人数、地点全部无误后,记录施工负责人有效证件、姓名、《施工进场作业令》号码、作业人数等,并向请点站核对无误后,准予销点,销点站并负责向行车调度员报告销点。

4.施工安全管理

每项属于 A 类、B 类、C 类(B3、C2 类除外)作业需设立 1 名施工负责人,辅站另设施工责任人,两者需经过培训后取得安全合格证(含施工负责人项目)并实行持证上岗制度。属于 B3、C2 类的作业,不需设立施工负责人,但必须指定 1 名人员负责施工及施工安全管理。

(1)施工防护

①接触网停电检修或需接触网停电挂地线时,必须由具备接触网挂地线资质的人员负责在该作业地段两端挂接地线。

②站内线路施工时,由施工负责人在车站两端头轨道中央设置红闪灯防护。

③在站间线路施工时,除施工部门在距作业地点两端规定的安全距离外设置红闪灯防护外,车站还负责该施工地段两端车站的端墙门对应的轨道上设置红闪灯防护。施工前,由请点车站设置红闪灯,并通知作业区另一端车站值班员放置红闪灯防护。施工结束后,车站撤除红闪灯,并通知作业区另一端车站值班员撤除红闪灯。如遇施工作业区域跨越站内站间时,施工区域两端车站的防护信号应放在相关端墙门对应的轨道上(图6.16为施工人员现场设置防护红闪灯)。

图6.16 施工人员现场设置防护红闪灯

小贴士

为保证作业中的安全,各地铁均规定了红闪灯的设置距离。

④在折返线、存车线、联络线、安全线上施工时,由作业人员在作业区域可能来车方向处放置红闪灯防护。

⑤车站值班人员安排人员到站台检查相关端墙处红闪灯是否按规定摆放,并监督红闪灯状态是否良好,并对设置的红闪灯是否按规定摆放、状态是否良好进行不定期检查。

⑥施工作业时除严格执行以上规定及相关安全防护规定外,需按施工部门的有关施工操作程序的防护规定执行。

⑦凡在运营时间内进行作业的,必须做好防护措施,确保地铁乘客的安全,最大限度减少对乘客的影响。

(2)施工安全

1)人、工程车在同一区域作业时,由施工负责人与车长根据现场情况协调。

①按施工前进方向,列车在前,人员在后,原则上顺序不得颠倒或列车运行前后皆有作业;

②非随车施工人员与列车应有50 m以上的安全间隔距离,原则上列车不得后退,如需后退时,须施工负责人和车长协商后才能动车确保人身安全;

③作业人员应在自己现场作业区来车方向设置红闪灯防护。

2)开行工程车、调试列车的有关防护

①组织工程车运行时,在工程车运行的到达站前方,必须保证至少有一个站间区间空闲;

②在开行工程车进行作业的封锁作业区域前后方,必须保证至少有一个站台区或站间区间空闲;

③在开行高速调试列车的封锁作业区域前后方,必须保证至少有一个站间区间空闲;

④凡进入线路施工的施工作业人员必须按要求穿荧光衣,并根据作业性质及作业要求使用其他安全防护用品;

⑤施工作业过程中如要进行动火作业,必须办理动火令,严禁在无动火令的情况下进行动火作业;

⑥外单位施工由主办部门或主配合部门负责安全管理、安全监督;

　　⑦各施工单位、部门在申报施工计划时应严格按照相关规定,结合施工作业过程中的实际情况,提出安全防护要求和配合要求。在施工作业过程中,施工单位、部门应严格遵守以上安全规定和《施工进场作业令》中的要求。

5.车站人员工作职责

　　①负责查验施工作业人员和施工负责人/责任人的相关证件;

　　②负责办理施工作业登记申请和销点手续;

　　③负责在站台端墙处线路设置和撤销区间作业的施工防护;

　　④负责为下线路施工作业人员开启屏蔽门端墙门,并将施工作业人员带到相应的端墙门;

　　⑤负责监督施工负责人和配合人员清点进出作业区域的施工作业人员;

　　⑥负责监督车站施工作业安全;

　　⑦负责与施工负责人、配合人员确认施工区域线路出清。

6.运营时间内特殊情况的施工规定

　　(1)正线、辅助线发生各类设备故障或事故需封锁区间抢修的规定

　　1)抢修程序

　　①由行车调度员负责组织故障情况下的行车,根据维调要求组织相关问题的处理;

　　②行车调度员向相关车站发布封锁线路的命令,并通知车站允许施工人员进入线路,需要时通知电调停电;

　　③维调得到行车调度员的封锁命令号码、范围和时间后,负责组织封锁区间内的设备抢修工作并指定一名施工负责人为现场指挥;

　　④抢修完毕,现场指挥确认线路出清后报维调,维调在《值班主任事故/事件处理记录表》上签认恢复行车时间,该封锁区间交回行车调度员解封,行车调度员组织列车运行;

　　⑤列车或车辆在线路上的起复救援工作按相关应急处理程序的有关规定执行。

　　2)进入封锁区间的要求

　　抢修、救援人员进出已交由维调控制、封锁的区间应使用无线电话(如无法联络时经车站)向维调申请,得到维调批准后方可进入封锁的区间。

　　(2)运营时间正线、辅助线发生各类设备故障需短时间进行临时抢修的规定

　　行车调度员按照"先通后复"的原则根据运营实际情况及时安排抢修作业。

　　进入站台或站台附近区段的作业:

　　①抢修人员到车控室办理临时登记手续后(特殊情况下经行车调度员同意可不办理登记手续),到站台待令,车站报行车调度员抢修人员已到位;

　　②行车调度员扣停列车后及时通知车站抢修作业内容,具备抢修条件(图6.17为运营期间抢修屏蔽门故障);

　　③车站得到行车调度员准许后,允许抢修人员进入抢修区间,车站应监督抢修人员进入正确的区域;

　　④施工负责人在来车方向设置红闪灯后开始组织作业;

　　⑤抢修期间严禁运行列车进入抢修的区间或站台区域;

　　⑥特殊情况在有安全地带避让列车的轨行区进行抢修

图6.17　运营期间抢修屏蔽门故障

作业时,需征得值班主任同意,抢修单位应在车控室安排胜任的联络防护员,现场抢修人员要及时避让列车,注意作业安全;

⑦抢修人员抢修结束、出清线路、恢复运营条件后,及时向车站销点,车站向行车调度员报线路已出清,行车调度员组织列车开始运行;

⑧抢修人员应及时到车控室补办相关手续。

【任务实施】

车站办理 A1 类作业请销点的工作程序:

①核对施工计划;

②检查施工负责人的《施工进场作业令》及身份证明等相关证件;

③身份证明、施工作业令内容核对无误后,进行施工请点登记,核实施工作业人数,如果是异地销点的,则注明销点车站 B,施工开始前要告知销点站 B;

④向行调请点,得到同意后,安排人员打开端墙门、按要求设置防护,准予其施工作业;

⑤施工结束后,施工负责人清点人数,出清线路,撤除防护措施,到车控室办理销点手续;

⑥值班员核实施工人员是否出清,施工防护是否撤除,安排人员撤除车站防护,值班员核实无误后,向行调申请销点,如果施工人员在另外的 B 站销点,则由 B 站人员核实施工作业人人员是否出清,B 站向请点站报告施工出清情况,请点站确认无误后再向行调销点;

⑦值班员销点后通知保安人员,开出入口门送施工人员出站。

【效果评价】

评价表

项目名称	城市轨道交通客运安全管理		学生姓名	
任务名称	任务4 城市轨道交通车站施工管理		分 数	
项 目			分 值	考核得分
1.是否有小组计划			5	
2.施工计划分类的认知情况			20	
3.车站施工安全管理的掌握情况			30	
4.车站请销点作业程序的掌握情况			30	
5.编制学习汇报报告情况			10	
6.基本素养考核情况			5	
总体得分				
教师简要评语:				
教师签名:				

项目小结

　　此项目对车站主要业务模块进行了介绍,通过对本项目的学习,对车站的基础业务管理制度、各业务模块的运作流程及主要工作应该有全面的了解,本项目的学习可以与项目 2 中车站各岗位设置及工作流程的学习相结合,并深入、全面地进行理解,熟知车站每个岗位在某个时期、环节应开展的工作。

思考与练习

　　1.边门使用规定有哪些? 免费乘车的乘客在车站应办理的手续是什么?

　　2.司机发现乘客物品掉落入轨行区时应如何处理?

　　3.车票及现金的运作流程?

　　4.电话闭塞法行车时车站行车方面的重点工作有哪些?

　　5.施工人员到站施工时请销点程序如何办理?

　　6.为保证安全,施工安全防护方面有哪些规定?

第2部分
客运设施设备

项目 **7**
城市轨道交通车站基础设施设备

【项目描述】

地铁车站是轨道交通客运工作的基本生产单位，是向乘客提供服务的场所。因此，了解和掌握车站的类型、布局特点及客运设施设备的设置状况及功能要求，是了解和掌握地铁车站运作的基础。

【学习目标】

1.能辨别城市轨道交通系统中车站的类型。

2.能分析车站的构成及布局特点。

3.能描述站内的各运营系统及主要客运设施特点。

4.能分析轨道交通车站布局设计的合理性。

5.能辨识地铁车站服务设备设施。

任务1　城市轨道交通车站类型及布局特点认识

【活动场景】

利用多媒体或实地参观地铁车站,了解车站类型及布局。

【任务要求】

通过对城市轨道交通车站的类型以及布局特点的学习,能辨别城市轨道交通车站的类型以及车站的主要构成模块和车站设计的要素。

【知识准备】

车站是轨道交通客运工作的基本生产单位。其主要任务是:安全迅速、有秩序地组织乘客上下列车,便利乘客购、检票,为乘客提供舒适的候车条件,保证轨道交通与其他交通工具联系的便捷,使乘客迅速集散。因此,了解和掌握车站的布局及客运设备的设置状况,对提高轨道交通组织的效率和服务质量,具有十分重要的意义。

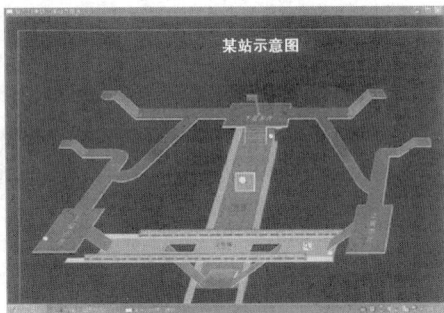

1.车站分类

①按车站客流量大小分类

大车站:高峰小时客流量达3万人次以上。

中等车站:高峰小时客流量在2万~3万人次。

小车站:高峰小时客流量在2万以下。

②按运营功能分类

端点站(始发站、终点站):是设置在线路两端终点的车站。除具有换乘的基本功能之外,还可供列车折返、停留和临时检修之用。

中间站:其主要作用就是供乘客换乘,同时有些中间站还设有折返、渡线、存车线等,以便在列车故障时能快捷有效地进行列车调整,尽快恢复正常的列车运行秩序。

换乘站:设置在两条及两条以上的有轨交通线路交叉点的车站,其最大的特点是乘客可以从一条线路换乘到另一条线路,换乘方式有付费区内换乘和出站换乘两种。前者最大程度上节省了乘客出站、进站及排队购票的时间,为乘客换乘提供方便。后者则需要乘客重新进站,其换乘的方便程度不如前者。

③按其标高分类

地下站:由于地面空间的限制,建设于地下的车站,其建设费用较高,市区内部地铁车站多采用这种形式(如图7.1所示)。

地面站:设置在地面层的车站,地面车站造价比较低,但占用地面空间,其缺点是造成轨道交通线路所经过的地面区域分割,所以一般在城市郊区采用此类型的车站(如图7.2所示)。

高架站:高架站为出入口设置在地面,站厅或站台采用高架形式的车站,高架站造价比地下站要低,但对地面景观影响较大,多设置在郊区(如图7.3所示)。

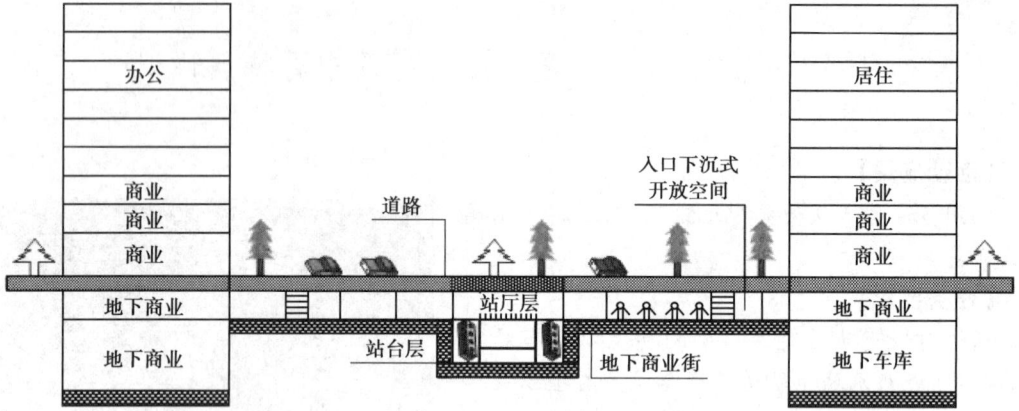

图 7.1　地下站示意图

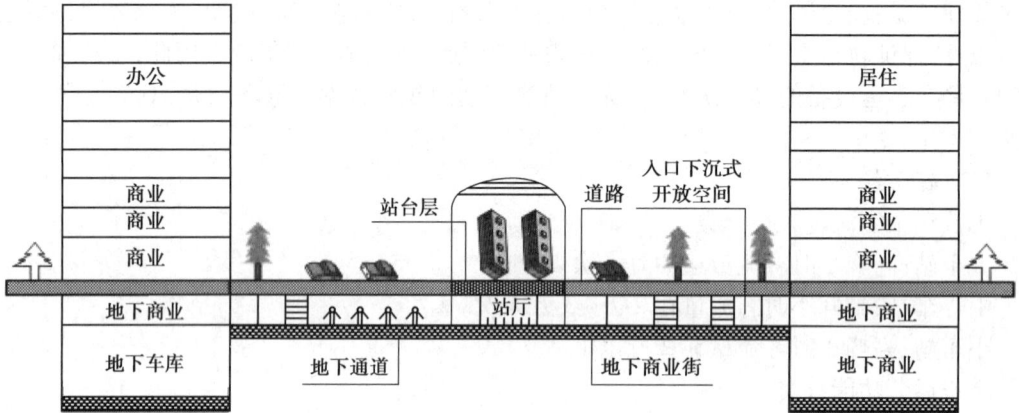

图 7.2　地面站示意图

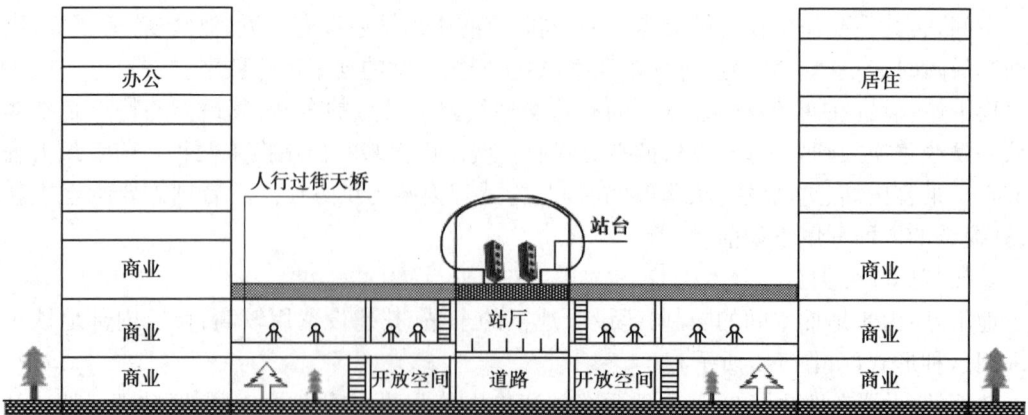

图 7.3　高架式车站示意图

④车站按站台形式分为岛式、侧式和混合式

岛式站台:站台位于上、下行线路之间,可供上、下行线路同时使用的车站称为岛式站台车站,站台两端有供旅客上下的楼梯通至站厅。岛式车站适用于规模较大的车站,需设中间站厅进入站台。岛式站台空间利用率高,可以有效利用站台面积调剂客流,方便乘客使用,站厅及出入口也可灵活安排,与建筑物结合或满足不同乘客的需要。其缺点是车站规模一般较大,不易压缩(如图 7.4 所示)。

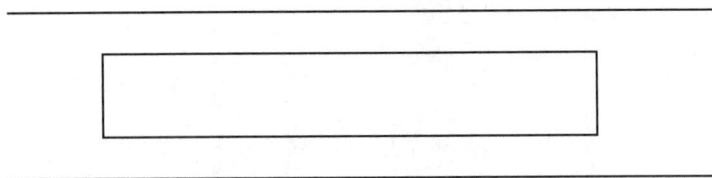

图 7.4　岛式站台示意图

侧式站台:站台位于线路两侧,线路用最小间距通过两站台之间的车站称为侧式站台车站。适用于规模较小的车站,人流不交叉且折返需经过联系通道,可不设中间站厅,管理分散。侧式站台在面积利用率、调剂客流、人流疏散、站台之间的联系等方面不及岛式站台,不适用于客流量较大的车站。但是由于侧式站台设置在线路两侧,售检票区可以灵活地设置,车站两侧也可结合空间开发统一利用,同时侧式站台在节省工程造价,后期工程预留等方面有自身优点(如图 7.5 所示)。

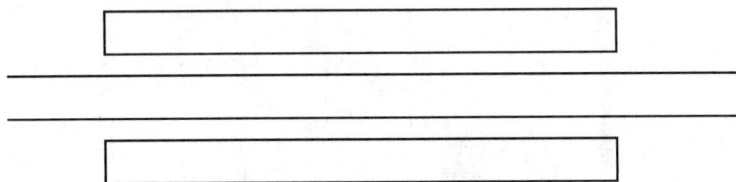

图 7.5　侧式站台示意图

混合式站台:在有些特殊的情况下,可以综合上述两种型式,形成混合型站台的车站,即既有岛式站台又有侧式站台。从运营方面看,乘客可同时在两侧上下车,能缩短停靠时间,常用于大型车站。某些繁忙线路需设三条轨道,一般采用混合式站台(如图 7.6 所示)。

图 7.6　混合式站台示意图

小贴士

车站的建筑形式必须结合城市特有的发展规划、地理条件及经济状况,因地制宜地考虑选型,并与各种车站的建筑施工特点结合起来进行选型。

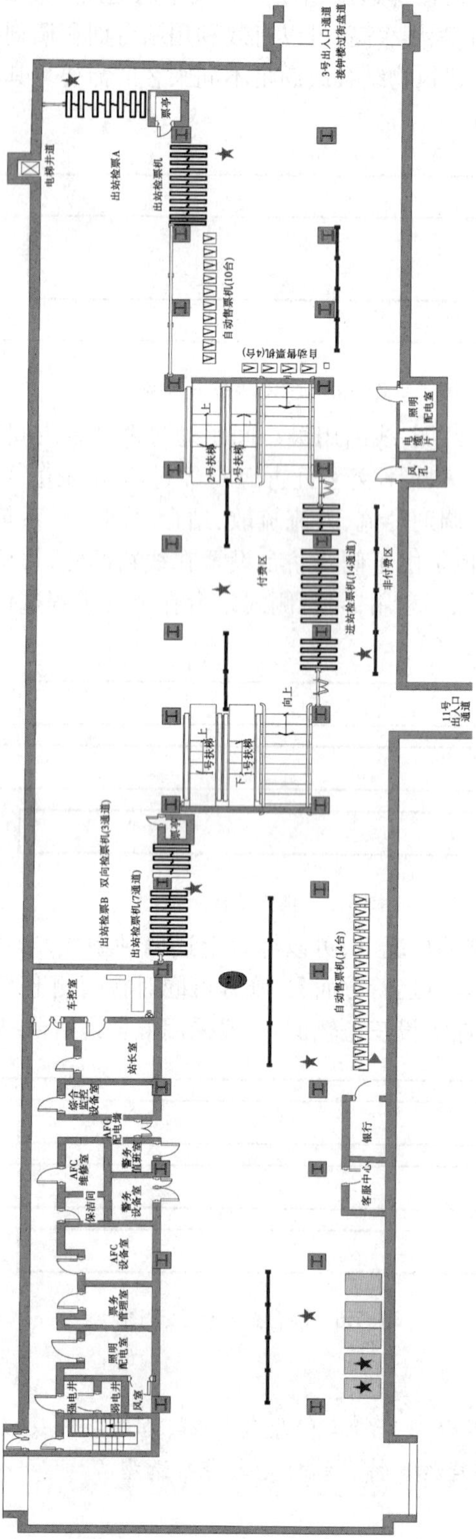

图7.7 车站平面布局

2.车站组成及布局

地铁车站的平面组成基本上分为两大部分,一部分是与客流直接相关的公共区,包括站厅层、站台层及出入口通道;另一部分是设计车站运行的技术设备用房及管理用房,一般分设于站厅和站台的两端部(如图 7.7 所示)。

①站台

站台是最直接体现车站功能的层面,其主要作用是供列车停靠、乘客候车及上下列车之用,站台的形式、设计宽度、长度和车站的规模取决于远期预测的高峰小时客流量,对于列车编组为 6~8 辆的轨道交通系统,站台长度一般在 120~180 m。站台两端一般设有设备用房及办公用房、厕所等,站台通常还设置座椅供乘客休息,由于站台直接与轨道相接,一般在站台边缘设置屏蔽门来保障乘客乘车的安全性(如图 7.8 所示)。

②站厅

站厅主要用于售检票作业,一般与站台用通道或步梯相隔。站厅内设置自动售检票机、为乘客服务的票亭、乘客自动查询系统等服务设施,其布局方式主要取决于车站的客流特性。尽量避免进出站客流对冲、交叉,压缩乘客在站内停留的时间(如图 7.9 所示)。

图 7.8　站台平面布局

图 7.9　站厅平面布局

③出入口和连接通道

出入口是连接轨道交通与外界的窗口。一般设有 2~8 个出入口。出入口常设在地面道路相交的路口及与其他交通方式换乘便利的地方,以便能大范围地吸引和疏散客流。一些出入口还与商业繁华区的大商场或娱乐场所相连接,便于乘客出行(如图 7.10 所示)。

④车站管理用房

车站管理用房是车站工作人员的办公用房。它包括车站控制室、站长室、票务室、值班室以及警务办公室等。车站控制室是车站运营与管理的中心,一般应设在便于对售票、检票和自动扶梯口等部位进行监视的地方(如图 7.11 所示)。

图 7.10　车站出入口

图 7.11　车控室

⑤设备用房

设备用房的主要作用是安置各类设备、进行日常维修及保养设备的场所,主要包括综合监控室、AFC 维修室、通风空调电控室、民用通信设备室、通信设备室、照明配电室、通风空调机房等,车站强弱电设备应分开控制,有噪声源的设备用房应远离乘客活动区。

⑥综合开发区

现代城市轨道交通项目建设特别强调车站及沿线的综合开发能力,对车站来说,就是通过合理的功能划分和安排,使车站在满足乘客出行服务要求的同时,能进行一定的服务功能与规模的延伸,包括车站与城市其他交通方式的结合,与地下市政公共设施的结合,与商业、服务设施的结合,与民防工程设施的结合等。

小贴士

影响车站站位和总平面布局的因素包括周围环境、建筑物拆迁和管线改移条件、施工方法、客流来源及方向以及综合开发的条件。

【任务实施】

能结合实际车站特点,明确其类型,并熟悉车站布局。

【效果评价】

评 价 表

项目名称	城市轨道交通车站基础设施设备		学生姓名	
任务名称	任务1 城市轨道交通车站类型及布局特点认识		分 数	
项 目			分 值	考核得分
1.车站分类及布局的相关知识			20	
2.是否有小组计划			5	
3.车站布局的认知情况			50	
4.编制学习汇报报告情况			20	
5.基本素养考核情况			5	
总体得分				
教师简要评语: 教师签名:				

任务 2　城市轨道交通车站客运服务基础设备操作

【活动场景】

利用多媒体或实地参观轨道交通地铁车站,了解车站服务设备系统。

【任务要求】

通过对城市轨道交通车站客运服务基础设备的学习,能描述地铁车站内主要服务设施特点。

【知识准备】

城市轨道交通是一个庞大且复杂的技术系统,除了轨道、车辆、供电系统、信号系统、通信系统等运营设备系统保障列车运行外,轨道交通车站还设有服务乘客的设备系统,它们主要包括导向标志系统、乘客信息系统(PIS)、广播系统、屏蔽门系统、电梯系统、环控系统、火灾自动报警系统、照明系统、售检票系统等(售检票系统将在项目 8 中具体介绍)。

1.导向标志系统

地铁的标志系统设计是完善地铁建设的重要组成部分,是现代交通疏导的灵魂,其主要功能是引导乘客安全、顺利及迅速地完成整个乘车旅程,避免乘客滞留在车站内引起拥塞。在紧急疏散时,导向标志必须能清晰地引导乘客顺利地离开危险区域及车站。

(1)标志分类

标志系统按照其功能可以划分为导向标志、警告标志、服务信息标志三大类。

①导向标志

指向标志图形元素一般由图形、文字构成,经常用箭头符号作为辅助图形,强化方向感。指引前往目的地的前进方向。

如"开往××站方向",常见导向标志包括列车运行方向、车站出入口方向、购票方向、进出站方向、换乘方向等(如图 7.12、如图 7.13 所示)。

图 7.12　出入口导向标志

图 7.13　乘车、购票导向标志

②警告标志

警告标志包括乘客禁止停留标志、乘客不能进入的区域、禁止吸烟等标志(图 7.14)。

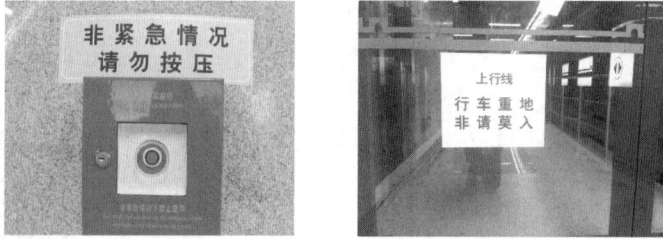

图 7.14　警告标志

③服务信息标志

服务信息标志包括地铁系统线路图、车站立体图、早晚开行时刻表、车站周边公共服务设施等标志(图 7.15、图 7.16)。

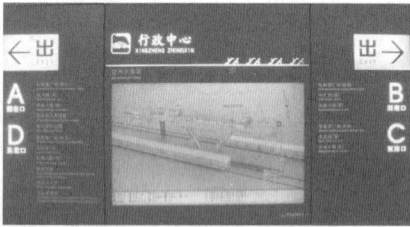

图 7.15　车站立体图

图 7.16　车站周边信息图

(2)地铁导向标志设置注意事项

①出入口标志要醒目。地铁车站主要通过出入口与外面联系,出入口的设置对乘客正常进出站和事故情况下的紧急疏散起着重要的作用,因此车站出入口的标志要醒目,要能引导乘客快速出站。

②注意导向牌颜色的合理应用。城市地铁导向系统在色彩的设计上应采用对比强烈、易见度高、易于记忆的色彩搭配,并且导向牌颜色的设置具有系统连续性、区别性。特别是换乘站的不同线路应该使用不同的颜色,便于乘客快速辨别。

③地铁站内与站外的导向系统要合理衔接。地铁站内站外的引导标志要合理衔接起来,站内要设置周边公交线路等相关信息,合理引导客流。站外至少 500 m 范围内要设置引导至地铁出入口的标志。

小贴士

　　由于轨道交通路网的不断建设,各条线路的交汇站点也会逐步增多,乘客从某一站点乘坐轨道交通列车前往目的地时,往往需要在中途某一线路交汇站换乘另一条线路的列车。用不同的色彩标注不同的线路、列车、站名牌、导向标志牌等,使乘客根据线路色标、车身色带及导向标志色标就能判定自己处在哪一线路上,从而便利出行。

2.乘客信息系统

乘客信息系统,即 PIS 系统,是依托多媒体网络技术,以计算机系统为核心,以车站和车载显示终端为媒介向乘客提供信息的系统。乘客信息系统在正常情况下,提供乘车须知、服务时间、列车到发时间、列车时刻表、管理者公告、政府公告、出行参考、媒体新闻、赛事直播、广告等实时动态的多媒体信息。在火灾、阻塞及恐怖袭击等非正常情况下,提供动态紧急疏散提示,见图 7.17。

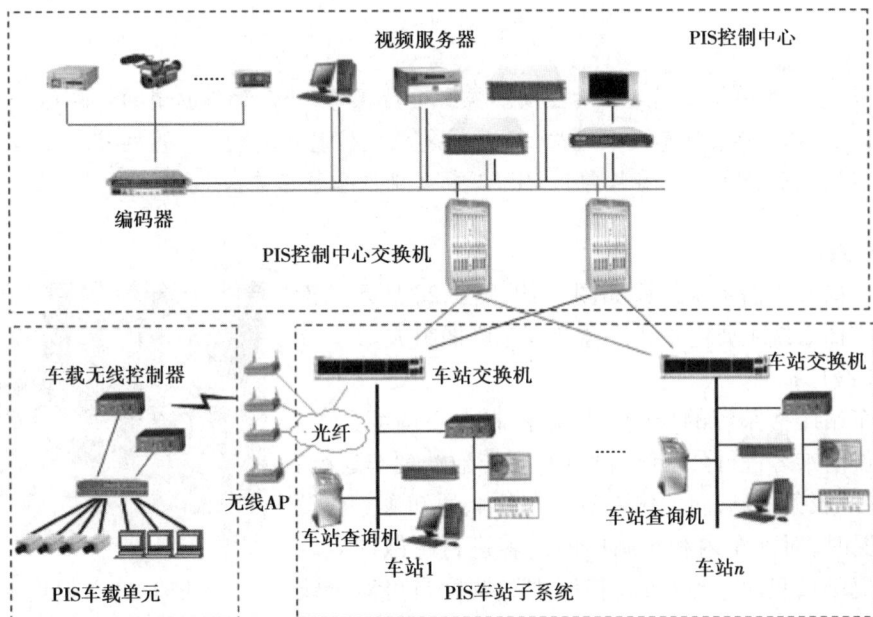

图 7.17 PIS 系统拓扑示意图

①应急功能

预先设定紧急信息:PIS 系统可以预先设定多种紧急灾难告警模式,方便自动或人工触发进入告警模式。

及时编辑发布紧急信息:当车站发生非预期的灾难且需要 PIS 系统即时发布灾难警告信息时,PIS 系统软件可以及时编辑发布紧急信息。

②宣传及广告发布功能

PIS 系统可为轨道交通引入一个多媒体形象的展示平台,通过形象视频、图片、文字的播出,可以为轨道交通进行更多的形象宣传。

③显示列车服务信息及列车图像监视功能

车站子系统的信息播放控制器通过综合监控系统实时接收 ATS 列车服务信息,再控制指定的终端显示器显示相应的列车服务信息,如下列车的到站时间等。

④车载信息播放功能

显示车辆运行方向、到站显示、换乘站、前方站屏蔽门的故障情况;显示内容与列车广播同步并能实时接收、存储和播放中心下发的新闻、公告、商业广告等。司机可根据需要控制本车的紧急信息播放,如图 7.18 所示。

图 7.18 站台 PIS

⑤时钟显示的功能

PIS 系统可以接收时钟系统的时钟信号,确保终端显示屏幕显示时钟的准确性。时钟的显示可以为数字显示方式,也可以显示为时钟方式。

⑥定时自动播出的功能

PIS 系统可以提供定时播出的功能,资讯的播出可以采用播出表播出的方式,系统可以根据事先编辑设定好的播出列表自动进行资讯的播出。

小贴士

PIS 应急信息由相关调度在总控或线控上进行操作,并负责将取消的信息通知车站,车站负责确认。PIS 应急信息发布遵循"运营紧急救灾信息优先使用"的原则,达到应急级别时,站控、线控、总控工作站有权停止 PIS 正常公益广告等正常信息发布。

3.广播系统

车站广播及广播系统结构如图 7.19、图 7.20 所示。面向乘客的广播系统主要由正线广播及列车广播组成。

(1)正线广播

正线车站广播系统的功能主要是控制中心调度员、各车站值班员向乘客进行公众语音广播,通告地铁列车运行、安全、向导等服务信息,向工作人员发布作业通知等。在发生紧急情况时,对列车内和车站内的乘客进行疏散向导广播。车站值班员只对本站广播,控制中心调度员可对全线进行广播。

图 7.19 车站广播

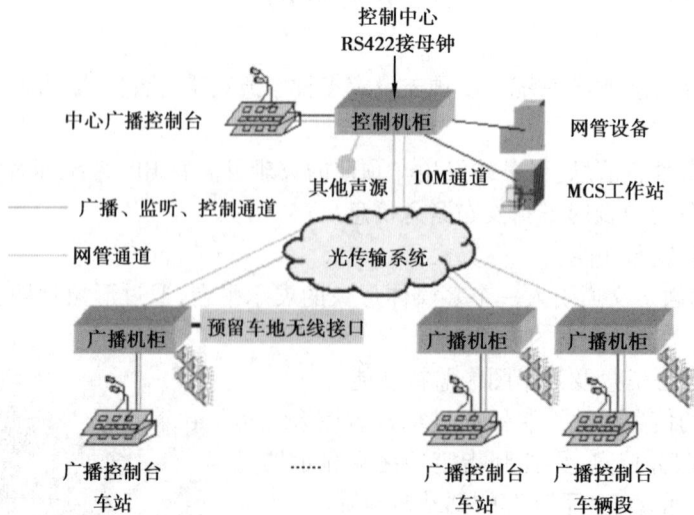

图 7.20 广播系统结构图

正线广播系统主要包括以下功能:

①控制中心调度员可对全线车站的广播设备进行遥控开关机,选站、选区广播或全线统一广播。

②车站值班员可对本站所有选区、多个选区或单个选区进行广播,并设有自动、手动和紧急广播三种模式。

③具有话筒广播、线路输入广播、语音广播、语音段选择、CD广播等信源选择功能。

④可接收防灾信号并自动启动紧急广播播音。设有紧急广播按键,按下此键可自动循环播放预先录制的防灾语音段。

⑤站台无线广播功能主要用于站台值班人员可携带无线移动手持终端,在站台区内安装有无线对讲接收器和无线广播控制器任意地点进行广播。

⑥列车进站自动预告广播。

小贴士

日常广播播放要求:

①禁止中断正在播放的广播(特殊情况除外,例如突发事件等)。

②若正在播放空闲广播,而刚好有列车进站,严禁中断正在播放的广播,可以不播放列车进站广播。空闲广播的播放时机要注意,以免出现列车已进站开门,但空闲广播还未播完的现象。

③列车到站广播要尽可能与现场列车开门情形相一致。

④人工广播要注意效果,尽可能减少不必要的广播。

（2）列车广播系统

列车广播设备具有全自动、半自动、人工播放三种播音方式,广播的输出控制可以设置起点站、终点站、消音、暂停、越站、广播监听等;可从控制中心(OCC)对列车进行广播,客室广播音量应能根据噪声级别具有自动调整功能。

4.屏蔽门系统

屏蔽门系统是安装于车站站台边缘,将轨道与候车区域隔离,设有与列车门相对应、可多级控制开启与关闭滑动门的连续屏障,用以提高运行安全系数、改善乘客候车环境、节约运营成本的一套机电一体化的机电设备系统。

当隧道无车或列车进站时,屏蔽门处于关闭状态;列车停稳后,同时开启列车门及屏蔽门,乘客上下车完毕后,列车门和屏蔽门关闭。屏蔽门系统作为站台公共区与轨道列车之间的可控通道,隔断了站台侧公共区空间与轨道侧空间,避免了人员跌落轨道的安全隐患以及驾驶员驾车进站时的心理恐慌问题;隔离了列车运行时所产生的噪声、活塞风,保证了站内乘客良好的候车环境,并避免了活塞风所造成的站内空调冷量的损失,节省了运营成本,产生了良好的社会效益、经济效益。

小贴士

屏蔽门系统多用于地下车站,采用全高、封闭的方式,在高架站、地面站多采用半高门方式,门体高度一般为1.2~1.5 m,这两种形式均在站台边缘设置。目前在《城市轨道交通运营技术规范》(GB/T 38707—2020)标准中,把这类门体系统称为站台门,站台门的主要功能是增加车站站台安全性及节约能耗。一般地下车站多采用屏蔽门系统,高架车站多采用安全门系统(图7.21、图7.22)。

图 7.21　广州地铁屏蔽门

图 7.22　天津地铁屏蔽门

5.电梯系统

电梯系统由电梯、自动扶梯及楼梯升降机组成,是城市轨道交通系统的一个重要的组成部分,它每天担负着运送大量乘客的任务,其对客流的及时疏散起到了至关重要的作用(图 7.23)。车站根据初期预测客流量配备了足够数量的自动扶梯,以保证车站的正常运作。为保证残疾人乘客的正常出行,车站内还设置了残疾人电梯、楼梯升降机,以满足特殊人群的需要。

电梯操作指引

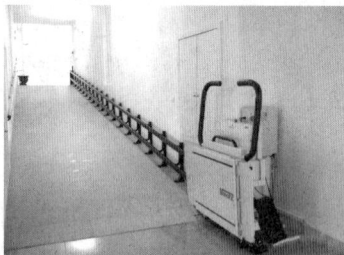

图 7.23　扶梯、电梯、牵引梯

电梯主要是车站内的液压电梯和无机房电梯。

自动扶梯是指带有循环运动梯路向上或向下倾斜输送乘客的固定电力驱动设备。

楼梯升降机是一种比较新颖的设备,属于电梯的一个分支。安装在车站站台到站厅和地面到站厅步行楼梯一侧,提供给坐轮椅的乘客上下楼梯使用,弥补了车站现有直梯不能到达地面的不足。在升降机的上端和下端均设有对讲设备,只要按下对讲机上的按钮,即可与车站控制室对话,要求工作人员开梯使用。

城市轨道交通系统配置电梯、自动扶梯及楼梯升降机的基本原则如下:

①站台至站厅间根据车站远期客流预测设置上、下行自动扶梯;

②出入口及过街隧道根据人流设置上、下行或上行自动扶梯;

③当提升高度达到 6 m 以上时,设上、下行自动扶梯,以保证人流的疏散和服务质量;

④站内设置电梯、楼梯升降机主要为坐轮椅者和盲人以及行动不便乘客提供出入地铁的无障碍通道。

小贴士

在各城市轨道交通线路的电梯导向标识信息中,有的为"电梯",有的为"垂直电梯",但随着近年来无障碍环境建设要求的提出,新建轨道交通车站的电梯设备的导向信息基本为"无障碍电梯",且在建设标准方面需要满足《无障碍设计规范》(GB 50763—2012)要求。

6.环控系统

（1）环控系统的功能

城市轨道交通与外界相对独立,尤其是地下线路更是非常闭塞,只能通过少数的出入口和风亭与外界发生联系,而且系统内部还会产生大量的热、湿负荷。为了给乘客提供良好的乘车环境,保证设备能持续、正常运行,环控系统必须满足以下功能:

当列车正常运行时,环控系统保证城市轨道交通内部空气环境的温度、湿度、气流速度和空气质量,满足人员对空气环境的需求和设备正常运转的需要。

当轨道交通在运行过程中出现列车阻塞的情况时,能够对阻塞处进行有效通风,保证列车内部乘客可耐受的空气温度,并且阻塞时间过长,需要乘客下车疏散时,除保证乘客的耐受空气环境温度外,通风气流还要起到引导疏散方向的作用。

当列车在区间以及车站发生火灾时,具备防灾、排烟、通风功能,能够设置合理的运行模式。

（2）环控系统的组成

车站环控系统（见图 7.24）由制冷系统、车站空调通风系统（简称大系统）、设备及管理用房空调通风防排烟系统（简称小系统）、车站隧道通风系统和水系统组成。

①大系统各种设备集中在车站公共区的站厅、站台层,一般对称布置在两端。主要由冷水机组、环控水泵、冷却塔、组合式空调机组、柜式空调机组、车站回/排风机、车站内排烟风机及相应的风管、风阀、消音器组成。

图 7.24　车站环控系统

②小系统主要由柜式空调机组、送风机、排风机以及相应的风管、风阀、消音器等设备组成。

③隧道通风系统主要由隧道风机、轨道排热风机及相应的风阀、消音器组成。

④水系统主要由冷水机组、冷却塔、冷冻冷却水泵及相应的管路和阀门组成。

（3）环控系统设备的运行控制

正常条件下环控系统可以通过就地级、车站级、中央级三级进行控制和自动控制系统进行监控,实现对设备集中控制和科学管理,通过运行不同环控模式,满足不同情况对设备的运行要求。

中央级控制装置设在控制中心,配置有中央级工作站、全线隧道通风系统及车站环控系统中央模拟显示屏,中央级工作站可对隧道通风系统进行控制,执行隧道通风系统预定的运行模式或向车站下达大、小系统和水系统各种运行命令。

车站级控制装置设在各车站控制室,配置车站级工作站和紧急控制盘（可集成在综合监控系统中）,在正常情况下可监视本站的隧道通风系统,空调大、小系统及水系统,向中央控制传达本站设备信息,并执行中央级控制下达的各项运作指令,在中央级控制工作站的授权下,车站级工作站可作为本站车站的消防指挥中心,当中央级、车站级工作站出现故障时,车站工作人员根据中央工作人员的命令通过紧急控制盘（IBP 盘）启动相应的模式。

就地级控制设置在各车站的环控电控室,具有对单台环控设备就地控制的功能,便于各种设备的调试、检查、维修。单台环控设备同时设有就地控制箱。在中央级、车站级、就地级三个级别中，就地级控制具有优先权。

7.火灾自动报警系统

地下车站一般布置成上下两层，与地下隧道构成地下的半封闭建筑工程。车站投入运转后，站内各种电气设备密集，乘客络绎不绝，一旦发生火灾，车站内温度会快速升高，浓烟滚滚，乘客难以疏散，消防队员不易进入扑救，对人民生命财产会造成严重损失，因此地铁车站均设有火灾自动报警系统(FAS)。它可以及早监测火灾发生情况，及时报警，并能在火灾发生时实现消防联动，即启动相应的灭火系统。

车站公共区及设备区均分布有由灵敏的光感、温感、烟感、红外线传感器和自动巡检及显示元件组成的监测系统，它主要是在第一时间，将探测到的火灾情况及时传输给报警系统和自动灭火系统。报警系统以灯光信号和报警铃声及时反映到控制面板上，提示值班人员。自动灭火系统在得到信号后，会切断所有可能有助于燃烧的工作设备，如空调、通风机组的电气线路等，同时接通消防专用设备的工作电路，启动有关消防设备，如排烟风机、挡烟垂壁管道排烟阀、消防广播等；关闭电动防火门、防火卷帘门，接通火灾事故照明、疏散标志灯等。

8.照明系统

车站照明系统主要有一般照明、节电照明、事故照明及广告照明，可以实现分区控制。应急照明是由车站正常照明发生故障时，为疏散乘客而提供的照明，通常由蓄电池供电。

照明配电箱、照明控制盘安装于各车站照明配电室、车站控制室和部分设备用房，可以实现照明配电室集中控制和车站控制室集中控制操作。

【任务实施】

在地铁车站内能够指出相关的车站服务设备设施。

【效果评价】

评 价 表

项目名称	城市轨道交通车站基础设施设备		学生姓名	
任务名称	任务 2　城市轨道交通车站客运服务基础设备操作		分　　数	
项　　目			分　值	考核得分
1.车站客运服务基础设施的认知情况			5	
2.是否有小组计划			5	
3.乘客标志系统的认知情况			10	
4.乘客信息系统、广播系统的认知情况			15	
5.车站屏蔽门系统的掌握情况			15	
6.车站电梯系统的掌握情况			15	
7.车站环控系统的掌握情况			10	
8.车站火灾报警系统及照明系统的掌握情况			10	
9.编制学习汇报报告情况			10	
10.基本素养考核情况			5	
总体得分				
教师简要评语： 教师签名：				

项目小结

　　地铁车站是轨道交通系统最重要的组成部分，是乘客上下车、换乘的场所，也是列车到发、通过、折返、临时停车的地点。地铁车站良好的设计规划方案以及建设实施，并结合科学的管理，才能达到地铁车站正常运转的目的。本项目主要通过对地铁车站类型、构成要素、服务设施设备、信息系统构成等方面的知识介绍，让大家了解地铁车站基础知识，掌握地铁车站的构成以及服务设施设备、信息系统的构成和在地铁车站发挥的主要功能。

思考与练习

1.城市轨道交通车站是如何分类的?

2.轨道交通车站主要构成模块是什么?

3.车站主要客运服务设施设备有哪些?其功能是什么?

4.地铁车站导向标志的设置要注意什么?

5.车站信息服务系统包括哪几部分?各系统功能是什么?

6.车站环境控制系统主要由哪几部分组成?简述各部分的主要组成设备。

项目 **8**
城市轨道交通自动售检票系统

【项目描述】

  轨道交通自动售检票系统是轨道交通运营方为乘客提供快捷、优惠出行,有效进行票务收益管理,合理配置运营系统(设备、运营模式)资源而建立的一套满足轨道交通票务管理需求的系统,也是轨道交通票务收入和结算的基础,只有通过安全、可靠和完备的自动售检票才能有效地实施票务结算和清分。自动售检票系统以其高度的智能化设计,担任了售票员、检票员、会计、统计、审计等角色,以数据收集和控制系统实现了票务的高度自动化。

【学习目标】

1.了解城市轨道交通自动售检票系统发展现状。

2.掌握自动售检票系统的组成架构及各层次主要功能。

3.掌握自动售检票系统各类型票卡定义、分类及适用情况。

4.理解自动售检票系统应用技术。

5.能够区分各类票卡售检票方式以及各类票卡使用方式。

6.能掌握自动检票、自动售票机、半自动售票机的结构及各模块功能。

任务1　城市轨道交通自动售检票系统原理认识

【活动场景】

利用多媒体或实地参观轨道交通车站,了解自动售检票系统。

【任务要求】

了解国内外各城市轨道交通自动售检票系统发展现状、票务系统业务管理与实施情况以及轨道交通运营企业票务系统与自动售检票系统的关系。

自动售检票系统
巡检流程

【知识准备】

1.城市轨道交通售检票系统发展现状

与传统的交通工具不同,城市轨道交通自动化程度较高,也是最具效率的城市交通工具。城市轨道交通的最大特点就是客运量大,使用传统的纸质车票和检票方式已经远远不能满足客运要求。因此,自20世纪60年代末,在法国巴黎最早出现了自动检票设备。时至今日,城市轨道交通票务系统已发展成为自动化程度高,功能完备的自动售检票系统(Automatic Fare Collection System,简称 AFC 系统)。从城市轨道交通建设费用的组成来看,自动售检票系统只是整个工程中很小的一部分,但从功能角色来看,AFC 系统却是保证业务正常运营的支撑系统之一。

(1)国外城市轨道交通自动售检票系统发展现状

目前,世界上城市轨道交通票务系统主要有印制纸票人工售检票系统、印制纸票半自动售检票系统、一次性磁票自动售检票系统、重复使用磁票售检票系统、借出式智能卡自动售检票系统、非接触式智能卡自动售检票系统等。本任务模块以如下几个城市的自动售检票系统为例,介绍城市轨道交通自动售检票系统的发展。

①莫斯科地铁,如图 8.1 所示。

莫斯科地铁采用单一票价,车票类型包括单次车票、月票、季票、年票及学生票,1999 年首次采用智能卡技术,2009 年其成为全球首家采用 MIFARE 技术实现 100% 自动收费(Automatic Fare Collection,以下简称 AFC)的公共交通系统,采用 MIFARE 技术进行标准化改造后,极大地改善了乘客体验并提高了运行效率。

②东京地铁,如图 8.2 所示。

图 8.1　莫斯科地铁

图 8.2　东京地铁

东京地铁换乘方式多种并存,有出站之间换乘,也有出站换乘,还有通过专门通道进行换乘的方式。进出站采用双向闸机,多名乘客可以一次将多张车票投入闸机进行检票,最多可同时识别 9 张车票,且车票正向着智能化发展。自动检票机可识别纸片车票和磁卡车票,并可自动进行退票操作,不收手续费。

东京地铁的自动售检票系统采用的票种较多。东京轨道交通的票制为磁卡票,票种有单程票、一日票、月票、多次票和 SF 储值票等。单程票的有效期为 1 天,多次票和月票均享有优惠,所有票种都可灵活使用和换乘。

(2)国内城市轨道交通自动售检票系统发展现状

①北京地铁,如图 8.3 所示。

图 8.3　北京地铁

北京城市轨道交通早在 1985 年就开始进行自动售检票系统的可行性研究,但应用较晚。2003 年 12 月 31 日,北京第一套单线自动售检票系统在地铁 13 号线投入使用,这是一套基于磁票的 AFC 系统,系统单程票为一次性纸质磁票。为了响应北京市政府关于推行"市政交通一卡通"的理念,该系统也增加了对一卡通储值卡的支持功能。

2008 年 6 月 9 日,北京城市轨道交通路网自动售检票系统投入使用,实现了真正意义上的"一卡通、一票通行"和无障碍换乘。系统单程票为可以回收使用的薄型 IC 卡,支持一卡通储值票的使用。

②上海地铁,如图 8.4 所示。

图 8.4　上海地铁

2000 年,上海地铁在 1 号线自动售检票系统的技术上,叠加了由上海生产的以上海公交卡作为储值票的系统,形成同磁卡和非接触式城市公共交通卡,同时实现了地铁运营商与公共交通卡公司的数据交易与账务结算。2001 年,上海地铁 2 号线投入运营,同步将 1 号线自动售检票系统扩展到 2 号线。上海地铁 3 号线于 2001 年 10 月启动西班牙 INDRA 公司的自动售检票系统,使用一次性纸质磁票。2002 年地铁 1 号线北延伸段 11 座站开通,采用上海产的自动售检票系统,车票采用与原地铁 1 号线兼容的塑质磁卡票,采用中央系统间互联交换数据。2005 年 12 月上海地铁建立了新标准的自动售检票网络化系统,完成了对原地铁 1、2、3 号线系统的改造,建立了 4、5 号线自动售检票系统,设立路网清分结算中心,负责票卡发行、数据汇集处理等工作。

③广州地铁,如图 8.5 所示。

图 8.5 广州地铁

广州市地铁 1 号线的自动售检票系统使用非接触式 IC 卡车票实现换乘。单程票在出售当站、当日有效,出站时,车票由闸机回收。广州地铁车票分为地铁单程票、储值票(含普通储值票、中小学生储值票和老年人储值票)、老年人免费票、纪念票、羊城通交通卡(即羊城通)。地铁的自动售检票系统主要由非接触式 IC 卡车票、售票机、闸机、车站系统和中央系统等组成。系统能兼容"羊城通"票卡,与广州其他公共交通系统能实现"一卡通"结算。闸机采用剪式闸机,提高了乘客通行能力同时也方便了乘客。安装在非付费区的验票机,方便乘客查询车票和"羊城通"储值票的余额、有效使用时间等车票信息。

④香港地铁,如图 8.6 所示。

图 8.6 香港地铁

香港地铁与售检票系统相关的工作包括自动售检票系统、收益管理、电子工厂和自动售检票系统训练中心四大部分。其中收益是核心,自动售检票系统是基石,各部分相互依赖、相互协作、相互配合,以自动售检票系统为主线将四大部分有机地结合在一起,高效、稳定、可靠地运作。香港地铁自动售检票系统使用的单程票是磁卡,储值票采用 Felica 非接触式 IC 卡,即"八达通"卡。乘坐地铁时,"八达通"卡的使用比例超过85%。

2.城市轨道交通售检票系统

(1)城市自动售检票系统

自动售检票系统是用于处理城市轨道交通运行中众多轨道交通线路的售检票业务,涉及路网业务、线路业务、终端处理和车票媒介等方面的内容。根据其业务和应用,自动售检票系统的机构参考模型包括五个层次:第一层是车票层,第二层是终端层,第三层是车站层,第四层是线路层,第五层是路网层。参考模型如图8.7所示。

自动售检票系统是基于计算机、通信、网络、自动控制技术,实现轨道交通售票、检票、计费、收费、统计、清分、管理等全过程的自动化系统。自动售检票系统的设计原理是将车票通过自动售票机、人工售票机、检票机所产生的所有交易记录上传到车站

图 8.7 自动售检票系统层级图

计算机。车站计算机把这些记录格式化后上传到线路中央计算机进行处理和生成报表。线路中央计算机操作人员对各类报表进行分析,生成相关控制文件并下载到车站计算机,同时与路网计算机进行数据交换。车站计算机再将这些控制文件分类别下载到所有车站设备。

(2)城市轨道交通票务系统的业务管理与实施

票务系统的业务管理是借助自动售检票系统来实现的,主要内容有票卡管理、规则管理、信息管理、模式管理和运营监督等。

①票卡管理

票卡是乘客使用的车票,用于记录乘客的进出车站和费用信息,是乘车的有效凭证。而票卡管理就是对票卡的发行、使用、更新等全过程进行的有效管理。

②规则管理

为保证票务系统能够在多部门和多环节高效运行,就必须制定一套科学、严密的规则、流程,包括票价策略、结算规则、权限管理和操作流程等。票价基本政策主要指轨道交通运营企业对计价方式、乘车时限、乘车限制等方面的规定。

③信息管理

信息化是自动售检票系统的一个基本特征。为进行有效的管理和为决策提供可靠的信息,需要对系统收集的基础数据进行深度挖掘、加工,开展统计分析并发布信息。

④账务管理

账务管理是对系统内的票务收入进行汇缴、清算、入账等过程的管理,包括账户设置、票款汇缴、登账稽核、收益清算、资金划拨和对凭证进行有效管理等。

⑤模式管理

模式管理就是针对不同的运营状况、条件所做出的相应操作行为的选择和实施,包括正常运营模式、降级运营模式以及相配套的运营管理。

⑥运营监督

运营监督就是通过设备以及所具有的完整、严密、及时的信息流对运营状况进行实时跟踪监督,以提高运营质量和服务水平。它包括信息传输状况监督、客流状况监督、调配监督、收款监督及收益监督等。

(3)城市轨道交通票务系统与自动售检票系统的关系

轨道交通票务系统是自动售检票系统的必要环境和基础;而自动售检票系统则是城市轨道交通票务系统的实现手段之一,能有效提高城市轨道交通票务系统管理水平和效益。

自动售检票系统的使用可以大大减少票务管理人员,提高城市轨道交通系统的运行效率和效益。同时,通过该系统对客流量、票务收入等综合业务信息的汇总分析,可以强化客流分析预测能力,合理地调配车辆,提高票务系统工作效率,进而提高网络化运营管理水平。

自动售检票系统与票务策略的对应关系主要表现在客流、票制、统计与结算、车票处理等方面。

①客流

自动售检票系统可根据交易信息为决策或制定规则提供客流信息。自动售检票系统通过其良好的票务管理水平和高效的客流信息处理能力,成功实现低成本、高效率的系统运作。

提高信息利用率、增强自动售检票系统的决策分析能力是自动售检票系统的发展方向之一。强化系统整理分析原始数据和信息的能力,将票务系统与其他信息管理系统相结合,可以为相关的经济行为提供客流行为支持,提高服务和管理决策的针对性和准确性。

②票制

自动售检票系统根据票务政策的计费原则和计费方式进行售票、检票、统计。对单一票制、计程票制和混合票制,应结合不同的票制原则以及相应的优惠措施制订执行方案。

单一票制是根据乘车次数进行计费,与实际乘坐的距离长短无关。

计程票制是经进出站检票,严格按照实际乘坐距离长短并根据票价计费标准计算乘车费。

混合票制也称分区域计程制,即将运营线路总长度分为若干个区域,根据票价计费标准,在各区域内采用同一票价,实际运营距离跨越一个或多个区域时,根据占用的区域数进行计费。

③统计与结算

票务统计与结算的基础是交易数据。线路每天的客流量是该线路各站的单程票、储值票及特种票的进站数及换乘至该站人数之和。各线日车票收入按单线各站的单程票发售收入与储值票的出站扣值及当天票务收入之和,减去退票款后,根据乘客在各换乘线路乘坐的情况核算。

自动售检票系统可对客流量、票务收入以及单程票的使用,进行统计和分析并编制相应的报表。自动售检票系统对不同线路或不同收益载体进行票务收入清分,对路网系统与其他兼容系统进行清分,并可通过银行结算系统进行及时结算。

④车票处理

车票处理包括对单程票、储值票和许可票的处理。一般情况下,单程票是当日当站使用的车票,通常要制定退票规则,包括是否允许退票、退票时间要求、手续费的收取等。储值票有记名不记名之分。不记名票通常不办理挂失、退票。当储值票不能正常使用时,由车站受理,交专门部门进行查询、分析并作相应处理。特种票不能正常使用时,由专门部门进行查询、分析并作相应的处理。

【任务实施】

对比国内外各城市地铁自动售检票系统发展情况,了解自动售检票系统原理知识。

【效果评价】

评 价 表

项目名称	城市轨道交通自动售检票系统		学生姓名	
任务名称	任务 1　城市轨道交通自动售检票系统原理认识		分　　数	
项　　目			分　值	考核得分
1.国内外地铁自动售检票系统的相关知识			10	
2.是否有学习计划			5	
3.自动售检票系统机构基本层级的掌握情况			20	
4.自动售检票系统对于票务管理的实施作用及两者关系			50	
5.编制学习汇报报告情况			10	
6.基本素养考核情况			5	
总体得分				
教师简要评语:				
			教师签名:	

任务 2　城市轨道交通 AFC 系统结构组成

【活动场景】

利用多媒体或实地参观轨道交通车站,了解 AFC 系统组成。

【任务要求】

了解自动售检票系统基本架构,掌握售检票系统各基本架构适用情况。

【知识准备】

1.自动售检票系统基本架构

城市轨道交通网络化运营对自动售检票系统提出的技术要求包括:在城市轨道交通运营网络内,所有运营线路均可实现"一卡换乘";实现在各线路之间的票务清分、结算;实现线路与城市公共交通卡发行、管理部门的清算。不同城市为实现以上要求,按照各自需要构建了不同的自动售检票系统架构。自动售检票系统的基本架构形式有线路式架构、分散式架构、区域式架构、完全集中式架构、分级集中式架构五种。

①线路式架构

在线路式架构中,每条运营线路仅有一套独立的自动售检票系统,包括中央计算机系统、车站计算机系统、终端设备和车票媒介。中央计算机系统完成线路轨道交通自动售检票的管理、票务统计和票务结算并单独与外部卡清算系统连接,实现与外部卡清算系统的交易数据转发、对账和结算等。不同线路之间的自动售检票系统是彼此独立的,票务信息不能共享,无法满足站内跨线换乘票务清分应用需求。

线路式架构的自动售检票系统只能够使用于单线式轨道交通线路和分离时轨道交通线路。

②分散式架构

轨道交通网络由若干个区域构成,每个区域由若干条线路组成,但各个区域相互独立,完成本区域线路的票务处理和运营管理,构成分散式架构。

从运营管理的角度来看,分散式架构的售检票系统可以设置若干区域,每个区域之间相互独立,每个区域仅能对本区域的线路实现票款、客流统计和收支分离等方面的管理。如果实现路网全面管理的话,必须将若干区域清分中心的数据进行汇总、分析和统计。对分散式系统架构而言,区域清分中心管辖的线路减少,发生换乘的路径将大大减少,清分工作量相对较小。但是,不同区域清分系统之间的线路不能够直接换乘,增加了路网的运营管理工作量。

分散式架构的自动售检票系统能够使用于条状形区域管理的轨道交通线路和由一个投资和运营方管理的多条线路。

③区域式架构

区域式架构是在分散式架构和线路独立式架构基础上设置的一个路网中心。

路网中心直接与独立线路的售检票系统连接,同时与区域中心连接,区域中心直接与所管辖线路的自动售检票系统连接。区域中心负责获取所管辖线路的交易数据,确定其管辖范围内各线路的换乘清分方式和结算,并对所管辖范围内各线路的跨线交易数据进行实时清分。路网中心具有外部卡清算系统的接口,用于转发数据、对账和结算等。

从运营管理角度看,如果区域中心对应的线路由一家投资方投资和一家运营公司管理,则可将此区域视为一条线路,系统就可简化成一个区域中心;如果区域的线路由多方投资和多家运营公司管理,则此时采用两个层面进行清分。采用区域式架构的自动售检票系统会给管理带来麻烦,但保护了原有的投资,并可通过区域中心实现跨线换乘。

区域式架构的自动售检票系统能够适用于由区域式线路和独立线路构成的轨道交通网络。

④完全集中式架构

完全集中式架构是将轨道交通网络中所有的线路拟为一条线网式线路,设置一个路网中心,线路上的车站计算机系统集中后通过通信设备直接与路网中心连接,即不设置线路中心系统进行相应的清分处理。路网中心相当于自动售检票系统的中央数据处理系统,负责获取全路网的所有交易数据并负责各线路的数据处理和结算同时负责线路的运营管理。

完全集中式架构的自动售检票系统的路网中心与各独立线路的车站系统直接连接,路网中心替代线路中央系统的职责同时负责对各线路的清分、统计和管理。路网中心负责全路网所有线路单程票/储值票交易数据的收集、处理、清分、对账和结算处理,负责路网所有线路外部卡交易数据的收集、转发、处理、清分,负责路网车票的统一编码和管理,负责与公共交通卡清算中心的清分。全路网数据的管理与结算由路网中心独立完成。

从运营管理角度看,完全集中式架构的自动售检票系统实质上为线路售检票系统,在全路网范围内实施票款、客流和运营的管理。

完全集中式架构的自动售检票系统能够适用于单一线路或运营商和多个独立的运营商管理的多线路。

⑤分级集中式架构

分级集中式架构是在线路式架构的基础上设置一个路网中心,路网中心负责获取全路网交易数据,确定各线路的换乘结算方式和数据公共接口,并对各线路的跨线交易数据进行实时清分。

分级集中式架构的自动售检票系统的路网中心直接与各独立线路售检票系统的线路中央计算机系统连接,路网中心负责对各独立线路进行清分、统计和管理。路网中心负责全路网所有线路售检票系统单程票/储值票换乘交易数据的收集、处理、清分和清算,负责路网所有线路外部交易数据的收集、转发、处理、清分和结算,负责路网车票的统一编码和管理,负责与外部清算中心统一接口的处理。线路中央计算机系统负责线路交易数据的收集、处理、分析和管理,并与路网中心交换数据。清分交易数据的管理由路网中央计算机系统共同完成。

从运营管理的角度看,分级集中式架构的售检票系统可以实现对全路网票款、客流的全面管理,可实施收支分开的管理。分级集中式架构的自动售检票系统能够满足轨道交通网络化的基本需求。

小贴士

自动售检票系统一般有两种运营模式:正常运营模式和降级运营模式。通常情况下,自动售检票系统在正常运营模式下自动运行。正常运营模式主要包括正常服务状态、关闭状态、暂停服务状态、设备故障状态、测试状态和离线运行状态等。而在发生列车故障、火灾、爆炸等突发情况时,自动售检票系统可以根据实际需要设置成各类故障情况下运营模式,免除乘客乘车费用,可以使乘客正常出站。

2.自动售检票系统

自动售检票系统是基于计算机、通信、网络、自动控制等技术,实现轨道交通售票、检票、计费、收费、统计、清算等全过程的自动化系统,包括车站计算机系统、线路中央计算机系统、路网票务清分系统。

①车站计算机系统

车站计算机系统主要用于车站级票务处理、运行管理和客流统计的计算机系统。车站计算机是车站及AFC设备的核心,既要存储部分数据,又是操作员人机界面接口,其主要功能是用于处理来自车站的交易信息,生成必要的管理参数表并发送到各车站计算机,其中包括车票价目表、黑名单信息、维修报表等。在每天运营结束后,中央计算机分析处理各个车站全天收集的数据并生成各管理部门要求的所有管理和财务报表。中心操作工作站是中心操作人员的人机对话界面,可以执行以下操作:监控整个系统的运作;监控各个设备的状态、客流情况;设置并下载各种参数;查询收益和车票管理情况;打印各类报表等。这些操作都是通过中心操作工作站完成。

车站计算机的作用是收集来自检票机,人工售/补票机和自动售票机的每天交易信息并把这些信息发送到中央计算机,以便票务收入汇总和报表生成,还负责把票价表、黑名单以及控制参数下载到车站的每台设备上,同时负责对车站设备状态进行监控和控制。车站设备具有自我检测功能,可以在车站计算机和中央计算机显示器上显示检测情况。若车站设备与车站计算机的通讯发生中断,人工售票机、自动售票机和检票机也能独立地工作。如果车站出现不安全情况,可在车站计算机上启动紧急模式,完全开放进出口通道。

②线路中央计算机系统

线路中央计算机系统是轨道交通自动售检票系统中,负责线路运营管理的主要信息管理系统。线路中央计算机系统接受车站计算机系统及终端设备上传的各种数据,建立线路自动售检票数据库,进行客流、票务统计及财务管理,中央计算机系统对各类运营参数进行管理并下传至各终端设备,以保证轨道交通的有序运营。

线路中央计算机系统主要负责对线路内的交易数据进行处理和统计,接受自动售检票系统中的各类交易数据。线路中央计算机系统主要具备的功能有:①数据采集功能。该功能用来收集车站计算机、车站设备上传的管理数据、状态数据和交易数据,经过处理生成报告和报表存储在数据库中。②系统运行管理。该功能包括监视子系统运行情况、设备转台、网络信息功能和控制子系统运行方式、设备运行方式的功能。③财务管理。该功能可用来查询某一时间段任意区间的全线及各站财务收入情况,统计当日各站、各类设备收益情况,记录自动售票机变更和票房售票机换班的收益记录,记录退票、补票等情况下发生的交易信息,单独统计一卡通票卡的交易情况并生成相应的报告报表。④参数和报表管理。线路中央计算机系统可对网络上所有 AFC 系统设备进行参数下传、下传失败自动再传以及定时或手工制作生成各种报表。

③路网票务清分系统

路网清分系统是实现地铁线网内部的清分和与其他交通企业交通票卡清算中心系统之间的清分。票务清分系统主要用于各类交易数据以及各线路交易数据的收集、统计、上传、接收票卡清算结果并进行与其他交通公司交通票卡和各线路之间的对账处理等功能。小清分系统是路网清分系统的一种降级模式,其功能是路网清分系统的一个子集。建立清分系统的目的是实现轨道交通路网内各运营商的统一协调系统运行,实现轨道交通系统与其他交通企业交通票卡间的清算、对账,各线路间的清分、对账以及数据处理,实现轨道交通专用票的统一发行及管理,实现轨道交通系统对外的信息服务,实现系统安全管理。

【任务实施】

掌握自动售检票系统架构的几种形式以及各种形式的适用范围。

【效果评价】

评 价 表

项目名称	城市轨道交通自动售检票系统		学生姓名	
任务名称	任务 2　城市轨道交通 AFC 系统结构组成		分　　数	
项　　目		分　值	考核得分	
1.自动售检票系统基本架构模式的相关知识		10		
2.是否有小组计划		5		
3.自动售检票系统机构基本架构适用范围		20		
4.自动售检票系统各级系统的作用		50		
5.编制学习汇报报告情况		10		
6.基本素养考核情况		5		
总体得分				
教师简要评语：				
			教师签名：	

任务 3　票卡认识

【活动场景】

利用多媒体或实地参观轨道交通车站,了解票卡。

【任务要求】

掌握轨道交通运营所使用票卡的定义、种类以及适用范围和流程。

【知识准备】

1.票卡的定义

AFC 系统的票卡专指 IC 单程车票,可在城市轨道交通系统内使用,能实现不出站换成不同线路的乘行凭证。

IC 单程票车票为薄卡型非接触式集成电路 IC 卡,有筹码型车票(图 8.8)和卡型车票(图 8.9)两种类型,包括单程票和城市轨道交通运行中用于专门用途的其他票种,如往返票、计次票、旅游票、纪念票等车票。票卡的作用是作为自动售检票系统的媒介,为乘客进出检票机的合法凭证。

图 8.8　筹码型车票　　　　　　　　图 8.9　卡型车票

2.票卡的种类

目前,常见的票卡主要有三种:纸质车票、磁卡车票、智能卡车票。

(1)纸票

纸票是在车票上印刷相关的车票信息,如票价、车票编号等,由人工方式或自动方式售票,通过视读或扫描仪确认票面信息。

普通车票将车票的相关信息印制在票面上,由票务人员视读确认。票面上的基本信息包括车票编号、出票站点、乘车日期、乘车车次、乘车区间、票款金额、时间限制以及换乘等信息,面向购票人员设计,同时也便于票务人员检查核对。普通纸票的信息是制度信息,因此不能作为储值票,只能作为单程票或特殊用途的车票。普通纸票的寿命只有一次,一般由存根、主券、进站副券和出站副券四部分构成。乘客在购票过程中,票务人员从车票上撕下存根,将其余部分交给乘客,存根是地铁车站内部进行收益稽核时使用的;进/出站副券分别是乘客在进出站检票时提供给检票人员检查的,主券留给乘客,供乘客收藏或作为报销凭证使用。

小贴士

北京地铁的纸票使用史:

壹角车票　1971 年 1 月 15 日启用　　　　叁角车票　1987 年 12 月 28 日启用,

需要两次剪票

贰角车票　1987 年 12 月 28 日在环线启用　　贰角车票　1987 年 12 月 28 日在一线启用

伍角车票　1991 年 1 月 1 日启用　　　　贰元车票　1996 年 1 月 1 日启用

2005 年发行的 3 元"乘"心如意车票

2006 年 12 月 16 日发行的印有北京地铁文明小使者"文文"和"明明"卡通形象的地铁车票

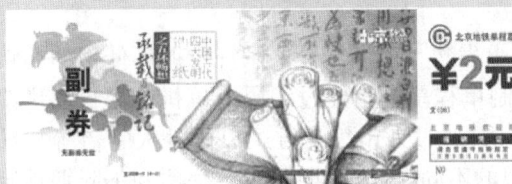

2008 年 4 月 10 日发行的"中国古代四大发明之五环畅想"系列文化车票

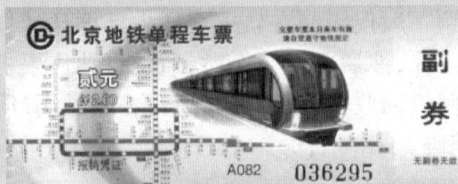

现行的最后一版纸质车票

（2）磁卡（图 8.10）

图 8.10　磁制卡票

　　磁卡是一种磁记录介质卡片。磁卡一面有磁层或磁条,已记录相关数据。磁卡从技术上讲比较成熟,具有以下优点:可以进行机读,提高了自动化程度;可以方便地进行票卡生产,成本较低;可以循环使用,降低能耗。

　　（3）智能卡（图 8.11）

　　智能卡是 IC 卡的一种,是将一个专用的集成电路芯片镶嵌于基片中,封装成外形与磁卡类似的卡片形式。智能卡配备有微电脑 CPU 和存储器,可自行处理数量较多的数据而不会干扰主机的工作,适应于端口数目较多且通信速度需求较快的场合。这种既具有智能型又便于携带的卡片,为现代信息处理和传递提供了一种全新手段,作为一种新型工具,已被广泛应用。

智能卡根据卡与外接数据交换界面的不同可划分为接触式 IC 卡、非接触式 IC 卡、双界面卡。

图 8.11　智能卡

3.票卡的使用范围和流程

(1)单程票

单程票是指乘客以一定金额购得一次服务旅程承诺,只可进行一次进站和一次出站行为的车票。通过系统参数设置,可以定义单程票的有效期限和区间。

目前国内轨道交通票务系统中常见的单程票有方卡型和筹码型两种。根据实际运营应用角度,又可以分为普通单程票和预制单程票。

普通单程票是指在车站 AFC 系统终端设备上发售,在地铁 AFC 系统中循环使用的非接触式 IC 卡,限于单次、单车程使用,出站回收;预制单程票是指经过编码分拣机或半自动售票机预先赋值的单程票,在有效使用期内可直接使用,通过人工售卖方式以弥补大客流等特殊情况下设备售票能力不足的问题。根据使用期限的不同,分为限期预制单程票和不限期预制单程票。

从使用范围来看,单程票一般仅限制在轨道交通内部循环使用。单程票采购回来后,在制票中心经过初始化、编码工作,然后配发到车站,通过自动售票机或半自动售票机发售,乘客乘坐地铁出站后,由出站闸机回收,回收后的车票可在车站循环使用。异常车票将回收到制票中心重新进行初始化编码。

(2)储值票

储值票是指车票内预存了一定资金,在金额足够的情况下可多次使用的车票,每次使用时根据费率扣除乘车费用,出站不回收。储值票一般分为记名储值票和不记名储值票。

记名储值票即卡内保存有持卡人的个人信息,如持卡人姓名、性别、身份证号码等,卡面也可根据需要印刷持卡人的姓名、性别、身份证号码和照片等信息,一般有个人记名储值票、学生票、老人免费票、员工票、残疾人及伤残军人免费票等。

不记名储值票票面上没有持卡人的信息,通常使用后如无污损,可以将车票退还给发卡公司以便其重新发行使用。

储值票一般由专门发卡单位制作,通过发卡单位营业网点或代理机构发售。发售时根据储值票的成本收取一定押金,在车票有效期内限单人使用,进站检票,出站扣费,超时出站根据票务规定补交超时费用。储值票卡内金额一般都有上限要求,不同城市规定不同。

(3)许可票或特种票

许可票是一种不同于单程票和储值票的特殊票种,由运营方根据某种特殊需要,针对某些群体的特殊要求,以吸引或方便他们来乘坐地铁为目的而发行的,赋予特定的使用许可的一种车票,在限定的条件下具有一定的优惠。主要包括日票、周票、月票、公务票和测试票等。

车站工作票是供轨道交通相关从业人员工作使用的车票。

测试票是一种对自动售检票系统设备进行维护诊断用的特殊车票,只能在设备处于维护模式由维修人员测试设备时使用。

小贴士

　　随着城市轨道交通的快速发展,车票和售检票方式也在快速发生变化。纵观国内外各主要城市的轨道交通车票演变过程,发现轨道交通车票经历了从纸质车票、接触式磁卡车票、非接触式智能储值卡车票到电子二维码车票、人脸识别的升级换代,相应地,售检票方式也完成了从人工售检票、自动售检票系统到智慧票务的转变。以上海地铁为例,1995年4月,上海地铁1号线正式运营,主要使用1元、2元、3元的纸质车票,采用人工售票方式;1993年3月,上海地铁正式使用自动售检票系统以及与系统相匹配的磁卡式车票;到2005年底,上海地铁实现五条线路一票换乘,使用非接触式IC卡代替了原磁卡车票;2018年1月,上海地铁通过Metro大都会App"地铁快付"功能实现"刷码过闸",同时可通过支付宝、银联支付渠道实现电子支付,不必使用现金买票。在城市轨道交通运营过程中,AFC系统作为直接面向乘客提供服务的智能设备系统。随着人工智能、大数据等新一代信息技术的发展,各城市地铁运营单位紧跟科技进步的步伐,不断提升乘客的乘车体验,为乘客提供更加便捷、舒适、安全的出行服务,在延续传统票卡正常使用的基础上,充分融合和运用了互联网、移动支付及刷脸支付等新技术,推动AFC支付系统更加智能化和智慧化。"

【任务实施】

简述票卡的定义及作用。

【效果评价】

评　价　表

项目名称	城市轨道交通自动售检票系统		学生姓名	
任务名称	任务3　票卡认识		分　　数	
项　　目			分　值	考核得分
1.目前国内各地铁所使用票卡的相关知识,图片			10	
2.是否有小组计划			5	
3.票卡定义、种类等基本知识的掌握情况			20	
4.各类车票适用范围及流程的掌握情况			50	
5.编制学习汇报报告情况			10	
6.基本素养考核情况			5	
总体得分				
教师简要评语:				
			教师签名:	

任务4　AFC系统终端设备构造及操作

【活动场景】

利用多媒体或实地参观轨道交通车站,了解AFC终端设备构造。

【任务要求】

了解AFC系统终端设备种类、定义、构造,掌握AFC系统各终端设备的基本功能。

【知识准备】

1.AFC系统终端设备定义及其种类

(1)AFC系统终端设备的定义

AFC系统终端设备是指安装于轨道交通线路各车站进行车票发售、进站检票、出站检票、充值、验票分析等读写交易处理的终端设备。因各家地铁运营情况不同,其AFC系统各终端设备设置也有所不同。在轨道交通企业中,主要的AFC终端设备有自动检票机、自动售票机、半自动售票机、自动验票机等。

(2)自动检票机

自动检票机是自动售检票系统车站终端设备之一,用于对车票进行检验和处理并放行和阻挡乘客出入付费区。按其用途一般可分为单向进站检票机、单向出站检票机、双向进出站检票机和端头箱。自动检票机可以对非接触式IC储值卡和非接触式IC单程票进行检票处理,通常有门式检票机和三杆式检票机两种类型。

自动检票机会对乘客所持的车票进行检验,并完成进站或出站的交易处理。在计时计程的收费规则下,在进入收费区及离开收费区时都需要进行车票检验;进入收费区时,检查车票的合法性并记录进入时的地点和时间;离开收费区时,检查车票的合法性、进站信息的合法性及收费区内停留的时间,并根据进入位置和离开位置计算本次旅程的费用,完成车票扣款操作。自动检票机的主要功能如下:

①自动对车票进行有效检验,对有效车票进行相应处理后放行乘客,对无效车票拒绝放行;

②对车票处理结果给出明确的提示信息;

③对通道的通信状态给出明确指示;

④对特殊车票的适用给出明确的提示;

⑤对需要回收的车票执行回收操作;

⑥对各部件的工作状态进行自动监测,并向车站计算机系统上报工作状态;

⑦接受车站计算机系统下发的参数和控制命令并执行相应的操作;

⑧储存并上传交易信息;

⑨接受紧急按钮信号并控制设备的操作。

小贴士

在轨道交通日常运营中,经常会遇到出站时自动检票机卡票的情况,下面对自动验票机卡票的处理方式进行简单讲解:首先确认卡票发生的位置,是在投票口还是在传输部分。如果卡在投票口,则取出票卡,对相应检票机进行操作,使其复位后重新投入使用;如果卡在传输部分,则打开检票机门,再到传输轨道处寻找票卡,取出被卡票卡后,操作检票机复位并重新投入使用;如果卡在入票口,则人工将票放入票箱,复位检票机,重新投入即可。

（3）半自动售（补）票机

半自动售（补）票机（简称 BOM 机）也称人工售（补）票机,是自动售检票系统车站终端设备之一,用于人工辅助对车票进行加值、赋值、分析、处理各种合法车票。半自动售（补）票机具备补票、退票、查询、更新等票务处理功能。功能单一的半自动售票机一般部署在非付费区,而半自动补票机则用于付费区内服务;功能结合的 BOM 机可以同时为非付费区与付费区服务,兼顾售票及补票功能,适用统一车票处理设备,对两个区域分别设置单独的乘客显示器,处理不同区域乘客的票务。

BOM 机与车站的 AFC 控制系统相连,可以接受车站 AFC 控制系统下达的各种参数及指令,同时向车站 AFC 控制系统以及线路 AFC 控制系统传送各类数据。BOM 机的运行模式由车站 AFC 控制系统进行设定和更改,并通过系统参数数据下载到 BOM 机上实现工作模式的自动转换。

BOM 机还具备离线/在线状态自动监测切换的能力。根据当前的线路状态,动态提供能够处理的功能。在线状态下,能够实时从车站 AFC 控制系统下载各种参数、接受车站 AFC 控制系统的控制指令,能上传监控数据,根据预先设定的方式上传已处理的各种交易数据,与车站 AFC 控制系统进行对账处理。离线状态下,除了提供需要的功能外,还要保存本地运行数据的备份,在检测到网络恢复以后,进行数据的上传和续传并进行数据账目的核对。

（4）自动售票机

自动售票机是自动售检票系统车站终端设备之一,用于自助发售、赋值有效车票,具备自动处理支付和找零功能。自动售票机是安装在非付费区的设备。自动售票机的自助购票基本过程包括购票选择、接受购票资金、自动出票及找零等过程,在必要时还可以打印充值凭证等。自动售票机主要实现如下功能:

①接受乘客的购票选择,并在购票过程中给出提示信息及操作指导;

②可以接受乘客投入的现金并自动完成识别,对无法识别的现金予以退还;

③自动计算乘客投入的现金数量及购票金额,自动找零;

④自动完成车票校验、车票发售及出票;

⑤对各部件的工作状态进行自动监测,并向车站计算机系统上报工作状态;

⑥接受车站计算机系统下发的参数和控制命令,并执行相应的操作;

⑦存储并上传交易信息;

⑧对本机接受的现金及维护操作进行管理。

（5）自动验票机

自动验票机（TCM）安装在地铁车站非付费区,提供在轨道交通内使用的地铁专用票及城市"一卡通"的自助查询验票及发布地铁通知信息等服务。自动验票机操作界面一般采用触摸屏操作方式,由中央计算机系统下载乘客服务信息,可以回溯车票内记录的使用历史,包括票种、购票时间、进站时间、出站时间、进站地点、出站地点、扣费金额、剩余金额、有效期等,每笔交易信息应逐条显示,对有问题的交易记录可以醒目地提示。自动验票机在进行车票查询时,能对车票的有效性进行检查,如有问题,能显示原因并提示乘客去半自动售票机处理。

2.AFC 系统终端设备构造

（1）自动检票机的构造介绍

自动检票机（AGM）是自动售检票系统车站终端设备之一，用于对车票进行检验和处理并放行和阻挡乘客出入付费区。按其用途一般可分为单向进站检票机、单向出站检票机、双向进出站检票机和端头箱。自动检票机（AGM）布置于付费区与非付费区的交界处，能够对乘客持有的城市"一卡通"及地铁专用非接触 IC 卡车票进行检查、编码。

①AGM 的基本原理及模块构成如图 8.12 所示，表 8.1 为 AGM 构造表。

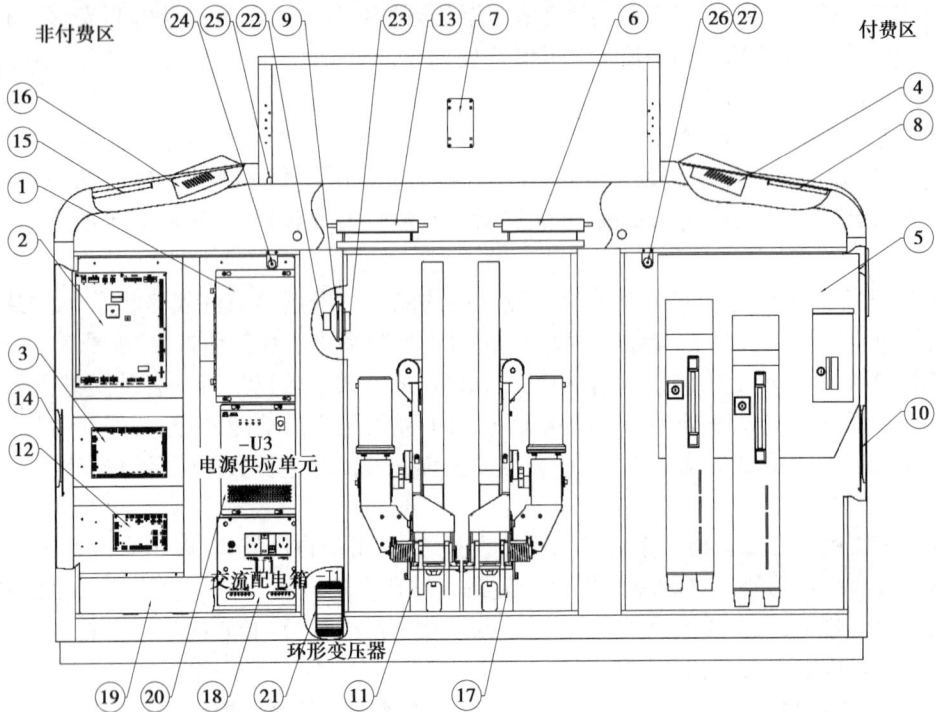

图 8.12　AGM 构造图

表 8.1　AGM 构造表

序　号	名　　称	序　号	名　　称
1	主控单元（ECU）	11	主机的扇门机构和连接板
2	乘客控制模块（PCM）	12	从连接板
3	主连接板（MLB）	13	进站端 IC 卡读写器
4	出站端乘客显示器	14	进站端方向指示器
5	单程票回收模块	15	进站端刷卡区提示灯
6	出站端 IC 卡读写器	16	进站端乘客显示器
7	报警灯	17	副机的扇门机构和连接板
8	出站端刷卡区提示灯	18	AC 配电盒
9	语音放大器	19	UPS
10	出站端方向指示器	20	电源供应模块（PSU）

续表

序　号	名　称	序　号	名　称
21	PCM 电源变压器	25	维修门开关 2
22	语音喇叭	26	维修门开关 3
23	蜂鸣器	27	维修门开关 4
24	维修门开关 1		

②AGM 主要模块及功能见表 8.2。

表 8.2　AGM 模块功能表

序　号	名　称	功　能
1	主控单元	主要负责运行控制软件,完成车票处理、通行控制、数据通信、状态监控等功能
2	PCM	乘客通行逻辑控制、方向指示器控制以及紧急放行控制
3	主/从连接板	连接一个通道的主/从两台 AG
4	乘客显示器	用于为乘客提示各种信息,可以动态显示信息
5	单程票回收模块	回收乘客出站时的单程票
6	读卡器	读写各类车票
7	车票读写区	标有明确提示信息,是车票可以读写的区域
8	警示灯	用于指示 AG 指定的状态,例如无效卡、票箱满等
9	UPS	用于 AGM 突然掉电的情况下保证 ECU 能够处理最后一笔交易,也保证 ECU 不损坏
10	扇门模块	控制乘客进入付费区或从付费区出来
11	电源模块	为 AGM 内的模块提供稳定的直流电源
12	交流配电模块	安装漏电断路器和维修插座,为 AGM 内部使用的 AC 电源分配连接端口
13	乘客传感器(对射型)	检测乘客通行
14	乘客传感器(漫反射型)	检测儿童通行
15	走线槽	布线用,使 AG 内部整齐美观
16	储票箱	存储单程票
17	维修门开关	用于检测维修门被打开,当维修门被打开时 AG 进入维护模式
18	维修门锁	用于锁定维修门,防止无关人员随意打开维修门

(2)半自动售(补)票机的构造介绍

半自动售(补)票机也称人工售(补)票机,是自动售检票系统车站终端设备之一,用于对车票进行加值、赋值、分析、处理各种合法车票。

①BOM 的基本原理及模块构成如图 8.13 所示。

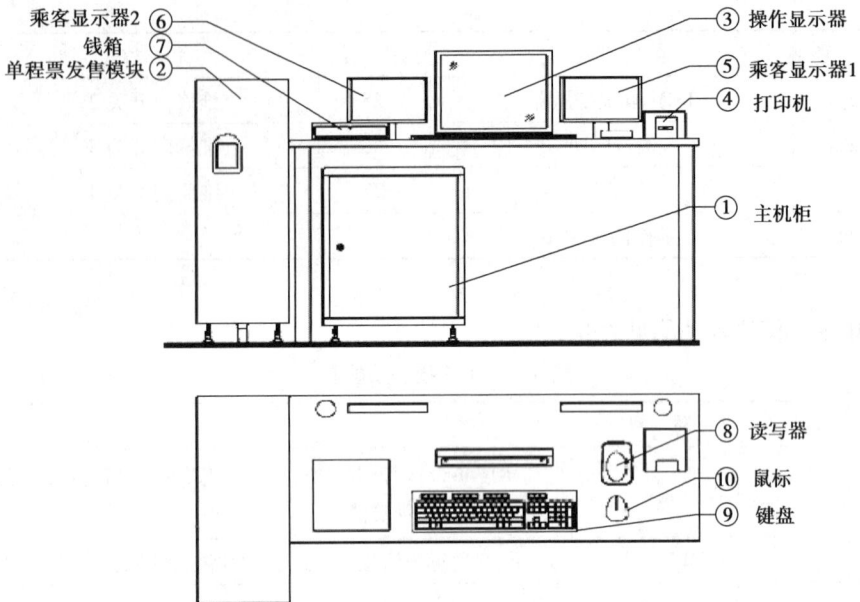

图 8.13 半自动售票机构造

  BOM 的主要组成部件由主控单元(ECU)、单程票发售模块、操作显示器、乘客显示器(PID)、智能卡读写器、电源供应模块、UPS、键盘/鼠标、打印机、钱箱、交流配电模块组成。

  ②BOM 的主要模块及功能见表 8.3。

表 8.3 BOM 模块功能表

序号	模块名称	说　明
1	主控单元(ECU)	负责运行控制、完成车票处理、现金处理显示、数据通信、状态监控等
2	单程票发售模块	由供票单元、票卡传送单元、出票单元、控制单元等组成,接收主控单元的指令发售地铁单程车票
3	操作显示器	显示有关车票分析、现金处理、操作指示、系统状态及设备状态等信息
4	打印机	打印业务信息
5	乘客显示器(PID)	供乘客察看有关车票分析及现金处理等信息
6	钱箱	存储现金收益
7	智能卡读写器	对乘客持有的一卡通和地铁专用车票(非接触 IC 卡)进行检查、编码操作
8	电源供应模块	为设备提供直流电源
9	键盘/鼠标	操作及维修人员通过键盘和鼠标完成对设备的操作、维修和诊断工作
10	UPS	当设备掉电时,提供足够的电力使 BOM 在退出服务之前完成最后的交易,包括检查车票、保存数据等
11	交流配电模块	为设备内部的部件分配和管理交流电源

（3）自动售票机的构造介绍

自动售票机（TVM）是自动售检票系统车站终端设备之一，是安装在非付费区用于自助发售车票的设备。自动售票机（TVM）的正面外观如图 8.14 所示，各个项目如表 8.4 所述，内部结构如图 8.15 所示。

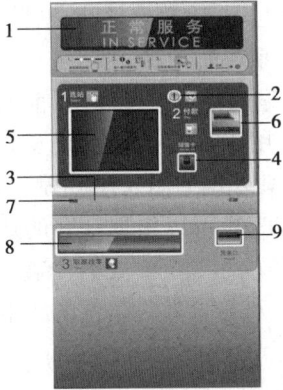

图 8.14　TVM 外观设计图
（正面结构图）

表 8.4　TVM 外观构造表

序号	名　称	序号	名　称
1	TVM 运行状态显示器	6	纸币投币口
2	硬币投币口	7	人体检测传感器
3	扬声器	8	找零和车票出口
4	储值票读卡器	9	单据出口
5	乘客显示器		

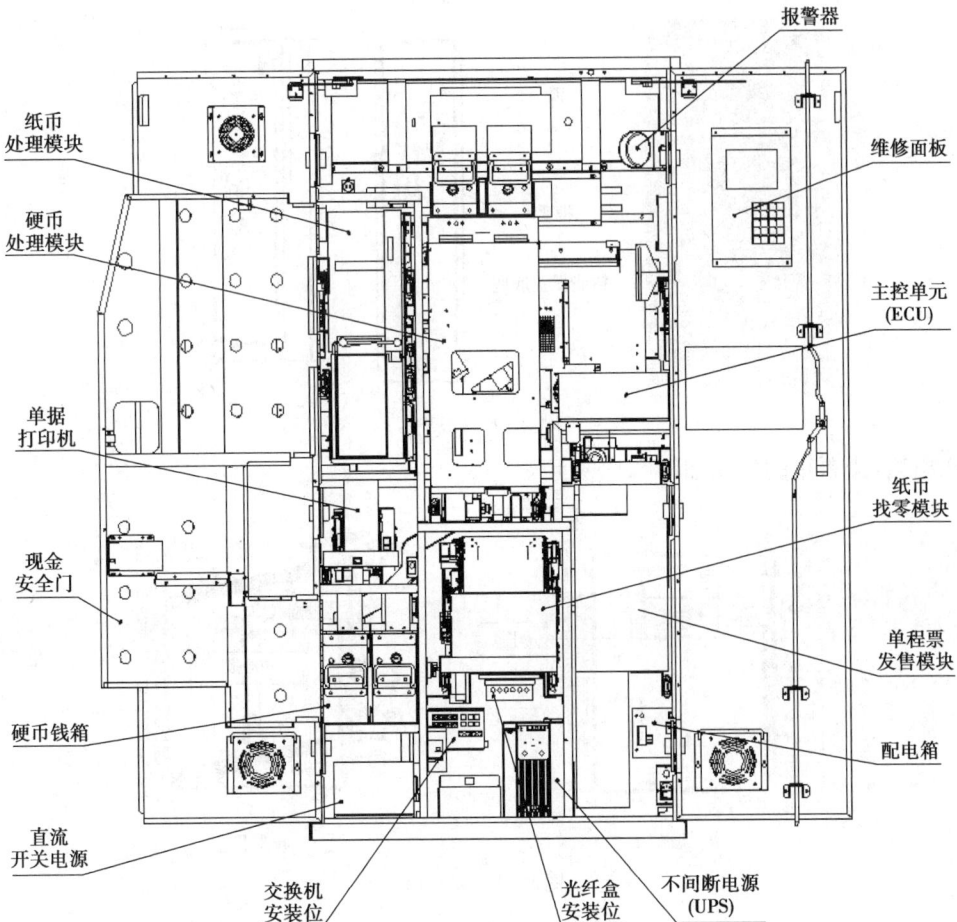

图 8.15　TVM 内部结构图

203

图 8.16　乘客显示器

自动售票机内部主要包括硬币处理模块、纸币接收模块、纸币找零模块、单程票发售模块以及单据打印机。

①主控单元(ECU)　主控单元主要负责设备的控制运转、车票处理、现金处理、数据处理、数据记录、数据通信、TVM 状态监控、系统时钟等。

②乘客显示器　乘客显示器安装于 TVM 前面板乘客操作区内,触摸屏下,用于显示乘客购票及充值过程中的相关操作信息。其外观如图 8.16 所示。

③单程票发售模块　TVM 可以根据乘客的选择发放单张或多张单程票。当乘客放入足够的现金(硬币或纸币)票款后,TVM 从单程票发售模块的票箱中逐张取出欲发售的票卡,通过读写器进行校验、赋值,对符合发售条件的票卡赋值发售,对无效票及设定类型的票卡回收至废票箱。

A.储票箱:TVM 单程票发售模块的储票箱的外观及外形尺寸如图 8.17 所示。

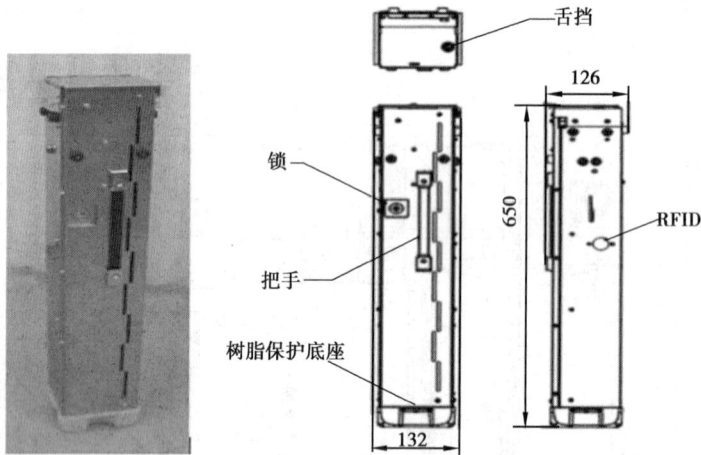

图 8.17　储票箱

B.票箱:废票箱的外观如图 8.18 所示。

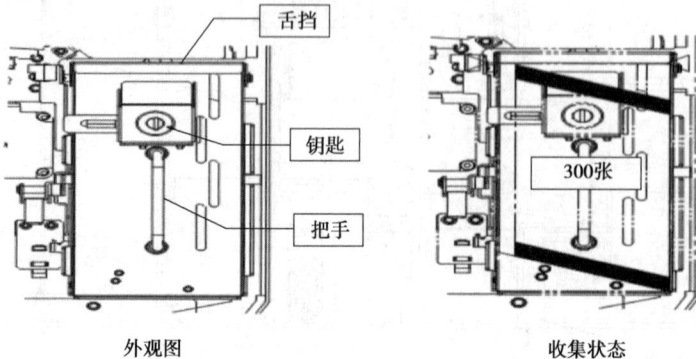

外观图　　　　收集状态

图 8.18　废票箱

④触摸屏　触摸屏附于乘客显示器的外表面,与乘客显示器的尺寸一致。用于接受乘客购票过程中的选择与确认指令,与乘客显示器一起,通过图形界面的显示方案,实现 TVM 在路网各车站内乘客购票、充值操作的功能。其外观如图 8.19 所示。

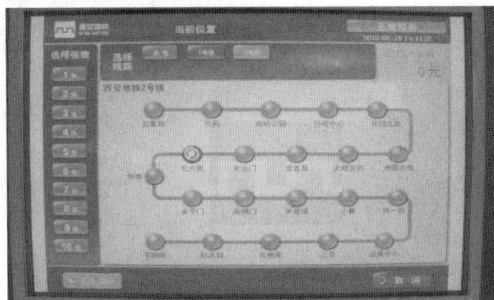

图 8.19　触摸屏

⑤运行状态显示器　运营状态显示器可显示设备的运行状态、系统时钟、地铁发布的信息等。其外观如图 8.20 所示。

图 8.20　运行状态显示器

⑥维修面板　维修面板模块是设备后维护的重要部件,固定于 TVM 内部。维修面板模块包括显示屏、输入键盘等。

⑦硬币处理模块　如图 8.21、图 8.22 所示,硬币处理模块由硬币投币口、硬币识别器、暂存装置、硬币传输机构、找零装置及退币口等几部分构成。用于处理乘客投入的硬币、发放找零硬币。

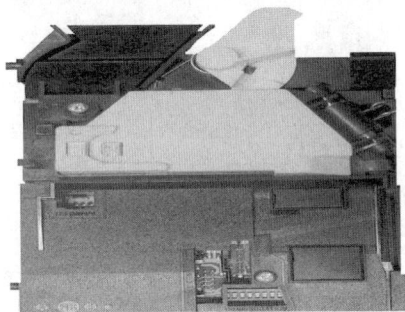

图 8.21　硬币识别模块外观

图 8.22　硬币投币口

⑧纸币处理模块　纸币处理模块是识别乘客投入到自动售票机的纸币的机械模块,安装在 TVM 上,可无方向性地识别当前流通的所有币种的人民币纸币。纸币处理模块装有 1 个储钞箱,被识别并接收的纸币将会被传送到储钞箱。其外观如图 8.23 所示。

⑨纸币找零器　TVM 中装配有纸币找零器,可以向外输出一种面值的纸币,与硬币处理模块共同实现找零功能。

⑩单据打印机　TVM 中装配了一台高速热敏打印机,用于充值打印交易凭证及操作员的结账、维护信息。其外观如图 8.24 所示。

⑪不间断电源(UPS)　不间断电源使 TVM 在外部电源发生短暂中断的情况下保持正常工作,如果外部电源中断供电时间超过了一分钟(可通过参数设定),TVM 完成当前的交

图 8.23　纸币处理模块　　　　　　　　图 8.24　单据打印机

易和通信收发工作后,再进入暂停服务状态或关闭状态,直到外部电源恢复后才重新工作。不间断电源的负荷可以保证设备在突然失去外部供电的情况下,能顺利完成正在进行的最后一笔交易;同时也可改善设备的供电质量,对电源起滤波稳压作用。其外观如图 8.25所示。

⑫储值票处理模块　储值票处理模块是对乘客储值票(或一卡通)进行接收、读写,以完成卡片充值的部件,由储值票插卡装置和读写器构成。

⑬电源模块　电源模块由配电箱和直流开关电源组成,为 TVM 内部各功能模块提供稳定的电源供应。其外观如图 8.26 所示。

图 8.25　电源(UPS)　　　　　　　　图 8.26　电源模块

小贴士

TVM 的票箱和钱箱的存放是需要在日常工作中重点注意的环节,在操作中需要注意以下几点:

①票箱和钱箱属于贵重精密设备,在设备操作中移动时,请注意轻拿轻放。尤其要防范票箱和钱箱从高处坠落,以免造成票箱和钱箱损坏。

②在进行硬币钱箱的卸下时,请轻拿轻放,以免损坏传感器。

③纸币回收箱卸下时请平放,切勿立放,以免损坏传感器。

④移动和安装票箱时,应小心用力,防止拉手损坏。

(4)自动验票机的构造介绍

自动售票机是自动售检票系统车站终端设备之一。用于对所有车票进行自助验票,安装在非付费区。

自动验票机(TCM)如图 8.27 所示,安装在地铁车站非付费区,供在轨道交通内使用的地铁专用票及城市"一卡通"的自助查询验票及发布地铁通知信息等服务,其规格如表 8.5 所示。自动验票机操作界面采用触摸屏操作方式,由中央计算机系统下载乘客服务信息,可以回溯车票内记录的使用历史,包括票种、购票时间、进站时间、出站时间、进站地点、出站地点、扣费金额、剩余金额、有效期等,每笔交易信息应逐条显示,对有问题的交易记录,可以醒目地提示。自动验票机在进行车票查询时,能对车票的有效性进行检查,如有问题能显示原因并提示乘客去半自动售票机处理。

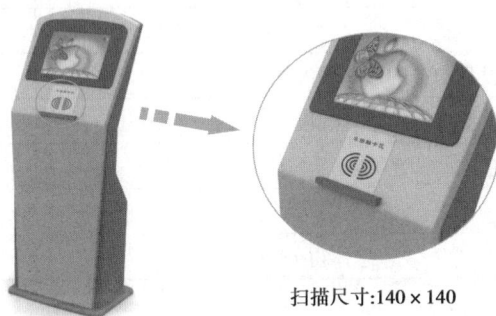

扫描尺寸:140×140

图 8.27　自动验票机

表 8.5　自动验票机规格表

名　称	高度/mm	宽度/mm	厚度/mm	备　注
一体机	1 200	400	360	

TCM 主要组成部件功能如表 8.6 所示。

表 8.6　TCM 部件功能表

序号	模块名称	说　明
1	主控单元(ECU)	主要负责运行控制软件,完成信息查询、维护及运营管理等功能
2	乘客显示器(PID)	显示检票机的工作状态,显示乘客的票卡信息,在维护时显示维护操作界面
3	智能卡读写器	对乘客持有的一卡通和地铁专用车票(非接触 IC 卡)进行检查操作
4	电源供应模块	为设备提供直流电源
5	UPS	当设备掉电时,提供足够的电力使检票机在退出服务之前完成最后的交易,包括检查车票、保存数据等
6	维修键盘	与乘客显示器作配合,用于操作/维修人员通过维修键盘完成对设备操作、设备维护、故障诊断及模式设置等工作

【任务实施】

简述半自动售票机的主要模块及功能。

【效果评价】

评 价 表

项目名称	城市轨道交通自动售检票系统	学生姓名	
任务名称	任务 4　AFC 系统终端设备构造及操作	分　数	
项　目		分　值	考核得分
1.AFC 系统终端设备的相关知识		10	
2.是否有小组计划		5	
3.自动售检票系统各终端设备构造的掌握情况		20	
4.自动售检票系统各终端设备功能的掌握程度		50	
5.编制学习汇报报告情况		10	
6.基本素养考核情况		5	
总体得分			
教师简要评语： 教师签名：			

项目小结

　　不论国外还是国内,城市轨道交通的票务系统已经发展成为自动化程度高、功能完备的自动售检票系统。本项目以此为背景,简述了票务系统的发现现状,逐级对自动售检票系统的层级、分类以及终端设备进行了详细介绍,并补充说明了轨道交通中车票的种类定义和适用范围等知识点。本项目包含了宏观的系统知识和微观的设备知识,自动售检票系统的原理和车票使用相互贯穿,目的是能够结合实际,使学员能对自动售检票系统以及轨道交通票务工作有直观的认识。

思考与练习

　　1.简要回答自动售检票系统的参考模型有哪几个层级。
　　2.简述城市轨道交通票务管理的内容。
　　3.简述自动售检票系统与票务策略的对应关系主要表现在哪几个方面。
　　4.简述自动售检票系统架构的几种形式以及各种形式的适用范围。
　　5.简述票卡的定义及作用。
　　6.简述自动售票机的功能。
　　7.简述自动检票机的功能。
　　8.简述磁制票卡的优点。

项目 9
车站设备日常操作及故障应急处理

【项目描述】

考虑到城市轨道交通消防安全的重要性,本项目讲述城市轨道交通消防设施的工作原理及操作方法,并介绍车站日常使用频率较高、与乘客密切相关的电扶梯、屏蔽门及AFC设备的操作及发生故障后的现场应急处理方法,为车站工作人员提供操作处理指引。本项目以实操培训为主,目的是提高学生的实际动手能力。

【学习目标】

通过本模块的学习要求掌握以下基本知识:

1.熟悉城市轨道交通车站消防设备的组成。

2.熟练掌握常用消防设备的使用方法。

3.熟练掌握电扶梯的开关操作及故障应急情况下的处理程序。

4.熟练掌握屏蔽门的各级控制的操作方法。

5.熟悉屏蔽门发生故障的现场应急处理程序。

6.熟练掌握车站TVM、BOM、AGM的操作方法。

7.熟悉车站AFC设备发生故障后的处理技巧及客运组织应急处理流程。

8.能够熟练操作车站消防设备灭火。

9.能操作车站电扶梯、屏蔽门。

10.能操作车站TVM、BOM、AGM及对简单故障进行处理。

任务1 车站消防设备的运用

【活动场景】

利用多媒体或实地参观轨道交通车站,了解车站消防设备。

【任务要求】

了解城市轨道交通消防系统防火要求,熟练掌握车站消防设备组成以及操作方法,发现火灾后能够第一时间组织灭火。

【知识准备】

1.城市轨道交通的消防系统防火要求

为了确保轨道交通安全、高效、舒适的良好环境,防止因意外火灾事件影响正常运营,轨道交通车站均需安装消防报警设备,一旦发生火警,火灾报警必须做到早期自动监控、紧急情况下进行自救,按照国家标准《建筑设计防火规范》(GB 50016—2006)消防系统必须满足以下要求:

①有火情发生时,能及时、准确地发出火警信号并显示火情发生的地点、内容;

②能立即启动防排烟系统、灭火系统并有明确显示。及时切断灾区电源,以防电气失火,同时启动安全疏散人员的照明系统和导向系统;

③除报警功能外,设备还应具有自动检测、报告系统各部分发生的故障和监控的功能;

④设备应具有备用电源,以便主电源失电时,能及时启用备用电源,确保系统正常运行;

⑤火灾报警器必须有记忆功能,自动记录火情及故障发生的地点和时间,以备查看和分析。

2.车站消防设备

车站消防设备组成如下:火灾自动报警系统(FAS)、气体灭火系统、消火栓、灭火器、防火排烟系统。

(1)火灾自动报警系统(FAS)

火灾自动报警系统(Fire Alarm System,简称 FAS)是为了及早发现、通报火灾,以便及时采取措施扑灭火灾而设置于城市轨道交通范围内的一种自动消防设施。

城市轨道交通每一条线的火灾自动报警系统以环网方式将各车站的报警控制器连成一个整体网络,在控制中心能对全线报警系统实行监控管理,随时掌握全线动态情况,在其所管辖范围内,对火灾状况进行检测报警和实施有关消防操作。火灾自动报警系统主要实现火灾检测报警、其他系统消防设备的监视及控制、系统故障报警、消防电话通信等重要功能。

1)火灾自动报警系统的设备及分布

在城市轨道交通各车站、主变电所、车辆段、区间风机房和控制中心大楼均设有火灾自动报警系统,分为车站级和中央级两级。

车站级设备包括火灾报警控制盘与站级计算机图形中心、站内的自动报警设备、手动报警器、消防紧急电话等。

中央级设备为安装在控制中心的中央级计算机图形中心,作为全线火灾自动报警系统的操作管理和资料存档管理平台,随时接收显示各车站传送来的报警信号,对车站报警点按全貌、分区等逐级进行图形显示并打印、存档各类信息资料。

现场外部设备包括智能感烟探测器、感温探测器、感温电缆、对射探头、手拉报警器、破玻报警器等。

2）火灾自动报警系统的功能

①火灾报警功能。系统通过现场火灾探测器检测到火灾情况时,消防控制室控制盘便产生火灾报警信号。

②消防设备的监视功能。对其他系统设备,如防火、气体灭火系统、消防水泵等进行监视,当设备动作或异常时便产生监视报警,如防火阀关闭、气体灭火系统打手动/自动、气体灭火系统报一级火警等。

③系统故障报警功能。当系统本身存在故障时,车站级控制盘及中央级计算机进行故障报警。

④消防设备的控制功能。当发生火灾需要对某些消防设备进行控制时,系统可以通过模块(辅助继电器)对其他系统的某些消防设备进行强行启动,如关闭防火阀、启动消防水泵、降下防火卷帘门等。

⑤消防通信功能。通过电话插孔、挂箱电话使现场与消防控制室(车控室)进行直接通话。

（2）气体灭火系统

车站一些重要设备房间安装有气体灭火系统,如车站通信设备室、信号设备室、屏蔽门控制室、35 kV 高压控制室、0.4 kV 低压控制室、蓄电池室、环控电控室。当这些房间发生火灾后,通过喷放气体进行灭火是一种较为理想的自动灭火系统。

1）系统组成

气体灭火系统由储存装置、启动分配装置、输送释放装置、监控装置等设施组成,如图 9.1 所示。气体灭火系统常见的是二氧化碳灭火系统和七氟丙烷灭火系统。七氟丙烷灭火系统是近年来使用比较广泛的卤代烷灭火系统。

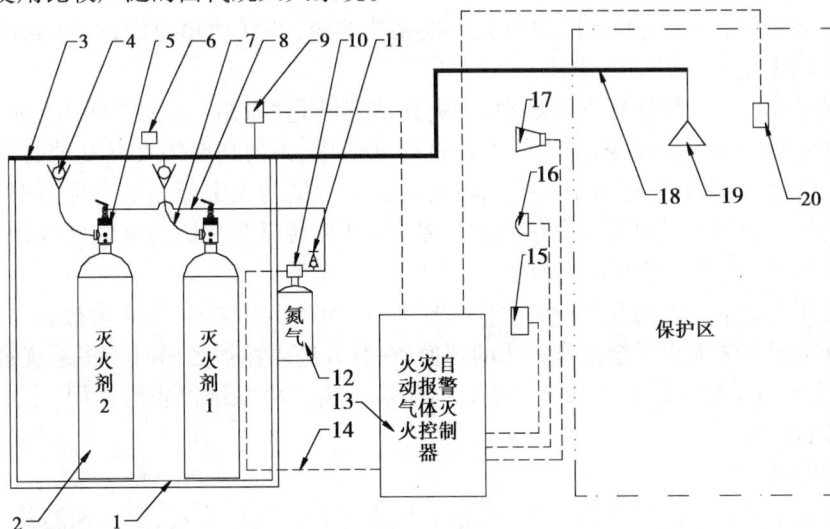

图 9.1　气体灭火系统组成

1—灭火剂贮瓶框架;2—灭火剂贮瓶;3—集流管;4—液流单向阀;5—瓶头阀;6—安全阀;7—高压软管;8—启动管路;9—压力信号器;10—启动阀;11—低压安全泄漏阀;12—启动钢瓶;13—火灾自动报警气体灭火控制器;14—控制线路;15—手动启动控制盒;16—放气灯;17—声光报警器(如图 9.2 所示);18—灭火剂输送管道;19—喷嘴;20—火灾探测器

图 9.2　声光报警器　　　　　图 9.3　感烟探测器图

2）系统主要设备

①钢瓶。钢瓶是用来存储气体灭火系统灭火介质的设备,安装在专用的气瓶间内,房间环境处于室温且温度变化不大,比较干燥,不能有阳光照射。钢瓶的数量多少取决于灭火介质的灭火浓度、所保护区域的容积。钢瓶室需要严格管理,人员进出必须登记并且严禁在钢瓶室内擅自进行无关作业。

②启动阀。启动阀安装在启动钢瓶的瓶头阀或选择阀上。目前使用的启动阀主要有电磁阀和电爆管两种类型,只需很低的电压或电流即可产生很大的冲击力,将钢瓶的阀门打开,从而释放存储在钢瓶内的气体。目前使用的启动阀基本上属于免维护、单次使用的元件。在维护开始前,需注意将启动阀的信号线物理断开,以免在维护过程中造成误喷气。

③输送管网。它由无缝钢管连接而成,从气瓶间敷设到所需要保护的区域,需要用明显的红色漆以区分其他的管道。管道的安装需要经过水压试验,以达到所需的强度。管道安装必须牢固,防止高压气体喷放时导致管道散落。在维护保养中,应着重检查管道是否畅通,相应阀门等设备是否正常。

④中央控制单元。中央控制单元是实现逻辑控制处理的核心部件。当系统的探测器收集到火灾报警信号并传送到中央控制单元后,中央控制器进行火灾报警条件判断,在确认火灾情况下发出相应的电压信号,控制相关的报警器响应,并联动相应的设备(如风机和防火阀)动作,控制钢瓶上的启动阀开启。

⑤火灾探测器。在气体灭火系统中,火灾探测器既是"眼睛",又是"耳朵"和"鼻子",它能及时地将保护区内的温度变化、空气中颗粒浓度变化、光的亮度等火灾发生的特征信息收集转换成电信号,发送到指挥的中央控制单元。目前常见的火灾探测器有感温型、感烟型和红外对射式等。探测器是收集火灾信息的设备,所以必须要有合适的灵敏度,需定期进行测试和清洗。图 9.3 所示为感烟探测器。

⑥辅助开关设备。辅助开关设备主要包括手/自动转换开关、紧急止喷按钮。手/自动转换开关可以实现气体灭火系统操作方式的切换,在有人进入保护区内时须将系统置于手动状态;紧急止喷按钮是在气体灭火系统处于延时阶段内需要将系统停止时使用,主要是避免系统误报带来的损失。

3）工作原理

气体灭火系统的工作原理如图 9.4 所示。气灭保护区发生火灾,火灾探测器(感烟探测器、感温探测器)检测到火警信息后,将信息传送至消防控制室火灾报警控制柜,消防控制柜开始报火警,并自动启动气灭联动装置(或人工确认火警后人工启动联动装置),延时约30 s后,打开启动钢瓶的瓶头阀,利用启动钢瓶中的高压氮气将对应气体保护房间的选择阀和灭火剂储存瓶(药剂钢瓶)上的容器阀打开,灭火剂经管道输送到喷头喷出实施灭火。喷气的状态在消防控制室火灾报警控制柜及工作站上均会有相应显示。

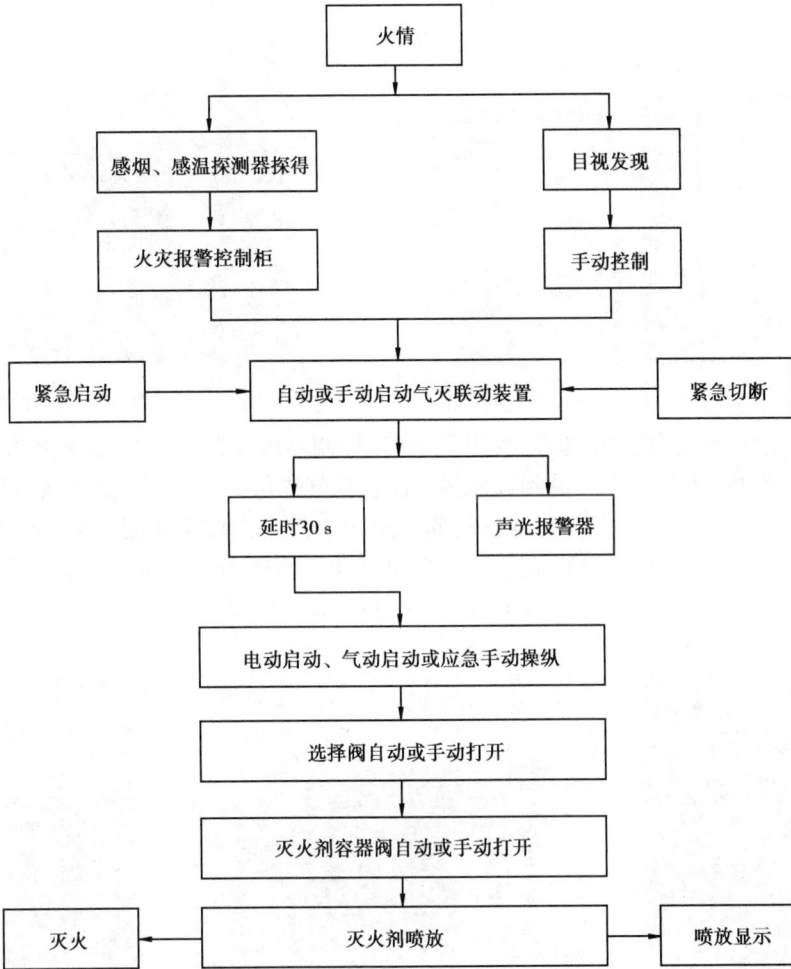

图9.4 气体灭火系统灭火工作流程图

4)控制及操作方法

城市轨道交通车站气体灭火系统一般分为三级控制,分别为自动控制、电气手动控制及机械应急手动操作,以下分别介绍这三种控制方法。

①自动控制:将火灾自动报警气体灭火控制器上控制方式选择键拨到"自动"位置时,灭火系统处于自动控制状态,当保护区发生火情时,火灾探测器发出火灾信号,报警灭火控制器即发出声、光信号同时发出联动指令,经过一段延时时间,发出灭火指令,打开启动钢瓶启动阀释放启动气体,启动气体通过启动管道打开相应的选择阀和药剂钢瓶阀(瓶头阀),释放灭火剂,实施灭火。

②电气手动控制:将火灾自动报警气体灭火控制器上控制方式选择键拨到"手动"位置时,灭火系统处于手动控制状态。当保护区发生火情时,车站控制室人员接到火灾报警,经现场确认火势不可控后按下控制器上手/自动转换按钮,将手动控制转换为自动控制,在自动控制状态下即可按规定程序启动灭火系统释放灭火剂,实施灭火。将气体灭火控制器上的控制方式从手动转换至自动,经延时后未能正常执行,需手动操作气体保护区外的气体启停按钮,

213

手动操作该按钮后,经延时后执行喷气命令。图9.5所示为消防控制器手动/自动转换按钮,图9.6所示为气体保护区外气体启停按钮。

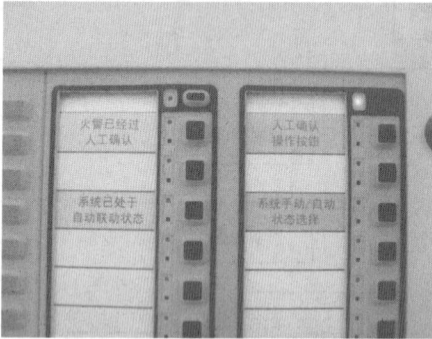

图9.5 消防控制器手动/自动转换按钮

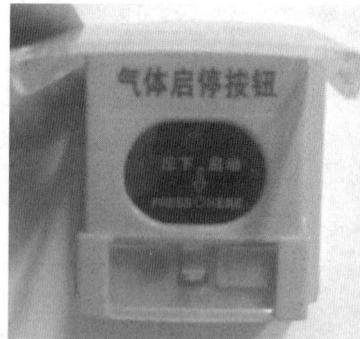

图9.6 气体保护区外气体启停按钮

③机械应急手动操作:当保护区发生火情时,控制器因故障不能发出灭火指令时应通知有关人员撤离现场,车站工作人员到气瓶间拔出相应气体保护房间对应的启动钢瓶上的启动阀(图9.7),释放启动气体,即可打开选择阀(图9.8)、药剂钢瓶阀(图9.9),释放灭火剂,实施灭火。如此时遇上电磁阀维修或启动钢瓶中启动气体压力不够不能工作时,应首先打开相对应灭火区域的选择阀,然后打开该区域的药剂钢瓶阀(瓶头阀),释放灭火剂,实施灭火。

图9.7 气瓶间气体保护区
对应的启动钢瓶

图9.8 气瓶间气体保护区
对应的选择阀

图9.9 气瓶间气体保护区
对应的药剂钢瓶

小贴士

当发出火灾警报,在已执行喷气命令延时时间内发现有异常情况,不需气体灭火系统进行灭火时,可按下手动气体启停盒上的紧急停止按钮,即可阻止控制器灭火指令的发出。

气体灭火系统使用注意事项:

①气体灭火系统使用中应当注意防毒、防冻伤,当喷气命令执行后,开始30 s倒计时,气体保护区内人员听到警报声应当立即撤离保护区。

②人员进入气体保护区之前,必须确认气体喷气处于手动位,确保人员进入保护区安全,人员进入后需将气体保护区门敞开,便于意外发生时人员快速撤离保护区。

③喷气后进入气体保护区查看火灾是否完全扑灭时,应注意穿戴好自身防护用品,戴上防毒面具,手提灭火器,如果有未扑灭的火苗时,用随身携带的灭火器将火扑灭。

5)气体灭火系统维护保养

对于气体灭火系统而言,必须严格按照规定进行日常检查和定期检查并进行良好的维护保养,以保证系统始终处于良好的工作状态。城市轨道交通运营设备管理部门必须配有经过专业培训的技术人员负责对系统进行定期检查,发现问题由相应技术人员或厂家维修人员进行维护保养。

①日常检查

日常检查维护包括清洁、修理、油漆、每周巡检等工作,由专业维护人员定期检查。每周巡检应检查所有的压力表、操作装置、报警系统设备和灭火控制装置仪表等是否处于正常状态,检查管道和喷嘴是否完整无损或畅通并确保它们在原设计安装位置上。

每周巡检应对封闭空间的情况及存放使用的可燃物进行核查,看其是否符合原设计要求。在巡检中发现问题时,检查人员应立即上报部门主管工程师及部门领导,现场做好防护,注意自身安全。

②定期检查

定期检查主要包括半年检、年检及其他检查。

A.半年检:系统投入使用后,每隔半年进行一次全面检查和操作试验。检查项目包括:通过压力表检查卤代烷灭火剂存容器内的压力,如果压力损失大于设计值的 10% 时,应充装氮气。对主要部件包括压力控制装置、灭火控制装置、报警设备等,应分别进行无破坏性的单元操作试验,每次检查结果应有详细检查记录并注明检查日期。

B.年检:每年应对城市轨道交通车站气体灭火系统进行一次全面检查和联动试验。年检项目与半年检相同,联动试验系指除喷射灭火剂之外的所有室外探测、报警、启动、控制操作的联动动作试验。

C.其他检查:每隔几年(一般 3~5 年)对各气体灭火系统各阀门进行动作试验,对容器阀进行试验时,先将启动头部分与阀体分开,旋上试验接头,然后打开容器阀,控制启动气源沿管路进入容器阀启动头的活塞上腔。这时注意观察闸刀的动作,若情况良好,方可继续使用。

(3)消火栓

城市轨道交通车站在公共区、设备区均分布设置有室内消火栓,室内消火栓给水系统是一般建筑物应用最广泛的一种消防设施,它既可供火灾现场人员使用消火栓箱内的消防软管及消防水枪扑救初期火灾,又可作为消防队扑救火灾的现场水源。

1)消火栓组成

消防水源、消防水管、室内消火栓箱(水带、水枪、消防软管卷盘)和室外消火栓、消防水泵、消防水泵控制器等组成。

室内消火栓给水系统主要由消火栓箱、室内管网和市政接入管网、消防水箱和消防水池、水泵接合器、消防水泵、消防泵控制室等组成。建筑中使用的室内消火栓设备通常由设置在消火栓箱内的水带、水枪、栓阀等组成,如图 9.10 所示。

2)车站消火栓的使用方法

①打开消火栓箱,取出水带,如图 9.11(a)所示。

图 9.10　车站消火栓示意图

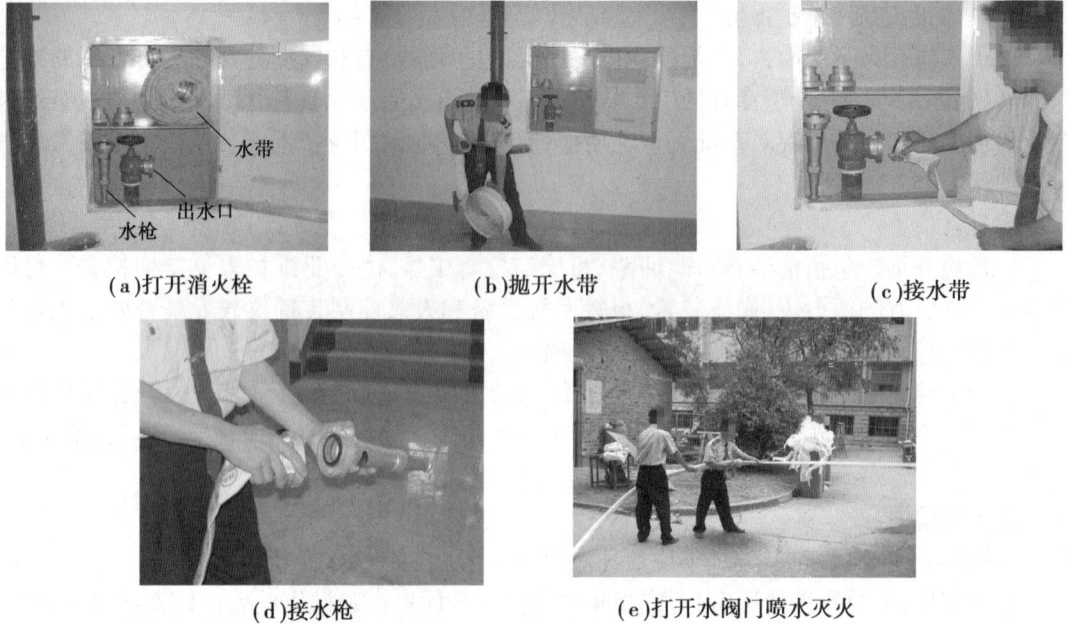

(a)打开消火栓　　　　　　(b)抛开水带　　　　　　(c)接水带

(d)接水枪　　　　　　(e)打开水阀门喷水灭火

图 9.11　消火栓的使用步骤图

②抛水带:右手握住水带,然后用力向正前方抛出,使水带向正前方摊开,如图 9.11(b)所示。

③接水带:右手将水带接头与消火栓接头对接并顺时针转动至卡紧为止,如图 9.11(c)所示。

④接水枪、打开水龙头。迅速拿起另一头水带接头,一手拿着水枪向着火部位冲去,将水枪头接上水带接口并将水龙头打开,如图 9.11(d)所示。

⑤灭火。喷水时,采取包围灭火战术阻止火势和烟雾向四周扩散。如遇电气火灾,应先断电后灭火,如图 9.11(e)所示。

(4)灭火器

灭火器是一种由人力移动的轻便灭火器材,它能在自身压力作用下将其充装的灭火剂喷出扑救火灾,灭火器主要用于扑救初期火灾。城市轨道交通范围内使用的灭火器主要有:干粉灭火器、二氧化碳灭火器、泡沫灭火器,如图 9.12 所示。为了方便使用,车站配置的灭火器大多为手提式灭火器。

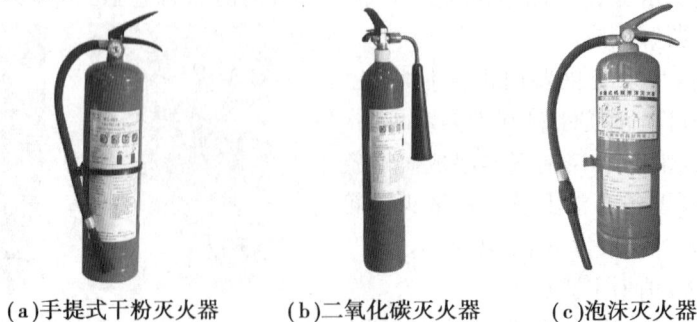

(a)手提式干粉灭火器　　　(b)二氧化碳灭火器　　　(c)泡沫灭火器

图 9.12　车站常用手提式灭火器图

1）手提式灭火器概况

手提式灭火器的型号编制方法如图 9.13 所示。各种手提式灭火器的灭火剂代号和特定的灭火剂特征代号见表 9.1。

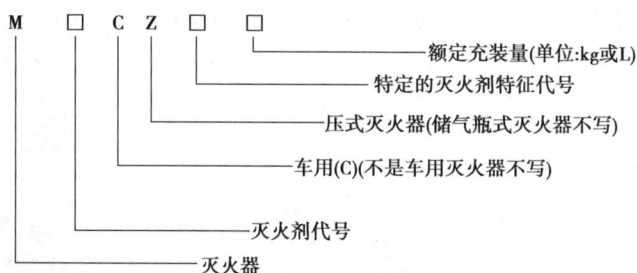

图 9.13　手提式灭火器的型号表示图

表 9.1　手提式灭火器特征代号表

分　类	灭火剂代号	灭火剂代号含义	特定的灭火剂特征代号	特征代号含义
水基型灭火器	S	清水或带添加剂的水,但不具有发泡倍数和 25% 析液时间要求	AR（不具有此性能不写）	具有扑灭水溶性液体燃料火灾的能力
	P	泡沫灭火剂,具有发泡倍数和 25% 析液时间要求。包括 P、FP、S、AR、AFFF 和 FFFP 等灭火剂	AR（不具有此性能不写）	具有扑灭水溶性液体燃料火灾的能力
干粉灭火器	F	干粉灭火剂,包括:BC 型和 ABC 型干粉灭火剂	ABC（BC 干粉灭火剂不写）	具有扑灭 A 类火灾的能力
二氧化碳灭火器	T	二氧化碳灭火剂		

示例:MPZAR6　6 L 手提储压式抗溶性泡沫灭火器;
　　　MFABC5　5 kg 手提储气瓶式 ABC 干粉灭火器;
　　　MFZBC8　8 kg 手提储压式 BC 干粉灭火器。

2）手提式干粉灭火器

干粉灭火器内充装的灭火剂是干粉,根据所充装的干粉灭火剂种类的不同,干粉灭火器可分为碳酸氢钠干粉灭火器、钾盐干粉灭火器和磷酸铵盐干粉灭火器。由于碳酸氢钠只适用于扑救 B、C 类火灾,所以碳酸氢钠干粉灭火器又称为 BC 干粉灭火器。磷酸铵盐干粉适用于扑救 A、B、C 类火灾,所以磷酸铵盐干粉器又称为 ABC 干粉灭火器。

主要型号:MF1、MF2、MF3、MF4、MF5、MF6、MF8、MF10 等。

适用范围:固体火灾（A 类）、液体火灾（B 类）、气体火灾（C 类）和电气火灾。

检查方法:发现指针指在红色区域或开启使用过,就表明压力不足,应送修。

有效期:一般为 5 年。

手提式干粉灭火器使用方法详见图 9.14:

①扑救火灾时,手提或肩扛干粉灭火器至火场,上下颠倒几次,如图9.14(a)所示;

②离火点3~4 m时,撕去灭火器上铅封,拔出保险销,如图9.14(b)、(c)所示;

③一只手紧握喷管、对准火源,另一只手的大拇指将压把按下,干粉即可喷出,并迅速摇摆喷嘴,使粉雾横扫整个火区,由近而远,将火扑灭,如图9.14(d)、(e)所示。

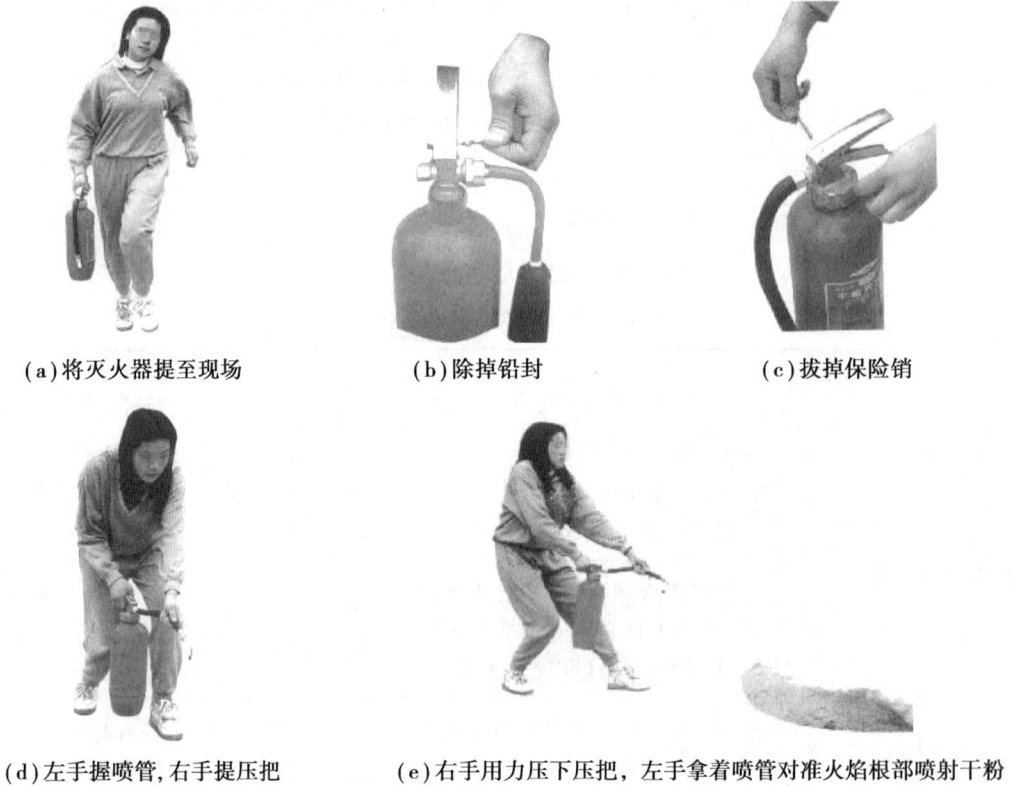

(a)将灭火器提至现场　　　　　(b)除掉铅封　　　　　(c)拔掉保险销

(d)左手握喷管,右手提压把　　(e)右手用力压下压把,左手拿着喷管对准火焰根部喷射干粉

图9.14　手提式干粉灭火器的使用步骤

3)二氧化碳灭火器

使用范围:适用于扑救液体、气体、电气设备的初起火灾,如带电的电气、贵重设备、图书资料等,但不能扑灭 A 类固体火灾。

检查方法:定期对灭火器进行称重,如泄漏的灭火剂质量大于总质量的十分之一时,应补充灭火剂。

二氧化碳灭火器使用方法:

首先将灭火器提到距起火地点约5 m处,放下灭火器,一只手握住喇叭形筒根部的手柄,把喷管对准火焰,另一只手迅速旋开手轮或压下压把,气体就喷射出来。当扑救液体火灾时,应使二氧化碳射流由近而远向火焰喷射,如果燃烧面积较大,操作者可左右摆动喷管,直至把火扑灭。当扑救容器内火灾时,操作者应手持喷管根部的手柄,从容器上部的一侧向容器内喷射,但不要使二氧化碳直接冲击到液面上,以免将可燃液体冲出容器而扩大火灾。总之,使用二氧化碳灭火器时,应设法把二氧化碳尽量多地喷射到燃烧区内,使之达到灭火浓度而使火焰熄灭,具体使用方法见图9.15。

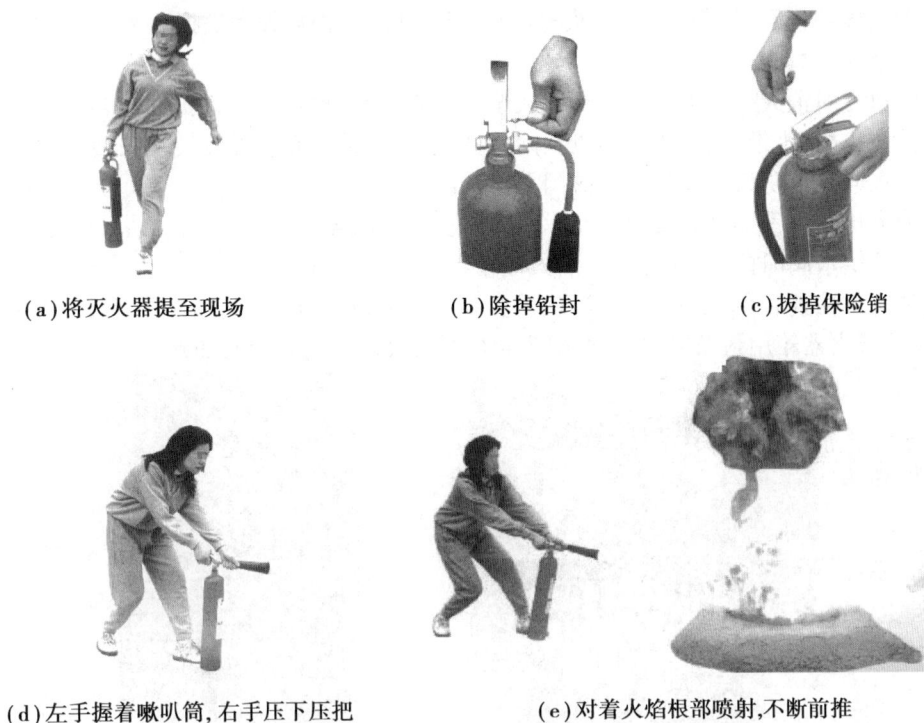

(a)将灭火器提至现场　　　　　　(b)除掉铅封　　　　　　　(c)拔掉保险销

(d)左手握着喇叭筒,右手压下压把　　　(e)对着火焰根部喷射,不断前推

图9.15　二氧化碳灭火器的使用步骤

小贴士

二氧化碳灭火器使用注意事项:

①灭火器在喷射过程中应保持直立状态,切不可平放或颠倒使用;

②不要用手直接握喷筒或金属管,以防冻伤;

③在室外使用时应选择在上风方向喷射,在室外大风条件下使用时,因为喷射的二氧化碳气体被风冲散,灭火效果很差;

④在狭小的室内使用时,灭火后操作者应迅速撤离,以防因二氧化碳窒息而发生意外;

⑤用二氧化碳扑救室内火灾后,打开门窗通风。

4)机械泡沫和合成泡沫灭火器

使用范围:泡沫灭火器用来扑灭固体、液体发生的火灾,不能扑灭带电火灾。

检查方法:发现指针指在红色区域或开启使用过,就表明已失效,应送修。

有效期:一般为2年。

使用方法:扑救火灾时,离火点3~4 m时,撕去灭火器上的封记,拔出保险销,一手握紧喷嘴,对准火源,另一只手的大拇指将压把按下,泡沫即可喷出,并迅速摇摆喷嘴,使泡沫横扫整个火区,由近而远,将火扑灭。

(5)消火栓、灭火器检查与维护

1)日常巡视检查

城市轨道交通车站消火栓及灭火器在接管验收后需张贴封条,车站值班人员每隔两小时巡视一次消防器材,巡视时不打开消火栓箱及灭火器箱门,若发现封条破封时,巡视检查人员应打开消火栓箱(灭火器箱)检查消火栓(灭火器)部件是否缺失和破损。

2)月度定期检查

车站每月对消火栓和灭火器进行一次全面检查,消火栓检查与维护的内容包括:

①消防水枪、水带、消防软管卷盘及附件齐全完好,消防软管卷盘转动灵活;

②消火栓和消防软管卷盘供水阀门无水渗漏现象;

③消火栓箱内手报报警按钮、指示灯功能正常,无故障;

④消防供水阀门接口状态良好,消火栓箱箱门完好无损。

车站每月检查后在《消防器材检查表》上做好记录并将问题上报跟踪处理,检查完毕后将消火栓箱、灭火器箱用封条加封。图9.16为车站灭火器及消火栓的加封方式。

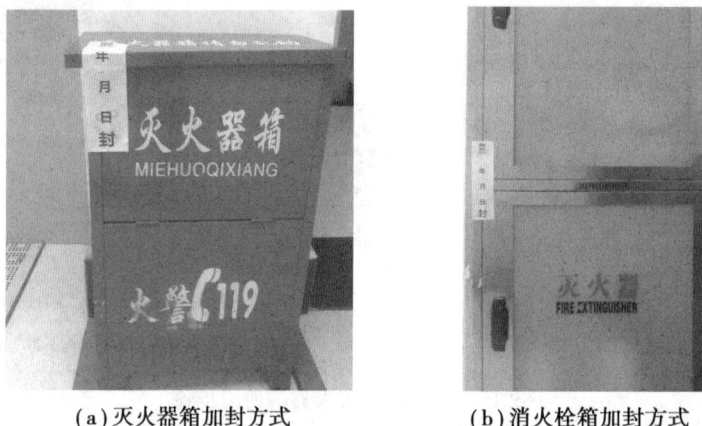

(a)灭火器箱加封方式　　　　　　　(b)消火栓箱加封方式

图9.16　消防器材加封方式

3)专项检查

针对消防设施现状和某一时期的火灾特点,开展有针对性的消防设施专项治理检查。

(6)防火排烟系统

根据《建筑设计防火规范》(GB 50016—2006)的要求,对于智能建筑设计都要具有防火、防烟、排烟系统。在消防联动控制系统中,消防控制主机应集中控制所有层面的防火门、防火阀、防火卷帘、排烟机、送风、排风机及空调、通风设施。

火灾时产生的烟气主要成分是一氧化碳,人在这种气体的窒息作用下,死亡率很高,达50%～70%,另外烟气遮挡人的视线,使人们在疏散时难以辨别方向。因此,当发生火灾时,应立即投入防排烟工作,将烟气迅速排出,防止烟气窜入其他区域。防排烟设施的设置必须满足便于安全疏散、便于灭火、可控制火势蔓延扩大的设计目标。

轨道交通的防排烟措施一般采用防火阀、防火门、防火卷帘门、送排风机等设备组成的系统,防排烟设备的作用是防止烟气侵入疏散通道,而排烟设备的作用是消除烟气大量积累并防止烟气扩散到疏散通道。因此,防烟、排烟设备及其系统的设计是车站消防设备的必要组成部分。

防排烟措施还包括正压送风机、排烟风机、送风阀及排烟阀,以及防火卷帘门、防火门等设备与消防控制主机的联动功能,并在消防主机上显示各设备的运行情况,可进行集中控制与就地控制。根据火灾情况打开有关排烟口,启动排烟风机,降下有关防火卷帘门及防烟垂壁,打开安全出口的电动门,关闭有关防火阀及防火门,停止有关防烟分区内的空调系统,同时打开送风口、关闭送风机等。

案例分析

以下举两个例子简要说明城市轨道交通发生火灾后,车站消防设备的灭火、排烟处理过程及工作人员应急处理流程。

<h3 align="center">案例一:车站公共区发生火灾</h3>

背景:某市地铁在运营过程中发生站台公共区自动扶梯下方的三角房着火,火势较大、烟雾弥漫,对乘客构成威胁。

车站工作人员及消防设备联动处理过程如下:

①站台公共区感烟探测器(感温探测器)检测到火警信号后立即传送至车控室(车站消防控制室)的FAS控制主机上。

②车控室的FAS控制主机出现站台自动扶梯下方的三角房火灾报警。

③车控室行车值班员立即通知值班站长及站台岗确认火灾情况。

④值班站长与站台岗从就近处携带灭火器,戴好防烟面具,赶赴现场确认火灾情况。

⑤到达现场发现站台三角房内有大量浓烟冒出,值班站长立即通知车控室,现场火势较大,宣布执行站台公共区火灾应急处理程序,通知各岗位疏散乘客,向行调请求停止本站服务。

⑥车站工作人员尽快将着火周围乘客疏散、救助受伤乘客,利用车站消防设备(灭火器和消火栓)扑救初期火灾,并报告119请求外部力量支援。

⑦车控室行车值班员将FAS模式从"手动状态"切换至"自动状态"(若正常状态下FAS为自动联动状态,行车值班员则不需要进行转换),FAS将火警信息传送至BAS系统,环控设备开始执行火灾模式。

⑧环控自动执行火灾模式失败时,车站在经过中央环调授权后,可直接手动操作相应通风排烟系统。

⑨在成功执行BAS环控火灾模式后,站台三角房区域附近的送风阀关闭,排风阀打开,将火灾产生的烟气尽快排出车站,减少烟气对乘客的窒息伤害。另外车站消防疏散警铃响起,提醒乘客及工作人员车站出现火灾紧急情况。

⑩在成功执行BAS环控火灾模式后,车站相应防火分区的防火卷帘门、挡烟垂壁自动落下,减少火灾影响范围,减少火灾损失。

⑪119消防队到达后,车站人员将灭火工作交给消防队,消防队开始灭火和救助受伤乘客。

⑫火灾扑灭后,专业人员将消防设备复位。

<h3 align="center">案例二:车站发生气体保护房间着火</h3>

背景:某市地铁在运营过程中发生35 kV高压控制室着火(气体保护房间),火势较大,需启用气灭喷洒灭火。

车站工作人员及消防设备处理过程如下:

①35 kV高压控制室感烟探测器(感温探测器)检测到火警信号后立即传送至车控室(车站消防控制室)的FAS控制主机上。

②车控室的FAS控制主机出现35 kV高压控制室火灾报警。

③车控室行车值班员立即通知值班站长及另一名站务人员确认火灾情况。

④值班站长与另一名站务人员从就近处携带灭火器,戴好防烟面具,赶赴现场确认火灾情况。

⑤到达 35 kV 高压控制室门口时,先摸一下门是否发烫,如门已经发烫,则确认房间内无人后将门锁闭,否则打开门携带灭火器进入气灭保护房间确认(1人进入房间确认、1人在门口保持门敞开),经确认 35 kV 高压控制室火势不可控,确认房间内无人后立即将门关闭(如果现场火势可控,用随身携带的灭火器将火扑灭)。

⑥确认 35 kV 高压控制室火势不可控后立即通知车控室,宣布执行气体保护房间火灾应急处理程序。

⑦车控室行车值班员报告环调,并在 FAS 控制主机上将手动模式转换为自动模式(如果 FAS 控制主机处于自动位,则不需要操作此步)。车站消防疏散警铃响起并且对应 35 kV 高压控制室内外的声光报警器响起,提醒人员附近发生火灾,尽快疏散。

⑧值班站长安排人员疏散设备区工作人员,疏散完毕后报告车控室。

⑨值班站长现场与车控室保持联系,确认房间是否成功喷气,若车控室执行自动模式未成功喷气,值班站长在气灭保护房间门口按压气体启停按钮,按压后再与车控室联控确认是否成功,若现场执行手动模式未成功喷气,立即到气瓶间进行手动机械式操作。(气瓶间操作步骤为:选择对应气体保护房间的启动钢瓶,站在侧边将瓶头阀拔开,判断是否成功喷气,若未喷气再操作对应房间的选择阀,并将对应编号药剂钢瓶的瓶头阀拔开。)

⑩车控室 FAS 主机监视模块或房间门口显示灯显示 35 kV 高压控制室成功喷气后,等待 10 min(气体已喷完),戴好防毒面具、手提灭火器进入 35 kV 高压控制室确认火灾是否扑灭,若火灾未完全扑灭,用随身携带的灭火器将火扑灭。

⑪火灾扑灭后,专业人员将消防设备复位。

【效果评价】

评 价 表

项目名称	车站设备日常操作及故障应急处理	学生姓名	
任务名称	任务1 车站消防设备的运用	分 数	
项 目		分 值	考核得分
1.车站消防设备的相关知识、图片的搜集、整理		10	
2.是否有小组计划		5	
3.气体灭火系统工作原理掌握情况		20	
4.灭火器、消火栓使用方法掌握情况		50	
5.编制学习汇报报告情况		10	
6.基本素养考核情况		5	
总体得分			
教师简要评语:			
			教师签名:

任务2　自动扶梯操作程序及故障应急处理

【活动场景】

利用多媒体或实地参观轨道交通车站,了解自动扶梯操作。

【任务要求】

了解自动扶梯的组成及编号识别,熟练掌握自动扶梯的开关、紧急停止的操作方法以及客伤应急处理流程。

【知识准备】

目前各城市轨道交通系统使用的电扶梯品牌和型号不尽相同,而各品牌的操作程序也有差异,以下以西安地铁日历厂家生产的自动扶梯1200ex—BPG为例来说明扶梯的操作程序,供读者学习参考。

1.自动扶梯的组成

自动扶梯是带有循环运动梯路向上或向下倾斜输送乘客的固定电力驱动设备。

①设备组成

自动扶梯设备组成如图9.17所示,主要由扶手带、踏板、裙板、梳齿板、梯级、毛刷、运行指示灯、光电感应器等组成。

注:①扶手带;②运行指示灯;③光电感应器;④踏板;
⑤毛刷;⑥裙板;⑦梳齿板;⑧梯级
图9.17　自动扶梯组成图

②自动扶梯的编号识别

自动扶梯的编号位于设备合格证上,合格证位于扶梯出入口的裙板与踏板之间,如图9.18所示。

例1:E210/2(N)表示代号为210的车站站内2号自动扶梯。

E代表自动扶梯,210代表××站,2表示2号自动扶梯,(N)表示站内自动扶梯。

图9.18　自动扶梯编号图

例2:E206/3(K1)表示代号为206车站的1号出入口的3号自动扶梯。

E代表自动扶梯,206代表××站,3表示3号自动扶梯,(K1)表示1号出入口的自动扶梯。

小贴士	自动扶梯的安全提示标志

为保证乘客乘坐自动扶梯安全,避免由于不正确乘坐电扶梯及使用不当造成乘客摔伤等意外事件,在使用电扶梯时,应注意电扶梯旁的安全标志,一般地铁车站电扶梯的上、下端部都贴有安全提示形象贴图,在使用电扶梯过程中须严格遵守。

图9.19中电扶梯安全标志分别表示:禁止运载童车、禁止运载推车、禁止将身体伸出梯外、禁止踩踏、禁止搬运遮挡视线的物品、禁止嬉闹、老人儿童及行动不方便者需家人监护。

图9.19 自动扶梯的安全标志图

2.自动扶梯操作

(1)自动扶梯(图9.20(a))运行前的准备工作

①检查扶梯踏板、扶手带、梳齿板和裙板,裙板与梯级间的间隙。清除夹在里面的杂物。确保梯级上无人乘坐。

②检查自动扶梯周围的安全设施(三角区的护板,防止进入的栅栏、隔板及防护网)有无破损等异状。

③确认紧急按钮是否处于正常状态。如果紧急按钮处于动作状态,必须将其恢复到正常状态。

(2)自动扶梯的开启操作

①将自动扶梯钥匙插入手动/自动的钥匙孔,如图9.20(b)所示,按照扶梯上面所贴标志,将扶梯拨到手动或者自动状态。

②把钥匙打到蜂鸣/停止孔的警鸣侧,如图9.20(c)所示,蜂鸣器鸣响3~5 s,提醒周围的人扶梯将要启动。

③根据扶梯需要开启的运转方向将钥匙拨向上行/下行的钥匙孔,如图9.20(d)所示,打向上行或者下行。

④扶梯开启后,正常运行3~5 min,方可离开。

⑤扶梯开启运行后有异声或者异响,按下红色急停按钮开关,如图9.20(e)所示,停止扶梯的运行。

（a）自动扶梯组成

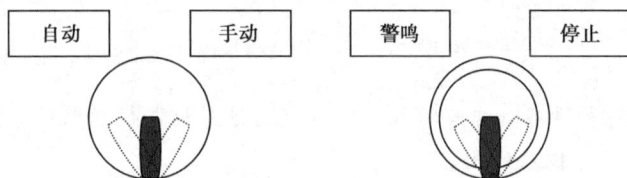

| 自动 | 手动 | | 警鸣 | 停止 |

（b）图一　自动/手动控制钥匙孔　　（c）图二　警鸣/停止操作钥匙孔

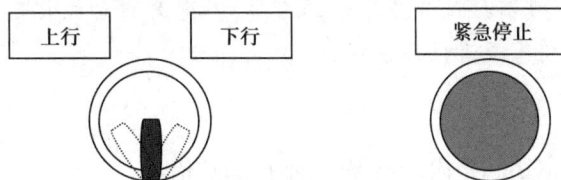

| 上行 | 下行 | | 紧急停止 |

（d）图三　扶梯上行/下行方向控制钥匙孔　（e）图四　紧急停止扶梯操作按钮

图 9.20　自动扶梯外观

（3）开梯操作注意事项

①在开启扶梯的过程中,动作要连贯、迅速,相对的间隔时间不要超过 3 s。

②如果开梯的三个动作过程不连贯,相对时间间隔太长,扶梯则开启不了,需重新进行开梯的操作。

③每次开梯动作完成后,将钥匙旋至零位拔出。

④扶梯开启运行后,一定要把钥匙拔出带走。

（4）自动扶梯的关闭操作

①确认有无发生异常声响或振动,如有问题则停止自动扶梯运行。

②停止运行之前,不允许乘客进入自动扶梯的梯口。

③将钥匙插入蜂鸣/停止孔,并打至警鸣侧,鸣响警笛。

④确认自动扶梯附近或扶梯梯级上无人后,再将钥匙打至停止侧,自动扶梯则停止运行。

⑤一天正常运行结束后须认真检查并清扫扶梯踏板、扶手带、梳齿、裙板。

⑥正常停止扶梯运行后,应采取安全防护措施,设置停止使用牌,防止乘客将其当作楼梯使用。

（5）改变自动扶梯运行方向操作

需要改变自动扶梯运行方向时，必须先将扶梯操作停止，然后再按照开启扶梯的程序打开扶梯。

（6）紧急停止操作

在地铁车站运营期间，自动扶梯可能发生许多意外事件，如超速运行或突然反向运行，乘客夹住手指、物品、摔倒等。发生意外时，工作人员需紧急停止自动扶梯的运行，以防意外的影响扩大。

当出现异常状况，需要立即停止自动扶梯运行时，应大声通知乘客"紧急停止，请抓住扶手"后，再进行操作。

现场用力按动自动扶梯上方或下方红色紧急停止按钮（见图9.20（e））。

车控室内在紧急后备盘（IBP盘）上将对应电扶梯的玻璃罩打开，按压对应电扶梯的紧急停止按钮。

小贴士

自动扶梯属于特种设备。自动扶梯必须经过当地质监局的验收（或者年检），张贴有效的（年检）合格证后方可投入使用。

自动扶梯的操作人员须经过相关的培训，考试合格后，方可进行开关梯的操作，且操作时必须严格按规程执行。没有经过专业培训的人员，不得对自动扶梯进行操作，避免由于不正确的操作，造成人身伤害或者设备损坏。

3.钥匙管理要求

①将钥匙在车站控制室钥匙柜内严格保管，不得随意借出；

②钥匙借用、归还做好记录；

③可借用钥匙的人员范围：电扶梯专业人员、电扶梯厂家的安装或者维保人员、经过培训考试合格的站务人员；

④电梯控制箱钥匙及电梯三角钥匙只有电扶梯专业人员及相应维保人员可借用。

4.故障及异常情况处理注意事项

（1）扶梯发生故障时，车站人员处理程序

①停止扶梯的运行，使用隔离栏杆做好现场防护，禁止乘客使用。

②记录好故障现象，确认扶梯的位置（站内或出入口）及编号（几号扶梯）。

③将故障上报维调，如果故障代码显示器显示正常同时将扶梯故障代码上报给维调。

④电扶梯专业人员到达现场后，积极配合电扶梯人员的维修工作。

⑤经专业人员确认电扶梯可以使用后开启，撤除防护。

（2）扶梯发生客伤时，车站人员处理要求

①首先要尽快停止运行的扶梯（按下急停按钮），抢救伤员，安抚乘客。

②如果伤员比较严重，同时拨打120急救电话，将现场进行隔离，疏散围观乘客。

③做好现场保护和取证工作，协助专业人员调查故障和客伤原因。

（3）自然灾害发生时，车站人员处理要求

①自动扶梯机房进水或出入口自动扶梯因暴雨而被严重淋湿时，应停用自动扶梯并切断

电源。

②车站发生火灾时应立即拨打火警电话,并根据情况马上疏散乘客,视情况停止自动扶梯运行(如扶梯上有乘客,并且火灾未蔓延至电扶梯附近时,暂时不关闭电扶梯,确认扶梯上无人时立即关闭电扶梯),切断自动扶梯总电源;原则上应当就地按下急停开关,停止扶梯的运行。紧急情况下,确保扶梯上面无人乘坐时,按下车控室 IBP 盘上的紧急停止按钮,停止扶梯的运行。

③发生地震时,应立即疏导乘客离开自动扶梯,然后将自动扶梯停止运行并切断电源。

④各种灾害(火灾、地震、暴雨等)警报解除后,应由专业维修人员对自动扶梯进行全面检修,确认没有问题后方可使用。

【任务实施】

因电扶梯客伤发生率较高,各个地铁对电扶梯制定了多项防范措施和应急预案,以西安地铁为例,简要介绍电扶梯发生客伤后的应急处理程序,见表9.2。

表 9.2　电扶梯发生客伤车站各岗位应急处理程序表

岗位	应急处理程序
值班站长	(1)接到电扶梯客伤的信息后,立即带上急救药箱、录音笔赶往现场进行救助和取证 (2)指挥车站相关岗位进行受伤乘客的救助,疏散围观乘客,寻找两名以上目击证人 (3)将乘客伤势报告车控室,根据情况要求报 120 (4)派人到出入口外接应 120 (5)根据乘客伤势情况,征得乘客同意后将乘客扶至(用担架抬至)休息室或其他地方(如果乘客受伤不能动,用屏风将现场暂时围蔽起来) (6)120 到达现场后,将受伤乘客交至 120 处理 (7)保险公司、技术安全部人员到达后,配合了解事件经过 (8)请目击证人描述事情经过,并做好记录归档,妥善保存好资料
行车值班员	(1)获得电扶梯客伤的信息后,立即通知值班站长、站长 (2)与现场值班站长做好联控,根据乘客伤势情况,上报 120、客运部客伤专职负责人、技术安全部、保险公司、地铁公安、财务部 (3)播放广播,疏散围观乘客 (4)通过 CCTV 监控现场情况,做好信息的上传下达工作 (5)配合电扶梯客伤的后期处理
客运值班员	(1)锁闭票务管理室门,携带客伤备品赶至现场处理 (2)让扶梯上的乘客站稳好后按压紧停,对现场进行防护,并摆放暂停服务牌,疏散围观乘客 (3)挽留目击证人,协助值班站长处理电扶梯乘客受伤 (4)协助调查取证,保存好客伤资料
站务员	(1)发现或接到通知电扶梯有乘客受伤时,立即前往协助处理 (2)让扶梯上的乘客站稳好后按压紧停,对现场进行防护,并摆放暂停服务牌,疏散围观乘客 (3)协助值班站长处理电扶梯乘客受伤 (4)协助调查取证

【效果评价】

评 价 表

项目名称	车站设备日常操作及故障应急处理		学生姓名	
任务名称	任务2　自动扶梯操作程序及故障应急处理		分　数	
项　目			分　值	考核得分
1.电扶梯的相关知识、图片的搜集、整理			10	
2.是否有小组计划			5	
3.电扶梯操作掌握情况			20	
4.电扶梯发生故障后的应急处理流程认知情况			50	
5.编制学习汇报报告情况			10	
6.基本素养考核情况			5	
总体得分				
教师简要评语：				
			教师签名：	

任务3　屏蔽门操作程序及故障应急处理

【活动场景】

利用多媒体或实地参观轨道交通车站，了解屏蔽门操作。

【任务要求】

了解屏蔽门组成及控制级别，熟练掌握屏蔽门的各种控制级别操作方法及故障后车站的应急处理。

【知识准备】

城市轨道交通系统使用的站台安全防护设施有全封闭屏蔽门、半封闭门和安全护栏等，而各个地铁采用的屏蔽门规格品牌也有所不同，以下仅介绍一种全封闭屏蔽门操作程序及故障应急处理。

1.屏蔽门设备简介

站台屏蔽门(简称PSD)系统安装在站台的边缘，为轨道区和站台公共区域之间提供了一道既安全又可靠的屏障。屏蔽门的主要功能是将站台乘客候车区域与轨行区进行隔离保证乘客候车安全，另外还能起到节能的作用。屏蔽门外观如图9.21所示。

屏蔽门由滑动门、端门、应急门、固定门四大门体组成，各门体介绍如下：

滑动门(简称 ASD):每个门单元有两扇滑动门。每扇滑动门由门玻璃、门框、门吊挂连接板、门导靴、门缘橡胶密封条和手动解锁装置等组成。

端门(简称 PED):端门是列车在区间隧道火灾或故障时列车停在隧道内,乘客从列车端门下到隧道后疏散到站台的通道,也是车站人员进出隧道、进行维修的通道。端门由端门门玻璃、门框、闭门器、手动解锁装置和门锁等构成。

应急门(简称 EED):列车进站停车后

图 9.21　屏蔽门各组成部分示意图

列车门无法对准滑动门时的乘客疏散通道,乘客通过推开应急门的推杆从内侧打开应急门。

固定门(简称 FIX):车站与区间隧道隔离和密封的屏障之一。固定门设置在滑动门与滑动门之间,滑动门与端门之间。

2.屏蔽门设备操作

屏蔽门具有三级控制方式:就地级操作、站台级控制和系统级控制。三种控制方法中以就地级操作优先级最高,系统级最低。作为车站工作人员,应熟练掌握站台级控制和就地级控制。

屏蔽门操作及故障应急处置

(1)屏蔽门就地级控制操作

当系统级控制和站台级控制均出现故障时,必须由站台工作人员用钥匙就地打开滑动门或乘客使用手动解锁把手自行开启屏蔽门。具体可以分为以下几种情况:

①滑动门手动操作是当系统级控制和站台级控制均不能操作屏蔽门,或个别屏蔽门操作机构发生故障时,或对单个门单元检修、维修、测试需要进行的操作,如图 9.22 所示为滑动门就地级模式钥匙开关。在站台侧由站台工作人员用钥匙单个打开滑动门;在轨道侧,由列车司机先打开车门,然后广播通知乘客使用滑动门上的手动解锁把手(或按钮),如图 9.23 所示,由乘客自行开启轨道侧滑动门的手动解锁把手打开屏蔽门。

图 9.22　滑动门就地级模式钥匙开关

图 9.23　滑动门内侧手动解锁开关

②当列车无法在规定范围内停车,且偏移量较大,导致乘客无法从滑动门进出时,需对应急门进行手动操作。在站台侧由站台工作人员用钥匙打开应急门,或在轨道侧,由列车司机通过广播通知乘客压推杆锁,打开应急门。

③当隧道内发生火灾、列车出轨等情况，需要区间疏散乘客时，可由乘客压推杆锁或由站台工作人员在站台侧用钥匙手动打开端门，将乘客通过端门疏散到站台。另外施工检修人员需要进入轨行区作业时，由车站工作人员从站台侧用钥匙手动打开端门将施工人员送入正确区域。

小贴士

滑动门就地级开关操作步骤：
①将钥匙插入门体模式开关钥匙孔；
②将钥匙拧到手动开门位，确认门体完全打开；
③将钥匙拧到手动关门位，确认门体完全关闭；
④将钥匙拧到自动位，拔出钥匙。
当单个屏蔽门故障，影响列车发车时，需要对单个滑动门进行旁路操作（旁路操作可选择手动开/手动关），将故障滑动门从整侧滑动门中旁路隔离，确保列车以正常信号出站。

（2）屏蔽门站台级控制操作

屏蔽门的站台级控制即是执行屏蔽门站台 PSL 控制盘发出的命令控制模式。PSL 控制盘一般设在站台端墙门内。如图 9.24 所示为站台头端门内设置的 PSL 控制盘。

当出现屏蔽门与信号系统通信故障等问题，屏蔽门主控制器 PEDC 无法接收信号系统指令进行自动开、关门操作时，就需要由站台工作人员或司机通过操作站台端墙门内 PSL 控制盘进行屏蔽门的开关操作。

1）PSL 开关门操作步骤

将钥匙插入"PSL 操作允许开关"，钥匙开关初始位置为"OFF"位（"禁止"位）。

图 9.24　屏蔽门站台
操作 PSL 盘

开门时，顺时针转动钥匙至"PSL Operation enable"，滑动门打开，PSL 盘上"Door Open"灯亮。滑动门完全打开后，PSL 盘上"Door Open"灯灭，屏蔽门头灯常亮，开门操作完成。

关门时，逆时针转动钥匙至"Door Close"并停留，滑动门开始关闭，"Door Close"灯亮，屏蔽门头灯闪亮，滑动门完全关好后，"Door Close"灯灭，"ASD/EED"指示灯亮，关门操作完成。

关门操作完成后，将 PSL 钥匙旋转至"OFF"位（"禁止"位）。

2）PSL 互锁解除操作

①前提条件

信号系统故障不能确认屏蔽门关闭锁紧或不能控制开关门，列车无法进站或出站，需采用互锁解除操作。

②PSL 互锁解除操作步骤

A.将屏蔽门 PSL 钥匙插入 PSL 盘上的"ASD/EED 互锁解除开关"，如图 9.24 所示；

B.将钥匙拧到互锁解除位并保持，确认列车进站停稳；

C.列车无法离站，确认需采用互锁解除操作，将 PSL 钥匙拧到互锁解除位并保持，确认列车离站，松开钥匙，确认钥匙回到"OFF"位（"禁止"位）。

小贴士

在操作互锁解除发车时,需将互锁解除操作至列车尾部出清设备区后方可松开,不得提早松开,否则影响列车正常出站,导致列车产生紧急制动。

(3)屏蔽门系统级操作

在信号正常及屏蔽门正常时,屏蔽门处于系统级控制状态,根据车辆驾驶模式及信号系统的不同,屏蔽门系统级主要有两种控制方式:

①第一种控制方式:当地铁车辆采用人工驾驶模式或自动驾驶模式但仍由驾驶员完成开关门操作时,地铁车辆到站停车在允许的误差范围内,信号系统接收到地铁车辆到站停车信息,向屏蔽门主控制器(PEDC)发出开门指令,PEDC 将开门指令传输给门控单元(DCU),屏蔽门进行解锁开门操作。车门还是由驾驶员发出开门指令进行开启控制。当地铁车辆准备发车时,驾驶员发出关门指令,车门首先关闭,同时该指令由车辆信号系统通过信号设备传递给车站信号系统,再由车站信号系统(SIG)通过屏蔽门主控制器(PEDC)传递给门控单元(DCU),进行关屏蔽门的操作。

②第二种控制方式:当地铁车辆采用完全自动驾驶模式,即由 ATO 自动完成开关门操作时,将由信号系统自动检测地铁车辆到站停车信息,然后分别给地铁车辆门控系统和屏蔽门单元控制器发出开门指令,自动完成车门和屏蔽门的开门操作。当地铁车辆停站时间到时,信号系统(SIG)发出允许关门的指令,地铁车辆门和屏蔽门自动关闭。

(4)屏蔽门应急操作

①前提条件

站台 PSL 控制盘操作整侧屏蔽门无效,站台火灾或紧急疏散时需使用车控室 IBP 盘(综合后备盘)上应急开门操作。

②操作步骤

在 IBP 操作盘面上,将钥匙插入相应站台侧屏蔽门开门控制钥匙孔,将钥匙拧到开门位置,与站台人员联控确认全部滑动门打开。

③屏蔽门关闭

关闭屏蔽门时,需将钥匙所在开门位置拧回禁止,站台人员在站台级 PSL 就地控制盘面上使用PSL 钥匙拧到关门,并确认现场相应一侧屏蔽门已关闭锁紧。图 9.25 所示为站务人员通过车控室综合后备盘(IBP 盘)开启整侧屏蔽门。

图 9.25   屏蔽门应急综合后备盘开门

小贴士

屏蔽门操作注意事项:

①屏蔽门就地开关使用的三角钥匙需要与门体三角锁芯对应后方可扭转;

②屏蔽门就地模式开关使用时,四个挡位匀速转动,在开(关)门时等开(关)门状态完成后才能将开(关)挡打到下个挡位;

③列车进出站及隧道风机开启时不允许进出端门；

④任何工作人员使用端门后，必须确认关闭并锁紧，严禁打开后无人监护，严禁使用异物阻挡端门关闭；

⑤使用三角钥匙开启端门、应急门时，钥匙的转动方向应向门轴方向转动。

3.屏蔽门故障应急处理

（1）屏蔽门常见故障

屏蔽门常见故障有以下几类：

①单对屏蔽门无法正常打开或关闭；

②多对屏蔽门无法正常打开或关闭；

③整侧屏蔽门无法正常打开或关闭；

④屏蔽门玻璃破裂/破碎。

（2）屏蔽门故障处理原则

①发生屏蔽门故障时，要按照"先通车后恢复"的原则进行处理，在保证安全的前提下，确保电客车正点运行；

②确保站台乘客人身安全和便于乘客上、下车；

③当运营中屏蔽门发生故障时，司机、车站要及时广播、做好现场防护安全措施、引导乘客上下车；

④故障屏蔽门修复后，需对相应侧的屏蔽门进行一次开关门试验。

（3）屏蔽门故障应急处理程序

以下分别对常见屏蔽门故障的应急处理操作方法进行介绍。

①单对屏蔽门不能正常关闭的车站操作处理程序

A.车站报告行调、维调，用钥匙现场对故障屏蔽门进行旁路操作；

B.若不能对单对屏蔽门进行旁路操作，现场进行防护，立即派人去端墙门处打"互锁解除"发车；

C.待乘客上下车完毕安全后，向司机打"好了"信号；

D.播放站台屏蔽门故障广播，让乘客远离故障屏蔽门；

E.列车离开车站后，在已关闭的故障屏蔽门上张贴"此门故障、暂停使用"告示，加强现场防护；

F.维修人员到达现场后向行调请点，经行调同意后通知维修人员维修，做好现场防护，下趟列车到达前 1 min，通知维修人员停止维修；

G.故障屏蔽门恢复正常后，撤除故障告示，向行调、维调报告。

②单对屏蔽门不能正常打开的车站操作处理程序

A.报告行调、维调，用钥匙现场对故障屏蔽门进行旁路操作；

B.播放站台屏蔽门故障引导广播，站台工作人员引导乘客从开启的屏蔽门上下车；

C.若不能对故障屏蔽门进行旁路操作影响发车，立即派人去端墙门处打"互锁解除"发车；

D.待乘客上下车完毕安全后，向司机显示"好了"信号；

E.列车离开车站后，在已关闭的故障屏蔽门上张贴"此门故障、暂停使用"告示，加强现场

防护;

F.维修人员到达现场后向行调请点,经行调同意后通知维修人员维修,做好现场防护,下趟列车到达前1 min,通知维修人员停止维修;

G.故障屏蔽门恢复正常后,撤除故障告示,向行调、维调报告。

③多对屏蔽门不能正常关闭的车站操作处理程序

A.车站报告行调、维调,若未关闭的故障门较少,根据站台工作人员的多少,可对所有故障屏蔽门进行就地旁路操作,若未关闭的故障门较多,站台工作人员较少时,派人去打"互锁解除";

B.确认站台安全后,向司机显示"好了"信号;

C.播放站台屏蔽门故障广播,让乘客远离故障屏蔽门;

D.在列车发出后,将开启的故障屏蔽门用钥匙就地级关闭,根据站台工作人员情况及客流情况,可在部分故障屏蔽门旁安排人员手动开关,并将其他故障屏蔽门进行旁路操作,并张贴"此门故障、暂停使用"的告示,列车到站时必须确保每节车厢至少有一屏蔽门打开;

E.维修人员到达现场后向行调请点,经行调同意后通知维修人员维修,做好现场防护。下趟列车到达前1 min,通知维修人员停止维修;

F.故障屏蔽门恢复正常后,撤除故障告示,向行调、维调报告。

④多对屏蔽门不能正常打开的车站操作处理程序

A.车站报告行调、维调;

B.值班站长立即组织人员赶往站台协助支援;

C.车站人员利用屏蔽门钥匙人工就地操作开启屏蔽门,根据列车上及站台客流大小,确保每节车厢对应的屏蔽门至少有一对滑动门开启;

D.播放站台屏蔽门故障引导广播,站台工作人员引导乘客从开启的屏蔽门上下车;

E.根据故障屏蔽门数量及站台工作人员的多少,可对所有故障屏蔽门进行就地旁路操作,若故障门较多,站台工作人员较少时,立即派人去打"互锁解除"发车;

F.确认站台安全后,向司机显示"好了"信号;

G.在列车发出后,根据站台工作人员情况及客流情况,可在部分故障屏蔽门旁安排人员手动开关并将其他故障屏蔽门打至旁路,张贴"此门故障、暂停使用"的告示,列车到站时必须确保每节车厢至少有一对滑动门打开;

H.维修人员到达现场后向行调请点,经行调同意后通知维修人员维修,做好现场防护。下趟列车到达前1 min,通知维修人员停止维修;

I.故障屏蔽门恢复正常后,撤除故障告示,向行调、维调报告。

⑤某侧站台所有屏蔽门不能关闭的车站操作处理程序

A.车站报告行调、维调;

B.立即派人在端墙门PSL盘上打"互锁解除"发车,确认站台安全后,向司机显示"好了"信号,列车发出;

C.播放站台屏蔽门故障广播,让乘客远离故障屏蔽门,现场工作人员做好宣传指引及防护;

D.值班站长立即组织人员赶往站台协助支援;

E.列车离站后,站务人员在PSL上再次尝试关门操作;

F.车站根据站台工作人员数量及客流大小,可在部分屏蔽门旁安排人员手动开/关,并对其他屏蔽门用钥匙进行旁路操作,张贴"此门故障、暂停使用"的告示。列车到站时必须确保每节车厢至少有一对滑动门打开；

G.维修人员到达现场后向行调请点,经行调同意后通知维修人员维修,做好现场防护,下趟列车到达前 1 min,通知维修人员停止维修；

H.故障屏蔽门恢复正常后,撤除故障告示,向行调、维调报告。

⑥某侧站台所有屏蔽门不能打开的车站操作处理程序

A.车站报告行调、维调,经行调同意后车控室在 IBP 盘上操作尝试打开屏蔽门；

B.若车控室在 IBP 盘上不能开启屏蔽门,值班站长组织人员采用屏蔽门钥匙人工开启屏蔽门,根据列车及站台客流大小,确保每节车厢对应的屏蔽门至少有一对滑动门开启；

C.播放站台屏蔽门故障引导广播,站台工作人员引导乘客从开启的屏蔽门上下车；

D.车控室在 IBP 上将屏蔽门开关钥匙从"开门位"打至"禁止位",并与司机及站台做好联控；

E.若司机不能正常关闭屏蔽门,站务人员打"互锁解除"发车；

F.确认站台安全后,向司机显示"好了"信号；

G.待列车发出后,车站视客流情况可将已打开的滑动门就地级关闭,确保站台安全,若客流较小时,可不关闭打开的滑动门,现场派人防护确保安全,车站对关闭的故障屏蔽门张贴故障贴纸,列车到站时必须确保每节车厢至少有一对滑动门可以打开；

H.维修人员到达现场后向行调请点,经行调同意后通知维修人员维修,做好现场防护。下趟列车到达前 1 min,通知维修人员停止维修；

I.故障屏蔽门恢复正常后,撤除故障告示,向行调、维调报告。

⑦屏蔽门玻璃破裂/破碎掉落的故障处理

A.车站立即上报行调、维调；

B.派人至现场做好防护,防止乘客划伤或掉落轨行区；

C.若滑动门玻璃破裂,车站应将该门打至旁路并将相邻的滑动门打开降低隧道风压,防止隧道风压对破裂的固定门造成影响；若固定门玻璃破裂,将相邻的滑动门打开泄隧道风压,防止隧道风压对破裂的滑动门造成影响；若端墙门玻璃破裂,车站应将端墙门打开,安排专人防护；

D.若屏蔽门玻璃破裂未掉落下来,用封箱胶纸将整张玻璃张贴,防止突然爆裂；

E.若门玻璃已破碎应马上进行清理同时防止玻璃碎片掉入轨行区；

F.乘客上下车做好现场人工引导；

G.列车准备出站时站务人员应确认站台安全后显示"好了"信号指示司机动车；

H.维修人员到达现场后向行调请点,经行调同意后通知维修人员维修,做好现场防护,下趟列车到达前 1 min,通知维修人员停止维修；

I.故障屏蔽门恢复正常后,撤除故障告示,向行调、维调报告。

【任务实施】

以西安地铁 2 号线行政中心站整侧屏蔽门故障的车站应急处理操作为例。资料背景:西安地铁 2 号线行政中心站上行 11002 次列车到站后,司机在 PSL 盘上无法打开整侧屏蔽门,为了使乘客正常上下车,车站站务人员如何操作打开屏蔽门,乘客上下车完毕后,车站站务人员应急处理使列车正常发出车站。具体操作步骤见表 9.3。

表9.3　整侧屏蔽门故障应急处理流程

步骤	项　目	具体操作内容
1	IBP盘尝试应急开门	车控室在综合后备盘(IBP盘)上尝试开门。(此步无法执行,执行第2步,此步执行成功,执行第3步)
2	现场开门上下客	值班站长立即派人携带屏蔽门手动钥匙至站台支援,手动现场开屏蔽门,确保每节车厢至少有1个滑动门打开(一般每间隔1个滑动门打开1个)。行值播放屏蔽门故障广播,提醒乘客从开启的屏蔽门上下车,注意站台安全
3	恢复IBP盘禁止位	车控室行值确认屏蔽门完全打开后,将IBP盘钥匙从"开门位"打至"禁止位",与站台及司机做好联控。司机通过PSL盘尝试关门,若司机无法在PSL上关闭整侧屏蔽门,操作第4步
4	互锁解除发车	派1人至上行头端墙门内PSL盘上打"互锁解除",另1人在站台确认安全向司机显示"好了"信号
5	现场防护确保安全	待列车发出后,车站视客流情况可将已打开的滑动门就地级关闭,确保站台安全。若客流较小时,可不关闭打开的滑动门,但现场必须派人防护。车站对关闭的故障屏蔽门张贴故障贴纸

【效果评价】

评 价 表

项目名称	车站设备日常操作程序及故障应急处理		学生姓名	
任务名称	任务3　屏蔽门操作程序及故障应急处理		分　数	
项　目			分　值	考核得分
1.屏蔽门的相关知识、图片的搜集、整理			10	
2.是否有小组计划			5	
3.几种屏蔽门的操作掌握情况			20	
4.屏蔽门发生故障后的应急处理流程认知情况			50	
5.编制学习汇报报告情况			10	
6.基本素养考核情况			5	
总体得分				
教师简要评语:				
			教师签名:	

任务4 AFC 设备操作与常见故障处理

【活动场景】

利用多媒体或实地参观轨道交通车站,了解 AFC 站级设备。

【任务要求】

熟练掌握自动售票机(TVM)的状态判断以及钱箱、票箱的更换操作,掌握半自动售票机(BOM)的单程票发售、储值卡充值、补票、票卡分析等操作,能够对自动检票机(AGM)进行票箱更换及简单故障判断和处理,了解 AFC 设备故障处理技巧,熟练掌握故障后的客运应急处理程序。

【知识准备】

1.车站 AFC 设备操作介绍

本节主要介绍车站自动售票机、半自动售票机、自动检票机(闸机)的操作及使用方法。

(1)自动售票机

自动售票机(英文全称 Ticket Vending Machine,简称 TVM)安装在车站非付费区,用于向乘客发售单程票,有些城市的 TVM 还具有对储值卡进行充值的功能。自动售票机上配备触摸屏和乘客显示屏,可以模拟显示线路并能显示票价和投币情况,提示乘客购票,方便乘客操作,如图 9.26 所示为西安地铁 2 号线 TVM 设备。车站工作人员需要掌握 TVM 的状态判断,能够熟练进行钱箱、票箱的更换操作,以及简单故障处理并能引导乘客购票。因 TVM 设备生产厂家较多,不同设备的操作及故障处理有所不同,以下仅以西安地铁 2 号线使用的 TVM 为例说明具体的操作及故障处理方法。

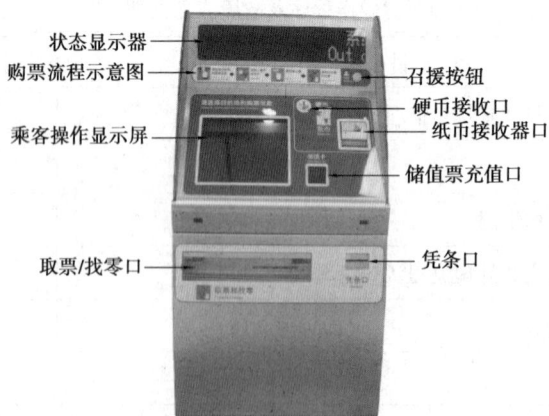

图 9.26 自动售票机外观图

1)单程票购买

操作步骤:第一步,乘客在操作面板选择所要乘坐的线路按钮、选择线路中目的车站并在操作面板左侧选择需要的车票数量,如图 9.27 所示。

第二步,选择购票信息窗口,将显示票种、起始车站、目的车站、单价、数量与应付款额、已付款额等项并提示乘客投入硬币或纸币;若此前操作有误,可点击取消重新选择,如图 9.28 所示。

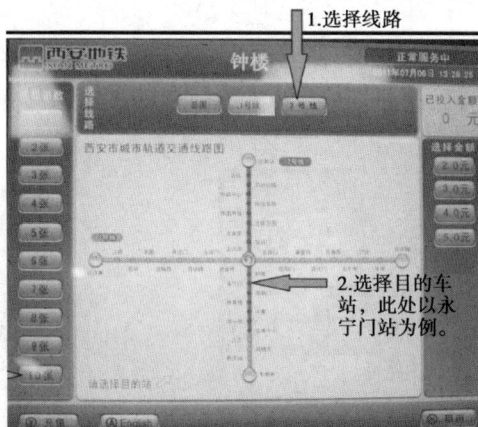

图 9.27　单程票购买线路及车站选择操作界面

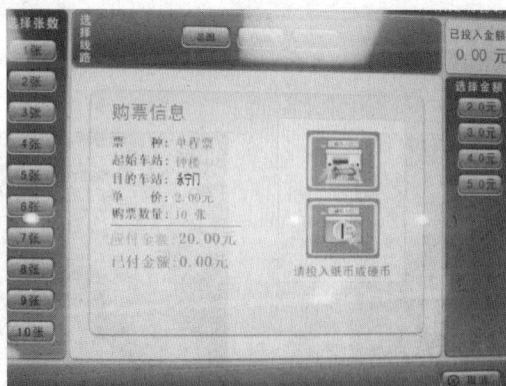

图 9.28　单程票购票信息确认及提示投币界面

第三步,TVM 在接受票款后,将进入购票确认界面,乘客可点击面板确认购票;若此前选择有误可点击取消按钮,TVM 将返还已接受票款,如图 9.29 所示。

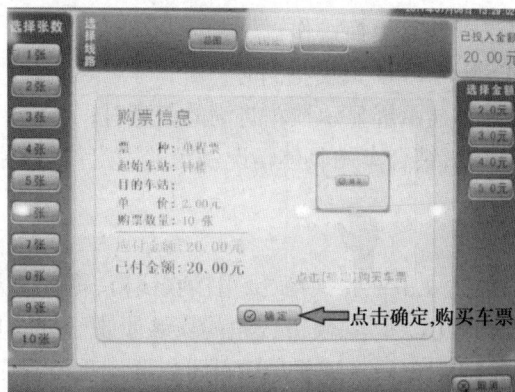

图 9.29　单程票购票确认操作界面

第四步,确认购票后,TVM 开始出票,出票完成后将提示购票交易成功,请乘客在取票\找零口取票并取回找零,如图 9.30 所示。

2）登录

对 TVM 进行记录查询、更换钱箱、补充硬币、补充单程票等操作之前必须先进行登录。用专业钥匙打开 TVM 维修门，通过 TVM 机上的操作键盘输入站务人员编号及密码进行登录，如图 9.31 所示。

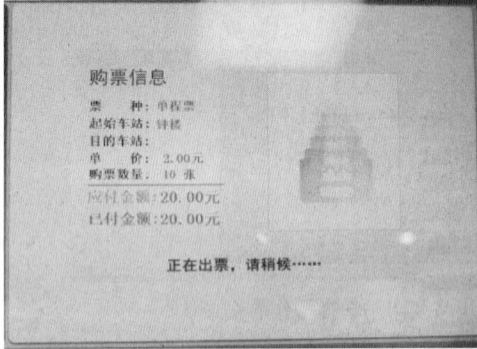

图 9.30　单程票出票及找零提示界面　　图 9.31　TVM 内操作键盘登录操作图

3）更换钱箱操作（图 9.32）

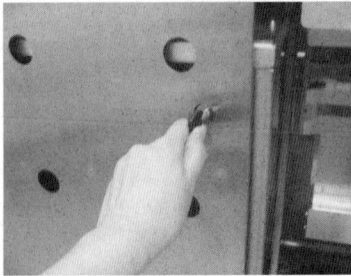

（a）打开安全门　　　　（b）插入钥匙开锁，按下按钮，取出硬币回收箱

图 9.32　TVM 更换钱箱操作步骤图

①更换时间

在以下四种情况下可进行钱箱更换操作：

A.通过车站计算机 SC 查询 TVM 钱箱将满时；

B.运营期间，在 TVM 乘客显示屏显示钱箱将满的信息时；

C.为了降低车站隔夜票款，结合车站具体情况制定的固定钱箱更换时间；

D.运营结束后。

②操作步骤

TVM 内可更换的钱箱包括硬币回收钱箱、纸币接收钱箱、硬币找零钱箱。

TVM 内部设置了现金安全门，纸币、硬币钱箱均安装于现金安全区内。现金安全门安装有独立的电磁锁及机械锁。开启电磁锁或机械锁都可以联动现金安全门的锁销，进而开启现金安全门。电磁锁由主控单元通过 I/O 系统进行驱动。当操作员通过维修操作键盘输入相关指令并得到授权后，主控单元会给 I/O 系统发出开锁信号，驱动电磁锁的电磁铁动作，拉动锁销，开启现金安全门，然后开始对钱箱进行更换。通过机械锁也可以开启现金安全门。关闭时只需将安全门推入锁孔即可实现锁定。具体更换钱箱操作步骤：

A.车站工作人员打开维修门、输入登录账号进入主菜单；

B.单击"打开安全门",进入子菜单界面;

C.在子菜单界面选择"卸载钱箱";

D.用专用钥匙打开 TVM 钱箱电子锁;

E.站在 TVM 机左边,右手拉住钱箱拉环,左手托住钱箱,慢慢拉出钱箱;

F.按照同样的方法放入新的钱箱;

G.锁好钱箱座锁。

小贴士

　　客运值班员和一名站务人员同时负责钱箱更换工作,两人共同确认纸币压钞区及压钞区周围是否留存现金。更换完毕后立即将钱箱送回车站票务管理室。

4)补充单程票操作

①补票时间

A.每日运营开始前或运营过程中,在车站计算机 SC 上查询 TVM 车票数量,判断票箱将空时;

B.运营期间,在 TVM 显示屏上显示"车票不足"相关信息时。

②操作步骤(图 9.33)

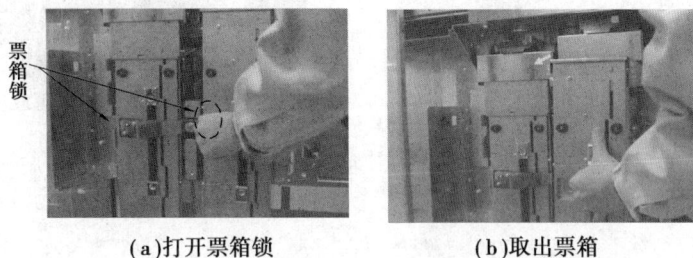

(a)打开票箱锁　　　　(b)取出票箱

图 9.33　卸载票箱过程

A.登录 TVM 后,选择"更换钱票箱"选项中的"更换票箱";

B.如出票模块无票箱,则直接选择"安装票箱",将票箱安装后点击确认;

C.安装成功后会提示更换后的票箱信息。并按"确认键　ENTER"打印小单,之后退出登录或进行其他操作;

D.如之前票箱未正常卸下,请先选择"卸载票箱";

E.卸载成功后按照提示将票箱取下,再进行票箱安装。

小贴士

　　TVM 的补票工作由客运值班员与另一站务员工共同负责。

5)补充找零硬币

①补充找零硬币时间

A.每天运营开始前两个小时;

B.运营期间,当车站计算机 SC 上 TVM 设备状态显示找零硬币器将空;

C.运营期间,在 TVM 显示屏上显示"硬币不足"相关信息时。

②操作步骤

A.登录 TVM 后,选择"更换钱票箱"选项中的"添加硬币"。

B.按照图 9.34 所示操作补充找零硬币。

(a)推入加币箱,必须一次性完成
推到位,否则会自动弹出

(b)当加币箱推到位,等待约1 s后,将拉板
拉出最大距离,加币完成后,拉板复位

(c)加币完成后如需取走加币箱,先开锁

(d)按下右下角的按钮,便可取出加币箱

图 9.34　补充找零硬币图

小贴士

加币注意事项:

①加币时注意避免放错位置,加币模块上标有"1元""5 角"的标贴,将加币箱推入相应的位置,加币箱装有防错螺钉避免加币加错;

②拉板拉出几秒后,必须听到"嘀嘀嘀"的声音后才能将拉板推进复位,否则加币箱不能取出。

③由客运值班员与值班站长共同负责补币工作;

④客运值班员和值班站长应在车站票务管理室监控状态下进行清点,并进行补币工作。在清点过程中,每台 TVM 的补币清点数量必须在车站票务管理室监控系统下进行读数;

⑤每日运营结束后,车站须在系统设置运营结束时间之前完成所有 TVM 钱箱的卸载工作。

(2)半自动售票机(BOM)

半自动售票机(BOM,英文全称 Booking Office Machine)设置于站厅的票亭内,由车站工作人员操作,操作员通过票房售票机可对车票进行发售、分析、无效更新、充值、替换、退款、交易查询。同时,通过票房售票机,可对发售预赋值车票进行记录,对票务管理/行政收款进行记录等处理,如图 9.35 所示。因 BOM 设备生产厂家较多,不同设备的操作及故障处理有所不同,以下仅以西安地铁 2 号线使用的 BOM 为例说明具体的操作方法。

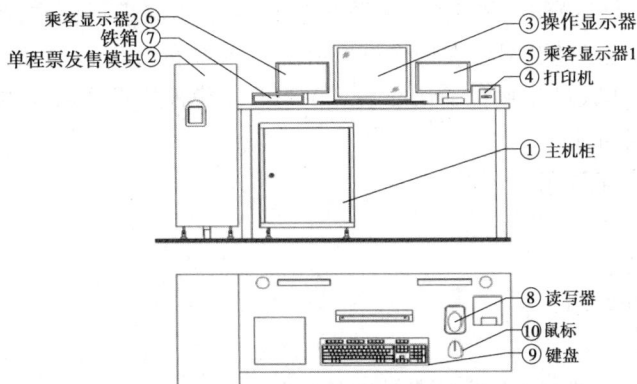

图 9.35　BOM 布局示意图

1)登录操作

使用半自动售票机必须先进行登录,登录界面如图 9.36 所示。输入操作员用户名及密码完成登录后,进入半自动售票机操作主界面,如图 9.37 所示。

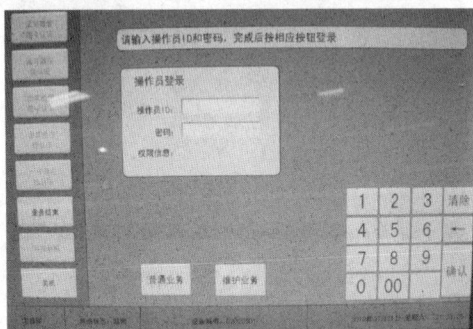

图 9.36　半自动售票机登录界面

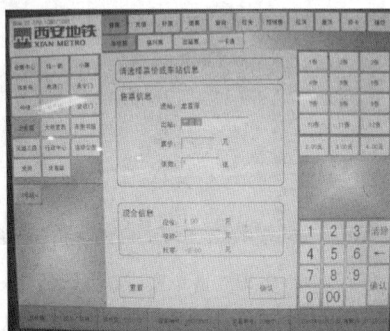

图 9.37　半自动售票机操作主界面

相应向乘客显示的界面信息如图 9.38 所示。

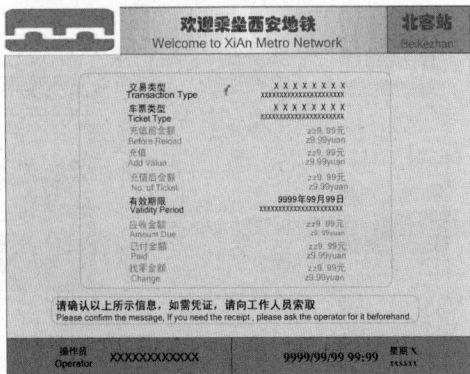

图 9.38　半自动售票机乘客界面显示图

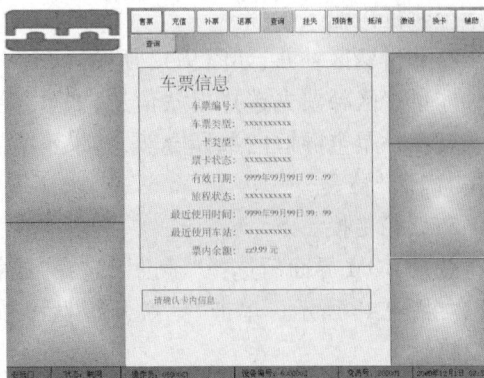

图 9.39　票卡查询界面图

2)票卡分析查询

进入半自动售票机操作主界面后,将需要查询的票卡放置在读写器上,按照图 9.39 所示选择查询,该票卡的详细信息将显示在主界面上。

3）单程票发售操作

进入半自动售票机操作主界面后，按照图9.40所示步骤进行操作，确认后单击"确定"键，乘客应付总额和找零总数显示在操作员显示器上，车票的金额、目的地等重要信息显示在乘客显示器上，供操作人员与乘客确认交易。单程票发售模块发售对应的车票，将车票交付乘客。具体操作步骤如下：

①选择售票——单程票；

②选择目的地站名；

③选择售票张数；

④输入收取乘客金额。

4）补票

补票分为付费区补票与非付费区补票两种情况：

①付费区补票，如图9.41所示。

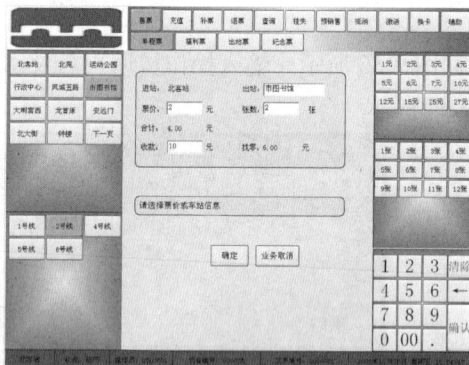
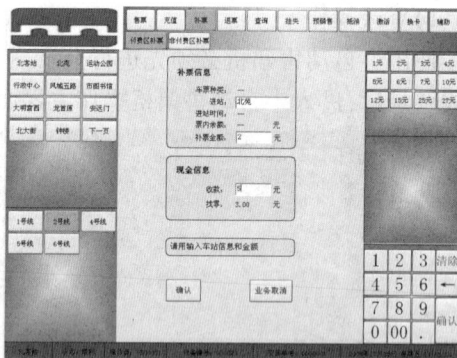

图9.40　售单程票画面示意图　　　　图9.41　付费区补票界面图

如果属于进站未刷卡情况需要从界面输入进站信息，还有可能要输入补票金额，补票金额默认为0，但可以在金额框内做修改。

如果属于出站金额不足或者超时补票情况，进入站会在界面上显示，不需要输入，直接在补票金额框内输入金额。

②非付费区补票，如图9.42所示。

非付费区补票先选择出站信息，如果需要补票款就在补票金额框内选择金额，如果不需要直接按"确认"补票。

5）票箱更换

登录BOM界面后选择"辅助"，选择"票箱更换"，如图9.43所示。单击"更换开始"后开始更换票箱。

①取出票箱操作流程：

将票箱固定齿轮向上轻抬，固定齿轮弹起。

将票箱盖上推。

盖住票箱后用钥匙锁住票箱。

握住票箱把手，将票箱向外拉出并取出。

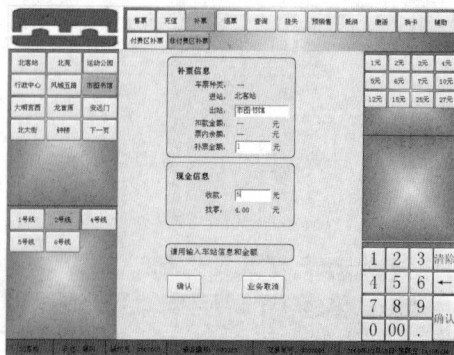

图9.42　非付费区补票界面图

②安装票箱流程:

握住票箱把手,将票箱沿着滑轨向里推到位。

用钥匙打开票箱锁。

把票箱顶盖拉出并使其自由垂下。

将票箱固定齿轮向下压住票箱并固定。

③更换完成后单击确认,如图 9.44 所示。

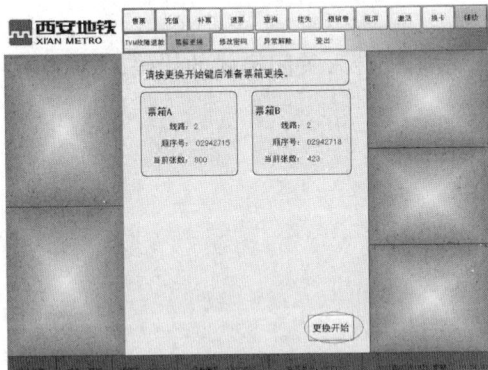

图 9.43　BOM 票箱更换操作界面图

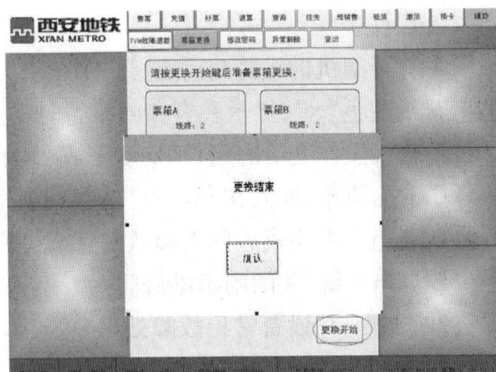

图 9.44　BOM 票箱更换后界面图

小贴士

①如更换票箱时 BOM 出票机内没有票箱,请先进行票箱更换操作流程的前两项,待弹出"更换完成,单击确认"界面时再安装票箱,之后进行正常流程操作,如不按此方式进行,会导致 BOM 将更换票箱前的票箱信息覆盖到新票箱的 RFID 信息中。

②每日运营开始前,由客运值班员负责检查 BOM 票箱和决定是否需要补充单程票;

③若在运营过程中若发现 BOM 票箱将空,则由售票员通知客运值班员进行补票;

④售票员之间换岗时,必须在 BOM 上办理注销和登录操作;

⑤每班售票员下班时,须清理 BOM 废票并用票务专用信封加封。

(3)自动检票机(闸机)

自动检票机(AGM)布置于付费区与非付费区的交界处,能够对乘客持有的单程票及储值卡进行检查、编码,如图 9.45 所示。车站工作人员应会判断闸机的状态、票箱的更换操作。因AGM 设备生产厂家较多,不同设备的操作及故障处理有所不同,以下仅以西安地铁 2 号线使用的 AGM 为例说明具体的操作方法。

1)自动检票机使用

第一步,进站:在允许通过状态下的进站闸机票卡读写器处使用单程票或储值卡,票卡无

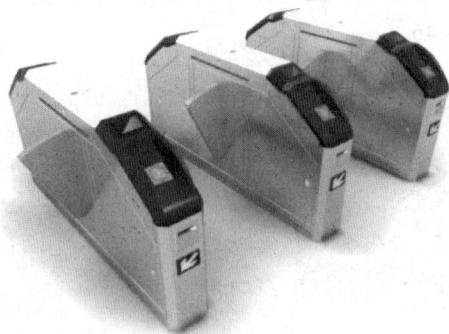

图 9.45　自动检票机(闸机)示意图

误,乘客显示器将显示票卡余额,扇门将打开允许乘客通过。

第二步,出站:在状态为允许通过的出站闸机票卡读写器处使用储值卡或将单程票投入

投票口中,乘客显示器将显示票卡信息,单程票将被回收同时扇门打开,乘客由此出站。

2)闸机的票箱更换

①更换时间

A.出闸机票箱将满时;

B.出闸机票箱已满时;

C.每天运营结束后。

②操作步骤

A.打开闸机的维修门后,外部"乘客显示屏"上显示闸机转入关闭模式的代码,方向指示器上显示红色"×",提示乘客该闸机暂时不能通行;

B.输入操作人员的用户 ID 和密码,显示验证成功代码;

C.取出票箱,换入在 SC 上已清零的票箱;

D.票箱更换完成后单击确认键完成更换;

E.退出系统,关闭闸机维修门。

2.车站 AFC 设备常见故障处理

(1)TVM 常见故障及故障处理方法

TVM 发生故障后,TVM 上方设备状态显示屏将显示"暂停服务""只收硬币""无纸币找零""只充值""无打印模式""只售票"等信息,车站工作人员发现后应立即处理和上报。TVM常见故障包括:纸币找零模块卡币、纸币接收模块卡币、硬币处理模块故障、单程票发售模块卡票等。

1)纸币找零模块卡币

卡币是 TVM 最常见的故障之一,排除故障的方法是打开 TVM 后面的维修门和现金安全门,拉出纸币找零模块,取出卡住的纸币,然后在维修操作控制板上点复位,如模块可以正常工作,则故障排除,将模块复位,关闭现金安全门和维修门即可。纸币找零模块卡币常见有以下几种情况:

①钞票卡在拾钞部内通道。具体处理方法见图 9.46。

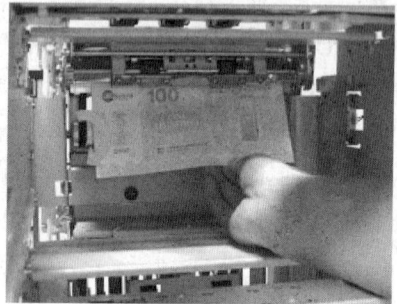

转动吸钞胶轮,取出钞票

图 9.46　钞票卡在拾钞部内通道的处理方法

小贴士

　　钞票卡在拾钞部内通道分两种情况,一种是钞票大部分位于内通道外部,通过转动吸钞胶轮可以将钞票取出;另一种是钞票大部分位于内通道里面,此时切不可直接向外拉扯钞票,应先尝试转动吸钞胶轮,若不能取出,则应转动传输通道旋钮,使钞票进入拾钞部后通道或传输通道再取出。

②钞票卡在拾钞部外通道。具体处理方法见图 9.47。

③钞票卡在传输通道。具体处理方法见图 9.48。

(a)翻开拾钞部外通道　　　　　　　　　(b)取出钞票

图 9.47　钞票卡在拾钞部外通道的处理方法

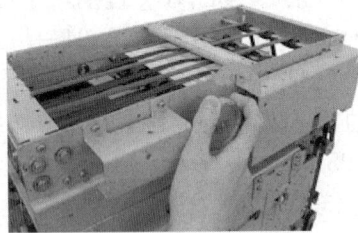

(a)旋转传输通道旋钮　　　　　　(b)进入回收箱或者从出钞口送出

图 9.48　钞票卡在传输通道的处理方法

小贴士

请在清理卡钞时注意检查传输皮带是否脱落,确保在排除卡钞后各条皮带位置正确、运行顺畅。

2)纸币接收模块卡币

乘客使用的纸币新旧程度不一,有的纸币已接近破损状态,所以纸币处理模块的故障率也相对较高于其他功能模块。车站工作人员如发现此故障,需联系 AFC 维修人员进行故障排除,具体的处理方法如下:

①卡币的处理方式

A.首先确定纸币卡币的位置,原则上以 TVM 工控机上的退币指令为首要方式。如果失败,转入手工模式;

B.手工模式(断电):

进币通道卡币:将纸币靠主旋转轮带到退币通道,之后以退币通道卡币方法处理。

下币通道卡币:用下币滚筒将纸币转至交叉处,再靠主旋转轮带到退币通道,之后以退币通道卡币方法处理。

退币通道卡币:拨动闸门电磁阀,靠主旋转轮带出纸币。

②处理卡币的注意事项

A.所有的白色碟形螺母均可旋开,为方便检查纸币状态,可拆下挡板仔细辨别各皮带的位置;

B.取纸币时,请按取纸币流程操作;

C.取完纸币后,再次检查皮带是否脱轨,准确安装拆下的挡板和验币器。

3）硬币处理模块常见故障

①加币箱加币未完成处理方法：加币操作流程错误，重新进行操作。

②投币口卡币处理方法：传感器被挡或者传感器被损坏，清除遮挡物或者更换传感器。

③金额不足，找零失败处理方法：应添加硬币。

（2）AGM 常见故障及故障处理方法

当乘客进/出闸机出现问题时，闸机会显示相应的提示信息，闸机的状态可以通过状态代码来判断，不同状态代码代表不同的状态。各城市轨道交通车站闸机的状态代码不同，如某种型号的闸机状态代码含义如下：

20—密钥认证错误；21—黑名单车票；22—车票类型不符；23—车票状态错误；24—使用车站不符；25—余额不足；26—过期车票；27—进/出次序错误；28—进站码为系统未定义车站；29—超时；30—车票更新错误；31—超出日使用次数限制；32—超出总共使用次数限制；33—非法类型；34—写卡错误；35—读卡错误。

AGM 的常见故障包括：乘客显示屏蓝屏和黑屏、显示屏颜色不正常、读卡器故障、票卡回收模块卡 UPS、PCM 板等。

1）闸机卡票的处理方法

①将票传送导板向右移动，往前拉出；

②确认卡票；

③将传送滚轮的手转拉手向右旋转，将卡住的票用手传送到投入口；

④将投票口锁舌的手动五金件向下拉，旋转传送滚轮的手转拉手，取出卡住的票；

⑤安装票传送导板，安装螺丝。

图 9.49 为闸机卡票处理示意图。

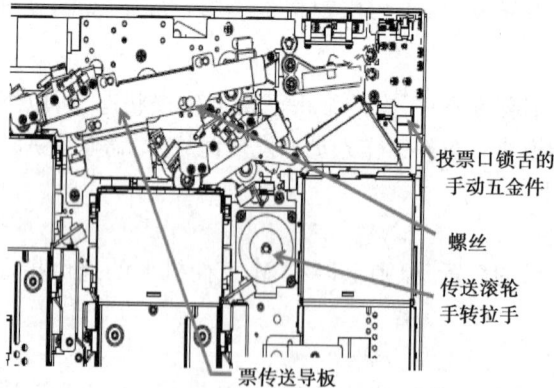

图 9.49　闸机卡票处理示意图

2）乘客显示屏蓝屏故障处理方法

ECU（主控单元）的系统出现问题，需要重新安装系统。

3）进站端显示屏黑屏无显示故障处理方法

①无 12 V 电源，检查 12 V 电源线是否正常，检查电源模块保险丝是否烧毁，若保险丝烧毁需要重新更换；

②40P 信号线松掉，检查显示屏内部的信号连接线是否脱落；

③检查工控机 LVDS 信号线是否松动；

④显示屏损坏,若 LCD 屏损坏,更换 LCD 屏。

(3)BOM 常见故障及故障处理方法

BOM 常见故障:出入输出设备故障、乘客显示屏故障、打印机故障、单程票发卡模块故障等。

1)操作员显示器不显示故障处理方法

①先按开启 PC 终端,看主机是否能够正常启动;

②关掉 PC,查看显示器与 PC 连接是否正常;

③更换操作员显示器,重新启动看是否正常。

2)乘客显示器无法正常显示故障处理方法

①检查乘客显示电源是否牢靠,电源线及信号线插牢靠;

②检查周围是否有电磁干扰,若有干扰,即让干扰源远离显示器。

3)显示屏黑屏无显示故障处理方法

①无 12 V 电源,检查 12 V 电源线是否正常,无电源检查电源模块保险丝是否烧毁;

②检查工控机输出信号线是否松动,若松动,需插牢靠;

③以上检查都没有问题,LCD 屏损坏,更换 LCD 屏。

4)显示屏蓝屏故障处理方法

ECU(主控单元)的系统出现问题,需要重新制作系统或更换主控单元模块。

5)显示屏颜色不正常故障处理方法

①检查信号线连接接插件是否松动和插针接触不良;

②信号线内部有断线,信号不完整,上面检查没有问题,那么信号线损坏,更换信号线。

6)主控单元无法启动故障处理方法

检查 220 V 电源是否正常,如不正常需更换电源,如正常则主控单元出现故障需要更换。

7)单程票发售模块停止出票故障处理方法

①检查储票箱内是否还有单程票;

②检查是否 1 号储票箱无票时不自动跳转至 2 号票箱;

③检查单程票出票口是否存在异物。

8)读写器不能正常读写车票故障处理方法

①检查读写器电源是否连接正常,若连接不稳,即插牢靠;

②检查读写器内置天线是否正常,若不正常,及时联系 AFC 巡检工班给予更换。

9)不能读取票卡信息故障处理的办法

检查电源线和通信接口线是否连接正常。如果都正常则可能是票卡有问题或票卡发售模块故障,需要更换票卡发售模块。

3.车站 AFC 设备故障客运应急处理

车站 AFC 设备故障主要包括以下几种类型:车站 BOM 单个或全部故障、车站部分或全部 TVM 故障、车站全部进站闸机故障、车站全部出站闸机故障。

发生 AFC 设备故障后,车站立即上报维修调度,对乘客进行引导,播放乘客指引广播,现场设置相应告示,以下分几类情况具体讲解车站客运处理措施。

(1)车站 BOM 故障的客运应急处理

车站 BOM 部分故障时:引导乘客到车站其他票务中心办理业务。

车站 BOM 全部故障时：

①乘客在非付费区：对于本次无法正常进闸的乘客，引导乘客从边门进站。

②乘客在付费区：

A.单程票超时、超程：按规定收取超时、超程车费，填写《乘客事务处理表》，引导乘客从边门出站，人工回收单程票并汇入当日站存车票，填写《车站车票库存日报表》；

B.计次票、纪念票、一卡通超时：按规定收取超时车费，填写《乘客事务处理表》，引导乘客从边门出站，告知乘客下次乘车时需到任意地铁车站票务中心扣除本次乘次/车费；

C.一卡通余额不足：引导乘客从边门出站，告知乘客下次乘车时需到任意地铁车站票务中心扣除本次车费；

D.对其他按规定需发售付费出站票的情况，按付费出站票的金额收取现金，填写《乘客事务处理表》并引导乘客从边门出站。

（2）车站部分或全部 TVM 故障的客运应急处理

TVM 故障导致售票能力不足时，由车站站长（值班站长）根据设备故障及客流情况，决定采取以下方式缓解客流：

①售卖预制单程票；

②在预制单程票即将售空或售卖预制单程票仍未缓解客流的情况下，上报领导，经批准后开始售卖应急纸票，并上报控制中心行调。

（3）车站全部进站闸机故障的客运应急处理

①发生车站上报控制中心行调，引导乘客从边门进站。

②出站车站对车票的处理：

A.单程票：通过 BOM 免费进行进站更新，乘客凭更新后的车票出站；

B.计次票、纪念票：通过 BOM 免费进行进站更新，在 BOM 上扣除本次车费方可正常出站；

C.一卡通：询问乘客进站车站，在 BOM 上扣除本次车费后方可正常出站。

（4）车站全部出站闸机故障时的客运应急处理

①车站全部出站闸机故障时的处理：

A.单程票：引导乘客从边门出站，人工回收单程票并汇入当日站存车票，填写《车站车票库存日报表》；

B.计次票、纪念票及一卡通：引导乘客从边门出站，车站须告知乘客，下次乘车时，须到任意地铁车站票务中心扣除本次乘次/车费后，方可正常进站。

②受影响车票下次进出站时车站对车票的处理：

A.乘客在非付费区：计次票、纪念票通过 BOM 扣除一次乘车次数后方可正常进站。乘客持一卡通的需询问乘客上次出站车站，在 BOM 上扣除上次车费后方可正常进站。

B.乘客在付费区：计次票、纪念票通过 BOM 扣除两次乘车次数后方可正常出站。乘客持一卡通的需要询问乘客上次出站车站及本次进站车站，在 BOM 上扣除上次车费及本次车费后，方可正常出站。

【任务实施】

以西安地铁为例，乘客 A 某持普通长安通在地铁南稍门站刷卡出站，但是扇门并未打开，面板显示余额不足，于是乘客到票务中心咨询工作人员，工作人员在 BOM 上进行分析：

乘客在付费区,查询票卡有进站记录,且余额不足支付出站费用,询问乘客是用现金补票,还是充值后卡内补票。

①现金补票,直接选择补票——付费区补票,输入金额,点击确定,查询确认状态为"正常出站"后,将卡返还乘客,指引乘客走边门出站。

②充值后补票——选择充值,充值乘客要充值的金额后,选择补票,取消现金补票的勾选,从卡内扣除应补金额。查询确认状态为"正常出站"后,将卡返还乘客,指引乘客走边门出站。

【效果评价】

评 价 表

项目名称	车站设备日常操作及故障应急处理	学生姓名	
任务名称	任务 4　AFC 设备操作及常见故障处理	分　数	
项　目		分　值	考核得分
1.车站 AFC 设备的相关知识、图片的搜集、整理		10	
2.是否有小组计划		5	
3.TVM、BOM、AGM 的操作掌握情况		20	
4.车站 AFC 设备发生故障后的应急处理流程认知情况		50	
5.编制学习汇报报告情况		10	
6.基本素养考核情况		5	
总体得分			
教师简要评语:			
		教师签名:	

项目小结

城市轨道交通设备众多,本项目介绍了车站日常使用较多、与乘客安全和服务密切相关的几项设备的工作过程、操作及应急处理要求。城市轨道交通车站属于消防安全重点单位,从消防安全角度出发,本项目详细介绍了城市轨道交通消防系统防火要求、车站 FAS、气体灭火系统、消火栓、灭火器及防火排烟系统的组成、工作原理及操作方法,学习本项目需要熟练掌握消火栓、灭火器等日常消防设备的操作方法,并需经过实操演练以达到完全掌握的学习目的。

　　自动扶梯属于车站特种设备,该项设备在运营期间始终保持工作状态,乘客在进出站过程中使用较频繁,它的操作具有严格要求,本项目详细介绍了自动扶梯的开关梯操作步骤。另外,自动扶梯在使用过程中发生故障或引起客伤的处理在城市轨道交通车站客运组织工作中也是至关重要的,本项目从保证乘客安全的角度介绍了电扶梯发生故障、电扶梯引起客伤后的现场应急处理要求。

　　近年来越来越多的城市轨道交通车站开始安装屏蔽门,屏蔽门具有确保乘客候车安全的重要功能,根据信号系统的级别不同屏蔽门具有不同的控制级别。本项目介绍了屏蔽门的系统级、站台级及就地级控制操作方法,为应对各类屏蔽门故障,减少屏蔽门故障对行车的影响,项目详细介绍了屏蔽门发生单个、多个、整侧故障及玻璃破裂的处理程序。

　　车站与乘客接触最多的设备为 AFC 设备,乘客进站购票、检票和出站检票、补票都与 AFC 设备相关,本项目重点介绍了车站自动售票机、半自动售票机、自动检票机的操作、故障处理技巧及故障发生后的客运应急组织要求。

思考与练习

1.车站消防设备主要有哪些?

2.简述车站气体灭火系统的控制操作步骤。

3.简述车站灭火器的种类及有效期的判断。

4.实操车站灭火器及消火栓如何使用。

5.简述自动扶梯在开梯前需要做哪些准备工作。

6.自动扶梯的开梯和关梯如何操作?

7.简述自动扶梯发生客伤后的应急处理程序。

8.简述屏蔽门有哪几级控制级别,各级控制下如何操作,哪种控制级别优先级最高。

9.简述屏蔽门发生故障的处理。

10.简述自动售票机更换钱箱、补充单程票、补充硬币的时机及操作方法。

11.简述半自动售票机补票、售卖单程票的操作方法。

12.简述自动检票机的卡片处理方法。

13.简述车站 AFC 设备发生故障后的客运应急处理措施。

参考文献

［1］李建国.城市轨道交通系统概论［M］.3 版.北京:机械工业出版社,2019.

［2］裴瑞江.城市轨道交通客运组织［M］.3 版.北京:机械工业出版社,2019.

［3］张秀嫒.城市轨道交通客流分析［M］. 北京:北京交通大学出版社,2011.

［4］李力.城市轨道交通运营与管理综合应用［M］. 2 版.北京:中国电力出版社,2019.

［5］毛保华.城市轨道交通规划与设计［M］. 3 版.北京:人民交通出版社,2020.

［6］金正昆.服务礼仪［M］. 西安:陕西师范大学出版社,2012.

［7］中华人民共和国交通运输部.城市轨道交通客运服务:GB/T 22486—2022［S］.北京:中国标准出版社,2022.

［8］李晓江.城市轨道交通技术规范实施指南［M］.北京:中国建筑工业出版社,2009.

［9］于涛.城市轨道交通票务管理［M］.3 版.北京:人民出版社,2021.

［10］张莹,吴冰.城市轨道交通车站设备［M］.北京:电子工业出版社,2011.

［11］舒中俊,张兴辉.消防员读本［M］.2 版.北京:化学工业出版社,2014.